図解で早わかり

改訂新版　最新

医療保険・年金・介護保険のしくみ

社会保険労務士
森島 大吾 [監修]

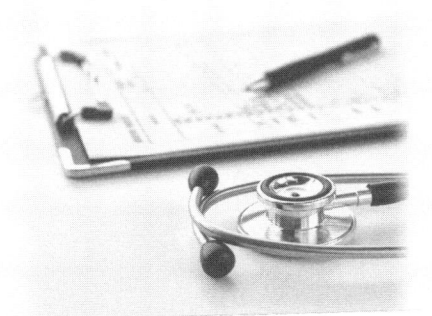

JN240554

三修社

はじめに

　社会保険は、医療保険や年金保険、介護保険から構成されます。

　日本では誰もが何らかの医療保険や年金保険に加入しているため、制度内容についてまったく知らないということはないかもしれません。一方で、これらの社会保険は、時代変化に合わせて制度の見直しが行われています。

　まずは、働き方改革という時代の変化があります。慢性的な人手不足によって、女性やシニアの労働力活用が期待されています。

　また、副業や兼業、雇用関係以外の働き方など、時間にとらわれない柔軟な働き方が推進されています。これらの変化に合わせ、従来の社会保険の加入要件等の変更が順次行われます。次に、令和元年度に実施された年金財政検証では、60歳以降の働く人が増えている現状をふまえ、在職老齢年金の見直しや、年金の受給開始時期の選択肢拡大等の改正が行われています。今後は労働力人口減少や物価高騰を見据え、以前にも増した年金制度改革の議論がなされていきます。そして、医療や介護について、地域で高齢者を支えていくシステムの構築など高齢化社会を見据えたしくみづくりも始まっています。

　本書は、医療保険、年金保険、介護保険の基本項目を解説した入門書です。それぞれの制度の特徴や保険給付の内容、保険料に関することなどを網羅的に記載し、一般の方から企業の人事労務担当者まで幅広くご活用いただける内容になっています。改訂にあたり、最新の法律や制度の改正点をふまえて記載を見直しています。令和6年10月施行の短時間労働者の社会保険適用範囲の拡大、令和6年の介護保険制度の改正など、最新の法改正や保険料改定等に対応しています。

　本書をご活用いただき、皆様のお役に立てていただければ監修者として幸いです。

監修者　社会保険労務士　森島　大吾

CONTENTS

はじめに

PART 1　社会保険の全体像

1	社会保険とは	10
2	社会保険は誰が運営しているのか	12
3	働き方改革と社会保険	14
4	会社員のための社会保険	16
5	社会保険料の決定方法	22
6	報酬	26
7	報酬月額算定の特例	28
8	被扶養者の社会保険加入	30
9	自営業者等のための社会保険	32
Column	賞与の源泉徴収と社会保険料	34

PART 2　健康保険のしくみ

1	健康保険とは	36
2	被扶養者の範囲	38
3	療養の給付	40
4	療養費と一部負担金	42
5	保険外併用療養費	44
6	高額療養費	46
7	傷病手当金	50
8	出産した場合の給付	52

9	入院時食事療養費・生活療養費	54
10	家族療養費	56
11	訪問看護療養費と移送費	58
12	死亡した場合の給付	60
13	保険給付が制限される場合	62
14	退職後の健康保険	64
15	任意継続被保険者	68
16	国民健康保険	70
17	国民健康保険の給付の種類	72
18	後期高齢者医療制度	76
19	損害賠償請求の代位取得	78
20	日雇労働者	80
21	日雇特例被保険者の保険給付の種類	82
22	民間医療保険のしくみ	84
23	医療特約	88
	資料 健康保険（協会、東京都）・厚生年金保険標準報酬額月額保険料額表	90

PART 3　年金制度のしくみ

1	公的年金制度の全体像	92
2	公的年金制度がかかえる問題点	94
3	年金額の改定	96
4	年金保険料の免除・納付猶予	98

5	もらえる老齢基礎年金額の計算方法	100
6	繰上げ支給・繰下げ支給	102
7	老齢基礎年金の受給金額を増やす方法	104
8	厚生年金保険	106
9	もらえる老齢厚生年金の受給要件	108
10	もらえる老齢厚生年金額の計算方法	110
11	老齢厚生年金の支給開始時期	112
12	加給年金と振替加算	114
13	老齢厚生年金の受給額の調整①	116
14	老齢厚生年金の受給額の調整②	118
15	60歳を過ぎても年金に加入できる制度	120
16	老齢年金をもらうための手続き	122
17	障害給付とは	124
18	障害年金の受給要件	126
19	障害年金の受給額	128
20	障害手当金の受給要件と受給額	130
21	障害の程度の変化と改定	132
22	障害年金がもらえない場合	134
23	障害年金をもらうための手続き	136
24	遺族給付とは	138
25	遺族年金の受給要件	140
26	遺族年金の受給額	142
27	遺族年金をもらうための手続き	144

28 遺族厚生年金の特例 146

29 遺族年金がもらえなくなる場合 148

30 第1号被保険者のための特別な遺族給付 150

31 脱退手当金と脱退一時金 152

32 厚生年金の離婚分割 154

33 老齢年金、障害年金、遺族年金が併給できる場合 156

34 確定拠出年金（DC）などの新しい年金制度 158

35 個人年金保険 160

Column　ねんきん定期便の見方 162

PART 4　介護保険のしくみ

1 介護保険制度の全体像 164

2 介護保険の保険者と被保険者 166

3 介護保険制度の改正 170

4 介護保険のサービスを受けるための手続き 176

5 要介護認定 178

6 ケアプランの作成 182

7 利用者の負担する費用 184

8 介護給付と予防給付 188

9 どんな施設や住まいがあるのか 192

10 保険外サービスの活用と混合介護 196

Column　介護保険制度の改正はなぜ行われるのか 198

PART 5　介護給付サービスの種類

1	居宅介護支援・介護予防支援	200
2	訪問介護・訪問入浴介護・居宅療養管理指導	202
3	訪問看護	204
4	訪問リハビリテーション	206
5	通所介護と通所リハビリテーション	208
6	短期入所生活介護と短期入所療養介護	210
7	特定施設入居者生活介護	212
8	福祉用具	214
9	住宅改修	218
10	地域密着型サービス	220
11	地域包括ケアシステム	226
12	介護予防・日常生活支援総合事業（総合事業）	228
Column	民間の介護保険も活用されている	230

PART 6　制度間連携や労災保険など関連制度との優先関係

1	介護保険と医療保険の関係	232
2	高額医療・高額介護合算療養費制度	234
3	労災保険制度の全体概要	236
4	障害給付と労災や健康保険の給付との関係	238
5	介護保険と各種制度の優先関係	240
6	共生型サービス	244

PART 1

社会保険の全体像

社会保険とは

社会保険は加入が義務付けられている

■ 保険は相互扶助の精神から生まれた

将来起こるかもしれない危険（ケガや病気など）に対し、予測される事故発生の確率に見合った一定の保険料を加入者が公平に分担することによって、万一の事故に備える制度が「保険」です。保険は相互扶助の精神から生まれた、助け合いの制度です。保険には、生命保険や損害保険、給料から天引きされる雇用保険や介護保険などさまざまなものがあります。

これらのうち、生命保険や損害保険のように加入するかどうかが個人の自由にまかせられている保険を私的保険といいます。

これに対して、社会保険は、強制的に加入することが義務付けられている保険です。社会保険とは、狭義の意味では、医療保険、年金保険、介護保険のことを指します。一方、広義の意味では、雇用保険や労働者災害補償保険（労災保険）も含めて社会保険ということもあります。本書では、狭義の意味で呼ばれる社会保険制度について詳しく解説していきます。

また、社会保険は法律で加入が義務付けられており、私的保険と対比して公的保険とも呼ばれます。

■ 各保険の守備範囲はどうなっているのか

狭義の意味で社会保険は健康保険、国民健康保険、介護保険、厚生年金保険、国民年金などからなります。これらの保険制度は、制定された過程や目的などからその保険給付の対象（保険給付の原因となる疾病、介護の必要性、加齢など）がそれぞれ異なっています。

保険事由

保険給付の対象のことを、保険事由、保険事故などという。保険事由である失業に対して雇用保険、負傷などに対して労災保険、健康保険、加齢に対して年金保険がある。

加　齢

年をとること。

労災保険

業務上もしくは通勤による労働者の負傷・疾病・障害または死亡に対して労働者やその遺族のために、必要な保険給付を行う制度である。

雇用保険

労働者が失業した場合に、生活の安定のために必要な保険給付を行う制度である。失業等給付の他に、育児、介護、高齢によって仕事の継続ができない場合にも保険給付を行う。

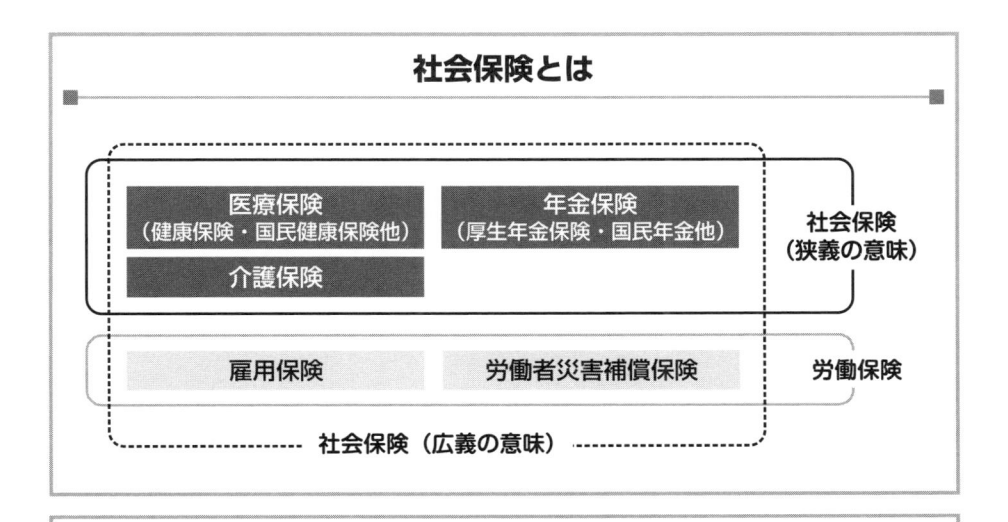

社会保険とは

| 医療保険
（健康保険・国民健康保険他） | 年金保険
（厚生年金保険・国民年金他） | 社会保険
（狭義の意味） |
| 介護保険 | | |

| 雇用保険 | 労働者災害補償保険 | 労働保険 |

------- 社会保険（広義の意味） -------

３つの社会保険制度

医療保険	仕事中以外の理由によって病気やケガをしたときに必要な給付を行う。出産した場合や死亡した場合にも一定の給付を行う。会社員は健康保険に加入し、それ以外の自営業者などは国民健康保険に加入する。
年金保険	高齢になったとき、事故等で体に障害が残ったとき、死亡したとき（遺族の所得保障）などに給付を行う。 会社員や公務員は厚生年金保険に加入し、自営業者などは国民年金に加入する。
介護保険	加齢によって介護が必要となったときに必要な給付を行う。 40 歳以上の医療保険加入者が加入する。

　また、保険事業の運営主体である保険者も異なります。たとえば、国民健康保険や介護保険は市町村が保険者となるため、地域によって保険給付や保険料が若干異なります。これは、国が保険者で、一律に保険給付などが定められている労働保険（雇用保険と労災保険）との大きな違いです。

社会保険は誰が運営しているのか

国や地方公共団体によって運営されている

■ 公的保険の運営主は国と公法人である

生命保険や損害保険などの私的保険は企業などによって運営されています。これに対して、公的保険は国（政府）または公法人（地方公共団体・全国健康保険協会）によって管理・運営されています。公的保険で給付が行われる場合の財源は、国が負担するものの他、会社などの事業所やそこで働く労働者から徴収する保険料によってまかなわれています。

■ 保険者とは運営主、被保険者とは加入者のこと

国などのように保険を運営する主体（「管掌」といいます）を保険者といいます。また、保険に加入する者のことを被保険者といいます。正社員として働く会社員などがこれにあたります。

公的保険（労働保険と社会保険）の制度は、国または公法人（地方公共団体・全国健康保険協会・健康保険組合・国民健康保険組合）が保険者ですが、実際の窓口はそれぞれの保険ごとに違います。

ここでいう窓口とは、それぞれの保険制度への加入手続や所定の書類の提出を行ったり、保険給付を行う場合の手続をする場所のことです。

■ 公的保険の窓口は国の出先機関である

労災保険と雇用保険の保険者はともに国（政府）です。ただ、実務的に書類を提出したり、必要な手続を行う窓口になるのは、国の出先機関です。労災保険の場合、厚生労働省の指揮・監督

被保険者

保険に加入する者のこと。各保険制度によって被保険者になれる者となれない者が異なる。また、労災保険にはそもそも被保険者という概念がない。

全国健康保険協会（協会けんぽ）

従来、国で運営されていた政府管掌健康保険を引き継ぐ目的で平成20年10月1日に設立された公法人。東京新宿区に本部を置き、各都道府県に支部が置かれている。

健康保険組合

国に代わって保険者として健康保険事業を営む公法人。事業主、その事業所に使用される被保険者、任意継続被保険者で組織される。

労働保険と社会保険の管轄と窓口

	保険の種類	保険者	管　轄	窓　口
労働保険	労災保険	国（政府）	都道府県労働局	労働基準監督署
	雇用保険		都道府県労働局	公共職業安定所 （ハローワーク）
社会保険	健康保険	全国健康保険協会	全国健康保険協会	協会の 都道府県支部 年金事務所
		健康保険組合	健康保険組合	健康保険組合
	厚生年金保険	国（政府）	日本年金機構	年金事務所

の下にある都道府県労働局が保険の適用や保険料の徴収などの事務を行いますが、保険給付等の通常業務はさらに各労働局が指揮・監督する労働基準監督署が行っています。このため、労災保険についての一般的な窓口は労働基準監督署（労基署）となります。

　一方、雇用保険も、都道府県労働局の管轄ですが、一般的な窓口は労働局が指揮・監督する公共職業安定所（ハローワーク）になります。

　健康保険の運営事務については全国健康保険協会の本部により行われますが、地域の実情をふまえた保険事業を展開するために都道府県支部が設置されています。被保険者の資格取得・喪失、保険料などの納付は年金事務所が、保険給付や任意継続などの手続きは協会の都道府県支部が窓口になります。

　また、健康保険組合がある大企業などの場合は健康保険組合自体が窓口になります。

　厚生年金保険の窓口は、健康保険と同様に年金事務所となっています。

労働局

厚生労働省の地方出先機関として各都道府県に置かれている。各局の下には労働基準監督署および公共職業安定所（ハローワーク）がある。

労働基準監督署

労働基準法等の法律に基づき事業場の監督指導、労働保険の加入手続、労災保険の給付等をおもな業務内容とする公的機関。

公共職業安定所（ハローワーク）

職業相談・職業紹介や仕事に関するさまざまな情報を提供する公共の機関。

働き方改革と社会保険

多様な働き方に合わせて社会保険の見直しも行われる

■ 働き方改革とは

「働き方改革」という言葉がよく使われるようになってきました。働き方改革は、「長時間労働の是正」や「同一労働同一賃金など非正規雇用の処遇改善」を大きな柱とする労働生産性を改善するための手段として捉えられています。これらの施策として、平成30年には、労働基準法やパートタイム・有期雇用労働法などの法改正（働き方改革法）が行われました。

また、働き方改革は、平成29年3月28日に働き方改革実現会議が決定した働き方改革実行計画に基づいて行われています。労働基準法の改正などもこの計画に沿って行われています。

働き方改革実行計画では、多様な働き方を実現するために、家事などによって労働時間が制限されやすい女性や、定年を超えた高齢者などがその能力を発揮できるような環境整備についても言及しています。たとえば、テレワークの導入支援、副業・兼業の推進、女性のリカレント教育、就職氷河期世代や若者の活躍に向けた支援、高齢者の就業促進などです。

社会保険もこのような多様な働き方に対応した柔軟な制度が必要となってきます。たとえば、労働時間の制約が多い中で働く労働者に対する社会保険の加入拡大や高齢になっても働く労働者に対して、年金を受け取れる年齢を選択できる範囲の拡大、在職老齢年金の支給停止基準額の引上げなどがあります。また、労働保険についても、副業・兼業者が労働災害に遭った場合の補償の充実や、雇用保険加入の拡大などの法改正が順次行われています。

働き方改革実現会議

総理が議長となり、労働界や産業界のトップと有識者が集まって議論をする場。

リカレント教育

義務教育修了後、社会人になっても生涯にわたって教育を受けること。海外では、教育と就労を交互に繰り返す教育システムのことを指すが、日本では、働きながら学ぶことも含めてリカレント教育という。

働き方改革と社会保険の見直し

| 働き方改革実行計画 | | 多様な働き方を実現 |

 社会保険分野でも、多様な働き方を実現できる施策が必要

社会保険分野では、

- ・短時間労働者に対する社会保険の加入拡大（19 ページ）
- ・年金の受給年齢を選択できる範囲の拡大（103 ページ）
- ・在職老齢年金の支給停止基準額を引上げ（117 ページ）

■ 社会保険にどんな影響があるのか

　まず、短時間労働者についても社会保険の加入がしやすくなります。現在、被保険者が51人以上となる企業に対して、短時間労働者の加入が義務付けられています（20ページ）。

　さらに、年金の受給を繰り下げできる年齢が、70歳から75歳まで拡大されました。これにより、70歳以降も働く場合、年金を受け取らず給与で生活することも選択することができます（103ページ）。

　また、65歳以下の年金受給者が、在職しており年金額と給与額の合計が一定の金額を超える場合、年金額が減額されるという制度（在職老齢年金）があります。この制度は、60歳以降も働く労働者が多くなっている状況では、モチベーションを下げる原因にもなっていました。そのため、この基準額が、28万円から50万円（令和6年度の基準額）に引き上げられました（117ページ）。

会社員のための社会保険

健康保険や厚生年金保険のことである

■ 健康保険と厚生年金保険の手続きは一緒に行われる

　社会保険の実務では、通常、労働者災害補償保険と雇用保険を労働保険と呼び、健康保険、厚生年金保険、介護保険などのことを社会保険と呼びます。健康保険と厚生年金保険は、給付の目的や内容が異なりますが、適用事業所など多くの部分で共通点があることから、健康保険と厚生年金保険の手続きを一緒に行うケースが多くあります。また、適用事業所で働いている会社員は、自身で加入手続きや保険料の支払をせず、会社が代わりに加入手続きや給与天引きによって保険料の納付手続などを行います。健康保険と厚生年金保険は一般的に同時にセットで加入しますので、健康保険の適用事業所と厚生年金保険の適用事業所は原則として同じです。

　社会保険は事業所単位で適用されます。事業所とは、本店（本社）の他、支店、出張所、工場など、一定の場所のことです。そこで働く従業員への賃金の支払いや、人事・労務管理などが独自に行われている場合には、それぞれが適用事業所となります。ただ、出張所や工場などで社会保険の事務を処理することができないような場合は、本社で一括して事務処理を行うこともできます。

　社会保険の適用事業所は、①強制適用事業所と、②任意適用事業所の2つに分類することができます。

① 強制適用事業所

　強制的に社会保険が適用される事業所を強制適用事業所といいます。会社などの法人の場合は、事業の種類に関係なく1人でも従業員がいれば、社会保険に加入しなければなりません。

適用事業

適用事業 ┬ **①強制適用事業所**
⇒ 法人の場合、１人でも従業員がいれば社会保険に加入する

└ **②任意適用事業所**
⇒ 被保険者となることができる従業員の２分の１以上の
同意を得て、年金事務所に加入申請を行う

　法人の代表者は法人に使用されている者と考えるため、従業員には、一般の社員に限らず、法人の代表者（社長）やその家族従事者、役員（取締役）なども含みます。

　一方、個人事業主の事業所の場合は、強制的にすべての事業所が社会保険に加入しなければならないわけではありません。個人の事業所の場合、一定の業種（工業や金融業などの17業種）の事業所で、５人以上の従業員（個人事業の場合、事業主本人は加入できないため、５人の中には含みません）がいるときに社会保険の適用事業所となります。

② 任意適用事業所

　強制適用事業所に該当しない事業所であっても社会保険に加入することができます。強制適用事業所でない事業の事業主が社会保険への加入を希望する場合は、被保険者となることができる従業員の２分の１以上の同意を得て、年金事務所に加入申請を行う必要があります。そして、厚生労働大臣の認可を受けることによって適用事業所となります。このようにして社会保険に加入することになった事業所を任意適用事業所といいます。

　また、任意適用事業所の場合は、被保険者の４分の３以上の同意がある場合は、事業主の申請に基づき、厚生労働大臣の認可を受け、任意適用を取り消すことができます。この場合、従業員の全員が被保険者資格を喪失します。

被保険者

保険に加入する者のこと。各保険制度によって被保険者になれる者となれない者が異なる。なお、労災保険にはそもそも被保険者という概念がない。

■ 健康保険の被保険者になる人とならない人

適用事業所に常勤で使用される労働者は、原則としてすべて被保険者となります。役職や地位には関係ありません。

代表者や役員も法人に使用されるものとして被保険者になります。会社についてはどのような会社であっても社会保険の強制適用事業所となるため、社長1人だけの会社であっても健康保険に加入しなければなりません。一方、個人事業者の場合の事業主は被保険者にはなれません（適用除外）ので注意が必要です。

また、パートタイマーやアルバイトなどの労働者は、必ずしも被保険者となるわけではありません。アルバイトやパートタイマーは、その就業実態を総合的に考慮して判断されますが、1週間の勤務時間と1か月の勤務日数の両方が、正規の社員（労働者）のおおむね4分の3以上の場合に被保険者となります。

たとえば、正社員の所定労働時間が1週40時間の会社で、勤務日数は1か月20日と正社員とほぼ同様に働いていたとしても、1週の勤務時間が20時間（40時間の4分の3未満）のパートタイマーは社会保険未加入者となります。これに対して、1か月の勤務日数が16日、1週間の勤務時間が30時間（40時間の4分の3）であれば、勤務日数・勤務時間ともに正社員の4分の3以上となるので、社会保険の加入者となります。

最近では年を重ねても働き続ける人もいますが、健康保険は75歳以上になると強制的に資格を喪失することになっています。これは、75歳以上になると市町村が運営する後期高齢者医療制度に加入しなければならないためです。

■ 厚生年金の被保険者になる人とならない人

厚生年金保険の加入要件は、健康保険の加入要件と同じです。ただし、74歳まで加入できる健康保険と異なり厚生年金保険の被保険者は70歳未満の者とされています。つまり、70歳以上の者が適用事業所に勤務していた場合、その人は、健康保険につ

健康保険の被保険者となる者

	従業員区分	左の者が被保険者となる場合
❶	②~⑤以外の正社員	常に被保険者となる
❷	アルバイト・パートタイマー	・正社員の勤務時間と日数のおおむね4分の3以上勤務する者 ・上記の基準以下の者で、一定の要件を満たすもの
❸	日雇労働者	1か月を超えて引き続き使用される者
❹	季節労働者	当初から4か月を超えて使用される者
❺	臨時的事業に雇用される者	当初から6か月を超えて使用される者

いては被保険者になりますが、厚生年金保険については被保険者としては扱われません。例外として、70歳になっても年金の受給資格期間（10年）を満たさず、年金を受給できない場合には、「高齢任意加入」という制度を利用し、70歳以降も加入することができます。

■ 短時間労働者の加入基準

「正規の社員と比べ勤務時間と勤務日数のおおむね4分の3以上」が社会保険への加入基準となっています。この基準以下の短時間労働者であっても、次の①~⑤のすべての要件に該当する場合は、健康保険・厚生年金保険に加入することができます。

① 週の所定労働時間が20時間以上あること。

② 雇用期間が2か月を超えることが見込まれること。

③ 賃金の月額8.8万円以上（年間約106万円以上）であること。

④ 昼間部学生でないこと。

⑤ 被保険者数が常時51人以上の企業に勤めていること。

> **厚生年金の高齢任意加入**
>
> 勤務している事業所が適用事業所の場合、高齢任意加入するための要件は、①老齢・退職を支給事由とする受給権をもたないこと、②厚生労働大臣への申出、③70歳以上であること、である。

ただし、⑤については、下記に該当する被保険者が常時50人以下の企業でも社会保険に加入することが可能です。

ⓐ　労使合意に基づき申出をする法人・個人の事業所

ⓑ　国・地方公共団体に属する事業所

　⑤の被保険者数を徐々に下げていくという法改正に基づき、令和6年10月から、被保険者数が51人以上の企業に対象が拡大されました。このように対象となる事業所のことを特定適用事業所と呼びます。

　なお、被保険者数は、同一の法人番号を有する適用事業所に使用される社会保険の被保険者をすべて合算して判断します。また、被保険者数が12か月のうち6か月以上の期間について基準の人数を超えた場合に特定適用事業所と判断します。12か月のうち、1か月にたまたま51人以上となったとしても直ちに適用されるわけではありません。

■ 介護保険にも加入する

　国民は40歳以上になると、原則介護保険に加入しなければなりません。介護保険は、健康保険や厚生年金保険のように加入するための手続は必要なく、自然と被保険者になります。

　さらに、介護保険では40歳以上65歳未満で医療保険に加入している者を第2号被保険者、65歳以上の者を第1号被保険者に分けています。第2号被保険者である40歳以上になると介護保険料を支払う必要があるため、会社員の場合、健康保険料や厚生年金保険料と同様に、適用事業所が介護保険料を給与から天引きし、保険者へ納付することになります。また、介護保険料は健康保険料に含めて計算します。そのため、介護保険料についても会社が半分を負担することになります。第1号被保険者である65歳以上になると適用事業所から給与の天引きをしません。これは、65歳になると本人に年金の受給資格が与えられ、年金の方から介護保険料を天引きすることができるからです。

生活保護受給者の介護保険

生活保護受給者は、国民健康保険などの医療保険には加入せず、医療扶助により医療サービスを受ける。医療保険に加入しないため第2号被保険者に該当せず、介護が必要になった場合には介護扶助を受ける。

短時間労働者の加入基準

① 週の所定労働時間が20時間以上

② 雇用期間が2か月を超えることが見込まれること

③ 賃金の月額8.8万円以上（年間約106万円以上）

④ 昼間部学生でないこと

⑤ 被保険者数が常時51人以上の企業に勤めていること
※50人以下の特例あり

　なお、40歳未満であれば、健康保険と厚生年金保険にしか加入していないため介護保険料などの負担はありません。

■ 保険料の天引きは年齢に気を付ける

　年齢によって健康保険、厚生年金保険、介護保険の加入状況が異なるため、給与計算担当者やその年齢にあたる会社員は注意をする必要があります。

　具体的には、40歳未満の会社員は健康保険料（介護保険料なし）と厚生年金保険料を負担します。40歳以上になると新たに介護保険料を負担します。65歳になると、介護保険料は年金から天引きされるため、健康保険料（介護保険料なし）と厚生年金保険料のみの負担となります。そして、70歳以上になると厚生年金保険の資格喪失をするため、健康保険料のみを負担します。さらに、75歳以上になると後期高齢者医療制度に加入するため、給与天引きされる保険料負担はありません。

社会保険料の決定方法

給料をもとに保険料が決まる

■ 社会保険の保険料は労使折半で負担する

社会保険の保険料は、被保険者の報酬に保険料率を掛けて算出した保険料を、事業主と労働者で折半して負担します。被保険者の負担分は、事業主が毎月の給料や賞与から天引き（控除）して預かります。ただ、毎月の給料計算のたびに給料に保険料率を掛けて保険料を算出していたのでは、給料計算事務の担当者の事務負担が相当なものになってしまいます。そのため、社会保険では、あらかじめ給料の額をいくつかの等級に分けて、被保険者の給料をその等級にあてはめることによって保険料を決定するというしくみを採用しています。

なお、賞与にかかる社会保険料も、給料と基本的に同様で、標準賞与額に保険料率を掛けて求めた額になります。

給料から控除する保険料の決め方には、資格取得時決定、定時決定、随時改定の３つのパターンがあります。

・資格取得時決定

会社などで新たに労働者を採用した場合、その労働者の給料（社会保険では「報酬」といいます）から控除する社会保険料を決定する必要があります。この場合に行われるのが資格取得時決定です。控除される保険料は採用時の報酬を基準に算出します。採用時の報酬をあらかじめ区分された報酬の等級にあてはめます。

このようにして決定された報酬月額は、定時決定または随時改定により報酬月額が改定されるまで使用することになります。随時改定による変更がなかった場合の使用期間（有効期間）は、

標準賞与額

標準賞与額とは実際に支給された賞与額から1,000円未満の部分を切り捨てた額のこと。標準賞与額は賞与が支給されるつど決定される。

定時決定による社会保険料の改定

新等級
（9 月～翌年 8 月まで）

4月	5月	6月	7月	8月	9月	10月

新たな等級の算定対象期間
（月17日以上の
報酬支払基礎日数がある場合）

※月 17 日に満たない場合は一定の条件で改定を行う。

資格取得日によって変わってきます。1月1日～5月31日までに決定された場合は、その年の8月31日まで有効です。一方、6月1日～12月31日までに決定された場合は、その年の翌年の8月31日まで有効になります。いずれの場合も9月以降については、後述する定時決定により、新たな報酬月額が決まります。

・定時決定

定時決定とは、毎年7月1日現在において、その事業所に在籍する労働者の4、5、6月の支給日に実際に支払われた報酬額を基準にして、新たな報酬月額を決定する手続きです。定時決定は被保険者全員を対象とするのが原則ですが、その年の6月1日以降に被保険者となった者とその年の7、8、9月のいずれかから随時改定によって標準報酬が改定される者は、対象外です。

病気などで長期間休職している場合のように、4月～6月の3か月間に報酬支払基礎日数（給与計算の対象となる日数のこと）がなかった労働者については、従前（前年）の標準報酬月額をそのまま使用します。また、原則として報酬支払基礎日数が17日以上ある月を算定対象とし、17日未満の月は算定対象か

標準報酬月額

標準報酬月額は、国が決めた標準報酬月額表に実際の総支給額をあてはめて算出する。つまり、あくまでも仮の給与額だが、この仮の給与額が健康保険・厚生年金保険料を算出する際の給与報酬とみなされる。

ら除外して報酬月額を算定しますが、特定適用事業所に勤務する短時間労働者の定時決定は、4月、5月、6月のいずれも報酬支払基礎日数が11日以上ある月を算定対象とします。

新しい報酬月額は、「(4月～6月に支給を受けた報酬の額)÷3」という式によって求めた額を報酬月額表にあてはめて、年金事務所が決定します。新しく決定された(年金事務所から通知を受けた)標準報酬月額は、その年の9月1日から改定されます。なお、社会保険料は当月分を翌月の報酬から控除しますから、10月1日以降に支給される報酬から新しい社会保険料を控除することになります。

・随時改定

標準報酬月額の改定は原則として1年に1回だけ行います。しかし、現実的には、定時昇給(一般的には4月)以外のときに大幅な報酬額の変更(昇給または降給)が行われることもあります。そこで、以下のすべての条件に該当するときには、次の定時決定を待たずに標準報酬月額を変更することができます。これが随時改定です。

① 報酬の固定的部分(基本給、家族手当、通勤手当など)に変動があったこと
② 継続した3か月間の各月の報酬(残業手当などの変動する部分も含む)の平均が現在の標準報酬月額に比べて2等級以上上がった(下がった)こと
③ 3か月とも報酬支払基礎日数が17日以上あること

■ 算定基礎届の提出

定時改定の手続きは、7月1日現在雇用するすべての被保険者の4月、5月、6月に支払った報酬を算定基礎届に記載し提出します。届出は、6月下旬頃に届出用紙が各事業所に郵送され、7月1日から10日までに指定の場所へ提出します。提出方法も多様化しており、電子申請をすることも可能です。

定時決定による標準報酬月額の求め方

〈例1〉3か月ともに支払基礎日数が17日以上あるとき

月	支払基礎日数	支給額
4月	31日	305,000円
5月	30日	320,000円
6月	31日	314,000円

→ 3か月間の合計　　　　939,000円

平均額　939,000円÷3 ＝313,000円
標準報酬月額　　　　　320,000円

〈例2〉3か月のうち支払基礎日数が17日未満の月があるとき

月	支払基礎日数	支給額
4月	31日	312,000円
5月	16日	171,000円
6月	31日	294,000円

※17日未満の月を除いて合計する

→ 2か月間の合計　　　　606,000円

平均額　606,000円÷2 ＝303,000円
標準報酬月額　　　　　300,000円

※支払基礎日数はその月の暦日数ではなく、給与支払いの対象となった日数を記載する。たとえば、「20日締め25日支払い」の場合、4月25日に支払われる給与についての基礎日数は3月21日～4月20日までの31日間となるため、4月の支払基礎日数は31日となる。5月25日に支払われる給与については、4月21日～5月20日までの30日間となるため、5月の支払基礎日数は30日となる。

　提出する書類は、「健康保険・厚生年金保険被保険者報酬月額算定基礎届（算定基礎届）」です。

　「算定基礎届」は、個々の労働者の標準報酬月額を決定し、次の9月から翌年の8月分まで使用する保険料額を決めるための書類です。正社員だけでなく、パートタイマーやアルバイトなどの短時間労働者も被保険者であれば、届出が必要です。また、70歳以上の従業員（70歳以上被用者）の届出も必要です。本来70歳であれば、厚生年金保険の資格を喪失します。一方で、老齢厚生年金を受給しているのが一般的です。給与と年金額が一定以上になると、年金額が調整されるため、年金事務所に「算定基礎届」を通して、給与（＝標準報酬月額）を申告しているのです。

在職中の年金

老齢厚生年金の額と給与・賞与の額を足して一定額に達すると、年金の一部または全額が調整される場合がある。これを在職老齢年金という。

報酬

報酬は保険料や保険給付の基準となる

■ 退職金・慶弔金などは報酬に含まない

報酬（給料）は法律によって、賃金、報酬、給料、手当などいろいろな呼び方をされます。そして、法律によって給料の範囲が異なる場合もあります。

たとえば、労働基準法では、労働協約や就業規則などによって支給条件が明確にされている退職金や結婚祝金・慶弔金などは、給料に含めます。

これに対して、社会保険（健康保険や厚生年金保険）では、次ページ図のようになっています。

■ 賞与を支払ったら年金事務所に届け出る

一般的に賞与は、夏季（6月や8月が多い）と冬季（12月が多い）の年2回支払われています。年4回以上賞与が支給される場合は、給与とみなし、標準報酬月額の算定の対象とします。

会社などの事業所で労働者に賞与を支払ったときは、その金額を年金事務所に届け出る必要があります。年金事務所は、この届出をもとにして、賞与にかかる保険料と毎月の給与にかかる保険料を合算した金額を算出し、事業主に通知します。

事業主が年金事務所に提出する届出を「健康保険厚生年金保険被保険者賞与支払届」といいます。この届出は賞与を支払った日から5日以内に提出しなければなりません。

■ 賞与の保険料は標準賞与額を基準とする

賞与の保険料は毎月の保険料とは異なり、標準報酬のような

労働協約

労働組合と使用者との関係や賃金等の労働条件について、労働組合が使用者と結ぶ書面による協定のこと。

就業規則

労働者の待遇、採用、退職、解雇など人事の取扱いや服務規定などについて使用者が定めた規則。

社会保険で報酬（給与）とされているものの範囲

		報酬となるもの	報酬とならないもの
報酬の定義		事業に使用される者が労働の対償として受ける賃金、給料、俸給、手当または賞与およびこれに準ずるものをいい、臨時的なものや 3 か月を超える期間ごとに受けるものを除いたもの	
具体例	金銭での給付	・基本給、家族手当、勤務地手当、通勤手当、時間外手当、宿直・日直手当、住宅手当、精勤・皆勤手当、物価手当、役職手当、職階手当、休業手当、生産手当、食事手当、技術手当など ・年4回以上支給の賞与	・結婚祝金、慶弔金、病気見舞金、慰労金、解雇予告手当、退職金 ・事業主以外から受ける年金、傷病手当金、休業補償、出産手当金、内職収入、家賃・地代収入、預金利子、株主配当金など ・大入り袋、社内行事の賞金、出張旅費、功労金など ・年3回までの範囲で支給される賞与、決算手当、期末手当
	現物での給付	・食事の手当（都道府県別の現物給与の標準価格による） ・住宅の供与（都道府県別の現物給与の標準価格による） ・通勤定期券、回数券	・制服・作業着 ・見舞金、記念的賞品など ・生産施設の一部である住居など

金額ごとに区分けして算出するしくみにはなっていません。事業主が支払う賞与についての健康保険料、厚生年金保険料は、賞与支払届から算出する標準賞与額（実際に支給された賞与額から1,000円未満の部分の金額を切り捨てた額で賞与が支給されるごとに決定される）に保険料率を乗じて算出した額になります。標準賞与額には上限が決められていて、健康保険については年573万円、厚生年金保険については、1か月150万円が上限となっています。

　賞与にかかる社会保険料を計算するための保険料率は、月々の給料から差し引く社会保険料を計算するときの保険料率と同様です。保険料は、事業主と被保険者が折半で負担します。

　なお、賞与支払予定月に賞与を全く支払わなかったときは、「健康保険厚生年金保険賞与不支給報告書」を提出します。

報酬月額算定の特例

報酬月額の算定方法には特殊な方法もある

■ 保険者が報酬月額を算定することもある

定時決定または資格取得時決定によって報酬月額を算定することが困難であるときは、保険者（全国健康保険協会または健康保険組合）が報酬月額を決定（保険者算定）することになっています。定時決定、資格取得時決定、随時改定によって算定した額が著しく不当な場合にも保険者算定によります。

「算定することが困難であるとき」とは、定時決定において、4～6月の3か月のいずれの月の報酬支払基礎日数も17日未満であった場合等です。また、「額が著しく不当な場合」として、定時決定の場合であれば、次ページ図のように5つのケースがあります。

■ 特殊な場合の標準報酬はどうやって決めるのか

産前産後休業や育児休業の終了後、家庭を優先し、勤務日数や勤務時間を短縮したり、時間外労働を制限する従業員もいます。こういった場合、復職前よりも給与が減ってしまいます。しかし、報酬支払基礎日数が17日以上必要となる定時決定では改定が行われず、高いままの保険料を負担し続けることになります。

そういった事情を考慮して、従業員が産前産後休業や育児休業により復職した場合の保険料は、定時決定の条件に該当しなくても、保険料を改定することが可能です。具体的には、休業終了日の翌日が属する月以後3か月間に受けた報酬の平均額に基づいて、4か月目の標準報酬月額から改定が行われます。

産休中、育休中の保険料免除

被保険者と事業主は社会保険料を半分ずつ負担するが、免除が認められれば、免除期間中は被保険者・事業主双方とも保険料を支払わなくてよい。

育児休業期間中の変動

育児休業期間中に定期昇給などによって報酬に変動が生じた場合であっても、育児休業開始前の報酬月額による。

著しく不当な場合にあたるケース

①	4～6月のいずれかの月に3月以前の給料をさかのぼってもらった場合のように通常受けるべき給料（報酬）以外の報酬を受けた場合
②	4～6月のいずれかの月に通常受ける報酬の額と比較して低額の休職給を受けた場合
③	4～6月のいずれかの月にストライキによる賃金カットがあった場合
④	4～6月給与から算出した標準報酬月額と前年7月以降1年間の給与から算出した標準報酬月額とで2等級以上差があり、それが例年続くと見込まれる場合
⑤	月の途中で入社した場合など、4～6月のいずれかに1か月分の報酬を受けることができなかった月がある場合

■ 任意継続被保険者の保険料はどうするのか

　会社などの事業所を退職すると健康保険の被保険者の資格を失います。しかし、資格喪失の前日まで被保険者期間が継続して2か月以上ある者であれば、退職後も引き続き2年間健康保険の被保険者でいることができます。これを任意継続被保険者といいます。在職中の被保険者の場合、保険料は被保険者と会社が折半して負担しますが、任意継続被保険者の場合の保険料は全額自己負担することになります。このため、保険料は在職中の倍額になります。任意継続被保険者の保険料は、退職時の標準報酬月額に保険料率を掛けて計算します。ただし、退職時の標準報酬月額が30万円を超えていた場合には、標準報酬月額は30万円を基に計算します。

　また、厚生年金保険の高齢任意加入制度（121ページ）を利用している70歳以上の高齢任意加入被保険者については、事業主がこれまでどおりの保険料を半額負担することに同意した場合には保険料の半額を負担すればよいのですが、事業主が同意しない場合には、高齢任意加入制度を利用する高齢者が保険料を全額自己負担しなければなりません。

任意継続被保険者の保険料の納付と前納

任意継続被保険者の保険料は、その月の保険料を毎月10日までに納めるか、一定期間分（半年または1年分）をまとめて納付（前納）する。保険料を納付期限までに納めないと、その翌日に被保険者資格を失う。

複数の適用事業所に使用されている場合

複数の適用事業所に使用される被保険者の標準報酬月額は、それぞれの事業所ごとの報酬月額をすべて合算し、その額を報酬月額として標準報酬月額を決定する。

被扶養者の社会保険加入

年収を意識して被扶養者として働く

■ 被扶養者となることで健康保険に加入しないという選択

通常、適用事業所に勤務する正社員については、健康保険と厚生年金に加入することが必要です。一方で、社会保険の加入要件を満たさないパート労働者（18ページ）については、国民健康保険や国民年金に加入する必要があります。なお、パート労働者の大部分は会社員などの配偶者（被扶養者）として、自身では国民健康保険や国民年金に加入していないということが多く見られます。

会社員などの被扶養者となるパートタイム労働者は、年収について103万円の壁、106万円の壁、130万円の壁を意識して働いていると言われています。103万円は、所得税法上の控除対象親族となる上限額で、扶養する人が扶養控除を受けることができます。ただし、配偶者の場合は配偶者特別控除があるため150万円まで同額を受けることができます。106万円の壁は、19ページのように一定の要件に該当する短時間労働者が社会保険に加入しなければならない基準です。130万円は、社会保険上の扶養者となることができる上限額です。年収が年間130万円以上の場合には、18ページの健康保険に加入する条件を満たし勤めている会社の健康保険に加入するか、市町村が実施する国民健康保険に加入する必要があります。

このようにパートタイム労働者は、配偶者の被扶養者となることで社会保険の保険料を支払うことなく、健康保険や年金制度の恩恵を受けることができます。

扶養控除

所得税法上の控除対象親族となる人がいる場合には、一定の金額の所得控除が受けられる。控除対象配偶者がいる場合には、配偶者控除を受けられる。

配偶者特別控除

所得が配偶者控除の基準額を超えるために、配偶者控除が受けられないときでも、配偶者が年収201万円（所得133万円）以下の場合、配偶者特別控除を受けられる。

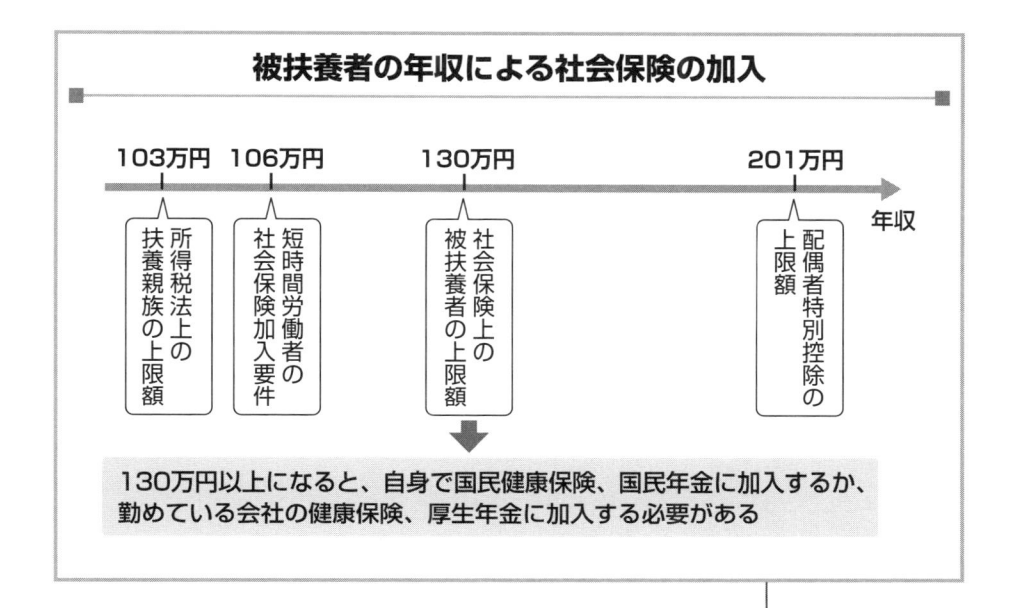

被扶養者の年収による社会保険の加入

103万円　106万円　　　130万円　　　　　　201万円

年収

所得税法上の扶養親族の上限額

短時間労働者の社会保険加入要件

社会保険上の被扶養者の上限額

配偶者特別控除の上限額

130万円以上になると、自身で国民健康保険、国民年金に加入するか、勤めている会社の健康保険、厚生年金に加入する必要がある

■ 社会保険に加入するメリットもある

　保険料を負担する必要がないとはいえ、年金については国民年金の第3号被保険者として扱われるため、将来的な年金額は少ないといえます。また、医療保険についても家族療養費（56ページ）が支給されるのみで、仮に病気などで仕事を休まなければならない状況になったとしても、休業時の賃金の補填をする傷病手当金をもらえることはありません。

　これらのデメリットを解消するために、労働日数や時間を増やし社会保険に加入するという選択もあり得ます。将来的な年金の増加や傷病手当金を受けられるメリットと保険料の天引きで手取り額が減るデメリットのバランスを見極める必要があります。

　ただし、年収が130万円以上になる場合には、国民健康保険や国民年金に加入する必要がありますが、会社の健康保険や厚生年金に加入することで傷病手当金や将来の年金額の増加などのメリットを受けることができるので、会社の社会保険に加入する方がよいでしょう。

第3号被保険者

会社員などの配偶者は、国民年金では第3号被保険者として扱われる。

自営業者等のための社会保険

国民健康保険、国民年金に加入する

■ どんな社会保険に加入できるのか

　会社員が、協会けんぽの健康保険や厚生年金保険に加入するように、自営業者、農業者、学生、無職の人やその配偶者等については、市区町村が実施する国民健康保険と国民年金に加入する必要があります。なお、国民年金については第1号被保険者という扱いになります。

　また、国民健康保険や国民年金については、健康保険や厚生年金保険のように加入要件を細かく設定していません。国民健康保険では、日本に居所があり他の健康保険に加入していないことが要件です。そのため、外国人であっても在留期間が長くなるような場合には加入が義務付けられます。

　国民年金は、20歳以上になると強制的に加入します。

■ 国民健康保険組合に加入する場合もある

　国民健康保険組合という医療保険制度もあります。国民健康保険（国保）では、市区町村が保険者となりますが、国民健康保険組合（国保組合）では、医師や弁護士のように同業組合で組織される保険組合が保険者として、保険給付等を行います。国保は「地域」ごとに加入し、国保組合は「業種」によって加入する点に違いがあります。給付内容などは同じです。

　国保組合は、おもに個人事業主を対象としていますが、従業員常時5人未満の個人事業所で働く者についても加入することができます。農林漁業、サービス業などの非適用業種を除く従業員が常時5人以上いる個人事業主や、従業員が1名以上いる

傷病手当金

国民健康保険と国民健康保険組合は傷病手当金の制度を設ける義務はないが、設けることも可能である。

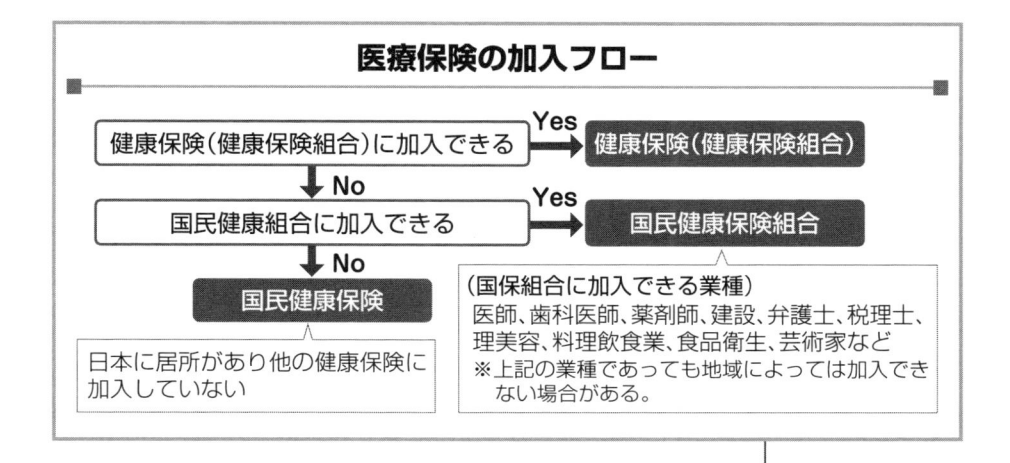

医療保険の加入フロー

| 健康保険（健康保険組合）に加入できる | → Yes → | 健康保険（健康保険組合） |

↓ No

| 国民健康組合に加入できる | → Yes → | 国民健康保険組合 |

↓ No

国民健康保険

日本に居所があり他の健康保険に加入していない

（国保組合に加入できる業種）
医師、歯科医師、薬剤師、建設、弁護士、税理士、理美容、料理飲食業、食品衛生、芸術家など
※上記の業種であっても地域によっては加入できない場合がある。

法人については強制適用事業所（16ページ）となるため、健康保険や厚生年金に加入することになります。

ただし、これまで従業員5人未満の個人事業主が、法人化したり、従業員が5人以上となり強制適用事業所となった場合でも、申請をすることで国保組合に継続して加入することができる場合があります。この場合、その事業所は、医療保険は「国民健康保険組合」、年金保険は「厚生年金保険」というような組み合わせもあり得ます。

■ 保険料はどうなっているのか

国保組合の多くは、保険料を一定額で定めていることが多いようです。そのため、高所得になればなるほど、国保に加入するよりも国保組合に加入する方が、保険料を安く抑えることができる場合もあります。また、学生や障害者、病気やケガなどで労務不能な方に対する保険料の減免を設けている国保組合もあります。

保険料は、事業主が加入者全員分をまとめて納付します。健康保険のように保険料を労使で半分ずつ折半する義務はありません。事業所によっては、半分を事業主負担としているところもあるようです。

国民健康保険の
保険料

70ページ参照。

賞与の源泉徴収と社会保険料

　賞与についても源泉徴収が行われますが、月々の給与とは源泉徴収の計算方法が少し違ってくるため、注意が必要です。ただし、賞与の源泉徴収税額の納付期限は給与と同じです。つまり、賞与を支払った月の、翌月の10日までに納付しなければなりません。賞与の源泉徴収税額は、課税対象額（賞与の額－社会保険料）に算出率を掛けて算出します。この算出率を求めるには、まず該当する社員の前月分給与から社会保険料を引いた額を求めます。次にこの額と扶養控除等（異動）申告書に基づいた扶養親族などの数を「賞与に対する源泉徴収税額の算出率の表」に照らし合わせて算出率を出すという方法をとります。

　次に、賞与についての社会保険料の計算方法ですが、月給とは別に、賞与からも社会保険料を徴収します。この場合は、標準賞与額（実際に支給された賞与額から1,000円未満を切り捨てた額）に各々の保険料率を掛けたものが社会保険料となります。標準賞与額は賞与が支給されるごとに決定されます。つまり、賞与の保険料は毎月の保険料と違って、賞与の支給額により保険料が変動することになります。保険料は、事業主と被保険者が折半で負担し、保険料率については、給与と同率です。健康保険料率の被保険者負担率は、全国健康保険協会管掌健康保険の東京都の例では、標準賞与額に対して、1000分の49.9（介護保険第2号被保険者に該当する場合は1000分の57.9）を乗じて算定します（令和6年3月分から）。また、厚生年金保険料率の被保険者負担率は、標準賞与額に対して1000分の91.5（一般の被保険者の場合）です。

　なお、賞与支給月の途中（月末以外）に退職をした場合、退職月の社会保険料は発生しないことから、賞与から社会保険料は控除されません。

PART 2

健康保険のしくみ

健康保険とは

業務外の事故で負傷した場合に治療などを受けることができる

■ 健康保険の給付内容の概要

健康保険は、被保険者と被扶養者がケガ・病気をした場合や死亡した場合、さらには出産した場合に必要な保険給付を行うことを目的としています。

健康保険を管理・監督するのは、全国健康保険協会または健康保険組合です。これを保険者といいます。これに対し、健康保険に加入する労働者を被保険者といいます。さらに、被保険者に扶養されている一定の親族などで、保険者に届け出た者を被扶養者といいます。健康保険の給付内容は、次ページ図のとおりです。業務上の災害や通勤災害については、労災保険が適用されますので、健康保険が適用されるのは、業務外の事故（災害）で負傷した場合に限られます。また、その負傷により会社を休んだ場合は、傷病手当金が支給され、休職により減額された給与の補てんが行われます。傷病手当金は、市区町村などを保険者とする国民健康保険にはない給付のひとつです。

■ 健康保険は協会・健保組合が管理・監督する

保険者である全国健康保険協会と健康保険組合のそれぞれの事務処理の窓口について確認しておきましょう。

① 全国健康保険協会の場合

全国健康保険協会が保険者となっている場合の健康保険を全国健康保険協会管掌健康保険（協会けんぽ）といいます。保険者である協会は、被保険者の保険料を適用事業所ごとに徴収したり、被保険者や被扶養者に対して必要な社会保険給付を行っ

被保険者

保険に加入している者のこと。

被扶養者

被保険者に養われている者のこと。
配偶者、直系尊属、子、孫、兄弟姉妹及び同一世帯に属する３親等以内の親族の他に、①被保険者の配偶者で、戸籍上の婚姻の届出をしていない事実上の婚姻関係と同様の人の父母および子、②前述①の配偶者が亡くなった後の父母および子、が健康保険の被扶養者となることができる。

健康保険の給付内容

種　類	内　容
療養の給付	病院や診療所などで受診する、診察・手術・入院などの現物給付
療養費	療養の給付が困難な場合などに支給される現金給付
家族療養費	家族などの被扶養者が病気やケガをした場合に被保険者に支給される診察や治療代などの給付
入院時食事療養費	入院時に提供される食事に要した費用の給付
入院時生活療養費	入院する65歳以上の者の生活療養に要した費用の給付
保険外併用療養費	先進医療や特別の療養を受けた場合に支給される給付
（家族）訪問看護療養費	在宅で継続して療養を受ける状態にある者に対する給付
高額療養費	自己負担額が一定の基準額を超えた場合の給付
高額介護合算療養費	健康保険の一部負担額と介護保険の利用者負担額の合計額が一定の基準額を超えた場合の給付
（家族）移送費	病気やケガで移動が困難な患者を移動させた場合の費用給付
傷病手当金	業務外の病気やケガで働くことができなくなった場合の生活費
（家族）埋葬料	被保険者や被扶養者が業務外の事由で死亡した場合に支払われる給付
（家族）出産育児一時金	被保険者およびその被扶養者が出産をしたときに支給される一時金
出産手当金	産休の際、会社から給料が出ないときに支給される給付

たりします。

　窓口は、全国健康保険協会の都道府県支部になります。しかし、現在では各都道府県の年金事務所の窓口でも申請書類等を預かってもらえます。

② 健康保険組合の場合

　健康保険組合が管掌する場合の健康保険を組合管掌健康保険といいます。組合管掌健康保険の場合、実務上の事務手続きの窓口は健康保険組合の事務所になります。組合管掌健康保険に加入している事業所は、年金事務所に届出などを提出することができません。健康保険組合の保険給付には、健康保険法で必ず支給しなければならないと定められている法定給付と、法定給付に加えて健康保険組合が独自に給付する付加給付があります。

被扶養者の範囲

一定の範囲内の親族が被扶養者となることができる

■ 扶養者も健康保険の給付を受けられる

　健康保険の被保険者が配偶者や子どもなどの家族を養っている場合、その家族のことを「養われている者」ということで、被扶養者と呼びます。健康保険では被保険者の被扶養者についても被保険者と同じように保険の給付を受けることができます。

　健康保険において被扶養者になる人は、おもに被保険者に生計を維持されている者です。生計を維持されているかどうかの判断のおおまかな基準は、被扶養者の年収が130万円未満（60歳以上の者と障害者については180万円未満）で、被保険者の年収の半分未満であるかどうかです。被保険者と被扶養者が一緒に暮らしていない場合は、被扶養者の年収が被保険者から仕送りしてもらっている額より少ないことも条件になります。たとえば、被保険者の子どもが大学に通うために学校の近くにアパートを借りて住む場合などが考えられます。

　年収130万円が基準ですから、たとえば、パートタイマーとして働いている主婦（または主夫）に年収が150万円ほどある場合、勤め先で社会保険に加入していないとしても、夫（または妻）の被扶養者になることができません。

　被保険者の被扶養者となることができる親族については、あらかじめ範囲が決まっており、それ以外の者はたとえ現実に扶養されている場合であっても健康保険の被扶養者となることができません。

　なお、被扶養者には、①被保険者に生計を維持されていることだけが条件になる者と、②生計の維持と同居（同一世帯にあ

健康保険の被扶養者の範囲

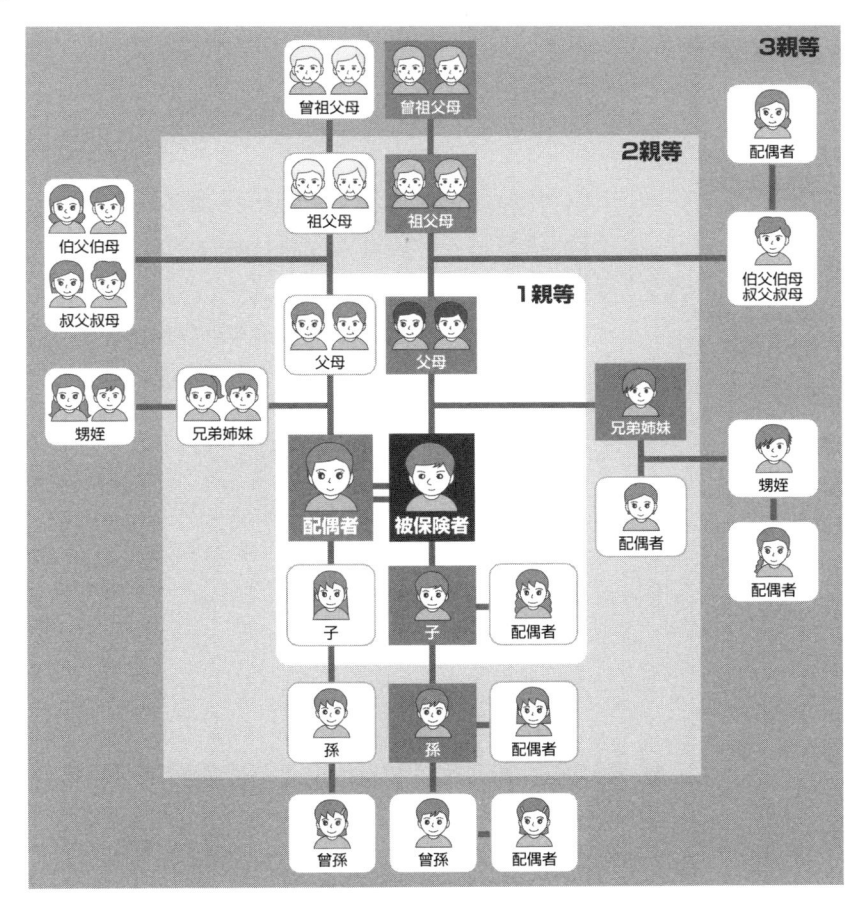

① 上図のうち、灰色部分の被保険者の直系尊族（父母や祖父母）、配偶者、子、孫、兄弟姉妹については、被保険者との間に「生計維持関係」があれば被扶養者として認められる

② 上図のうち、白色部分の被保険者の3親等以内の親族で①に挙げた者以外の者と、事実婚関係にある配偶者の父母及び子、事実婚関係にある配偶者が亡くなった後の父母及び子については、被保険者との間に「生計維持関係」と「同一世帯」があれば被扶養者として認められる

ること）していることの2つが条件となる者の2通りがあります（上図）。

療養の給付

現物給付としての療養の給付である

■ 療養の給付は現物支給で、自己負担部分がある

　業務外の病気、ケガなどについて、病院や診療所などで診察を受けたり、手術を受けたり、入院するときに受けることができる給付です。また、保険薬局で薬を調剤してもらったときも給付を受けることができます。療養の給付は治療（行為）という現物により支給されます。

　しかし、治療費用のすべてが支給されるわけではなく、被保険者は診療を受けるごとに一部負担金を支払うことになります（43ページ）。一部負担金は、かかった医療費のうち、一定割合を負担します（定率負担）。

　なお、健康保険の療養の給付の範囲は次ページ図のようになっています。

■ 保険医療機関とは保険が使える医療機関である

　私たちがふだんケガをしたり、病気になったりすると、保険証（健康保険被保険者証、現在はカード形式になっている）をもって病院などの医療機関に行きます。そして、その病院などの窓口に、持参した保険証を提示して、必要な治療を受け、薬をもらいます。このときかかった病院などの医療機関が保険医療機関です。保険医療機関には3種類あり、どの医療機関にかかるかは本人の自由ですが、すべての医療機関が保険医療機関であるわけではありません。

① 　保険医療機関または保険薬局

　厚生局の指定を受けた病院、医院、診療所、薬局などがあり

現物給付

お金ではなく「治療」という行為で給付されるということ。一方、金銭による給付を現金給付という。年金の給付は現金給付のみで行われる。

療養の給付の範囲

	範　囲	内　容
①	診察	診断を受けるための各種の行為
②	薬剤、治療材料の支給	投薬、注射、消耗品的な治療材料など
③	処置、手術　その他の治療	その他の治療とは、理学的療法、マッサージなど
④	居宅における療養上の管理とその療養に伴う世話その他の看護	寝たきりの状態にある人などに対する訪問診療、訪問看護
⑤	病院または診療所への入院とその療養に伴う世話その他の看護	入院のこと。入院中の看護の支給は入院診療に含まれる

※業務災害・通勤災害による病気やケガの治療、美容整形、一般的な健康診断、正常な妊娠、出産などは療養の給付の対象とはならない

ます。一般的に保険医療機関というと、この①のことを指します。

①の保険医療機関または保険薬局は、全国健康保険協会管掌、組合管掌を問わず、健康保険の被保険者およびその被扶養者が利用することができます。

なお、①の保険医療機関で保険診療に従事する医師は厚生労働大臣の登録を受けた保険医でなければならないことになっています。保険薬局も、保険調剤に従事する薬剤師は、厚生労働大臣の登録を受けた薬剤師でなければなりません。

② **特定の保険者が管掌する被保険者のための病院、診療所または薬局で、保険者が指定したもの**

健康保険組合が管掌する事業主の直営病院や会社内の診療所がこの②にあたります。

③ **健康保険組合が開設する病院、診療所または薬局**

健康保険組合が設営した医療機関で、その組合が管掌する被保険者とその被扶養者だけを保険診療の対象とします。

療養費と一部負担金

■ 療養費はやむを得ない場合の現金給付

健康保険では、病気やケガなどの保険事故に対して、療養という形で現物給付するのが原則です。しかし、保険者が療養の給付が困難であると認めたときや、被保険者が保険医療機関・保険薬局以外の医療機関・薬局で診療や調剤を受けたことにつきやむを得ないと認められたときは、療養費として現金が給付されます。

療養費の申請手続き

支給の申請をする場合、「健康保険被保険者療養費支給申請書」を療養の費用を支払った日の翌日から数えて2年以内に保険者に提出する。

■ 療養費が支給されるケース

おもに次のような場合が療養費の給付対象となります。

① **無医村などの場合**

近隣に保険医療機関が整備されていない地域において、緊急のために保険医療機関以外で診療などを受けた場合に支給されます。

② **準医療行為**

骨折、脱臼、打撲、捻挫などで柔道整復師の施術を受けた場合に支給されます。ただ、柔道整復師が行う骨折、脱臼の治療については、応急手当の場合以外は医師の同意が必要です。

③ **治療用装具**

療養上必要な装具（コルセット、関節用装具など）を購入した場合に支給されます。

④ **事業主による資格取得届の未提出など**

事業主が健康保険の資格取得届の提出をしていることになっているにもかかわらず、保険医療機関で被保険者であることが

医療費の自己負担割合

義務教育就学前	2割
義務教育就学後～69歳	3割
70～74歳	2割（一定以上の所得者は3割）

証明できない場合や事業主が資格取得届を怠っている場合に支給されます。

■ 一部は自己負担しなければならない

健康保険の被保険者やその被扶養者がケガや病気をして、病院や診療所などの医療機関等で保険診療として診察、治療などを受けた場合、かかった治療費などの一定の割合を自分で負担する必要があります。

療養の給付にかかった費用のうちのこの自己負担分を一部負担金といいます。一部負担金の割合は、①義務教育就学前の者：2割、②義務教育就学後70歳未満の者：3割、③70歳～74歳：2割（現役並の所得がある者は3割）です。ただし、③については、平成26年3月31日以前に70歳に達した者は特例措置として1割負担とされています。

■「現役並の所得」とはどの程度の所得を指すのか

「現役並みの所得がある者」とは、会社員で協会けんぽや組合健保に加入している場合は標準報酬月額が28万円以上、自営業などで国民健康保険に加入している場合は住民税課税所得145万円以上です。ただし、年収が、単身世帯は383万円未満、2人以上世帯は520万円未満であれば、申請により非該当（現役並の所得にあたらない）とすることができます。

保険外併用療養費

保険診療と保険外診療を併用した場合の給付

■ 保険診療との併用がある場合に行われる給付

　健康保険では、保険が適用されない保険外診療があると保険が適用される診療も含めて、医療費の全額が自己負担となるしくみとなっています（混合診療禁止の原則）。

　ただし、保険外診療を受ける場合でも、厚生労働大臣の定める評価療養と選定療養、患者申出療養については、保険診療との併用が認められています。具体的には、通常の治療と共通する部分（診察・検査・投薬・入院料など）の費用は、一般の保険診療と同様に扱われ、その部分については一部負担金を支払うこととなり、残りの額は保険外併用療養費として健康保険から給付が行われます。また、被扶養者の保険外併用療養費にかかる給付は、家族療養費として給付が行われます。

　なお、介護保険法で指定されている指定介護療養サービスを行う療養病床などに入院している患者は、介護保険から別の給付を受け取ることができます。そのため、二重取りにならないように、保険外併用療養費の支給は行われません。

■ 評価療養と選定療養

　評価療養とは、保険適用前の高度な医療技術を用いた医療や新薬など、将来的な保険適用を前提としつつ保険適用の可否について評価中の療養のことです。たとえば、先進医療、医薬品医療機器法承認後で保険収載前の医薬品、医療機器、再生医療等製品の使用、薬価基準収載医薬品の適応外使用なども評価療養に含まれます。

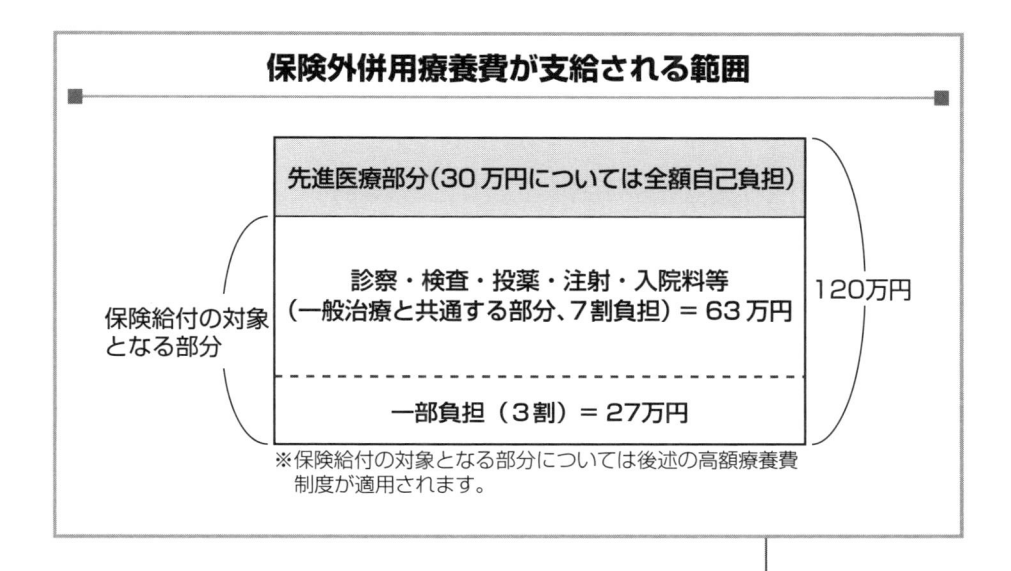

保険外併用療養費が支給される範囲

先進医療部分（30万円については全額自己負担）

診察・検査・投薬・注射・入院料等
（一般治療と共通する部分、7割負担）＝ 63万円

一部負担（3割）＝ 27万円

保険給付の対象となる部分

120万円

※保険給付の対象となる部分については後述の高額療養費
制度が適用されます。

　一方、選定療養とは、個室の病室や、予約診療、紹介状なしの大病院受診、保険で認められている内容以上の医療行為など、患者本人が希望して受ける「特別な療養」のことです。200床以上の病院の未紹介患者の初診、200床以上の病院の再診、制限回数を超える医療行為、180日以上の入院、前歯部の材料差額、金属床総義歯、小児う触の治療後の継続管理などが選定医療に含まれます。

■ 保険外併用療養費の具体例

　たとえば、総医療費が120万円、うち先進医療についての費用が30万円だった場合、①先進医療についての費用30万円は、全額を患者が負担することになります（上図参照）。

　一方、②通常の治療と共通する部分（診察、検査、投薬、入院料）については7割（63万円分）が保険外併用療養費として給付される部分になります。結局、30万円と一部負担金27万円合わせた57万円について、患者が自己負担することになります。

患者申出療養

患者の申出を起点として、未承認薬等の使用など、保険収載前の先進的な医療について、安全性や有効性などを一定程度確認しながら、身近な医療機関で迅速に実施することができるしくみである。

高額療養費制度の適用

診察、検査、投薬、入院料など、保険給付についての一部負担部分については、高額療養費制度（次ページ）も適用される。

高額療養費

治療費が高額になったときの給付である

■ 高額療養費は高額になった医療費の自己負担額を抑える

病院や診療所で医療サービスを受けた場合、少ない負担でより良い医療を受けられる反面、長期入院や手術を受けた際の自己負担額が高額になることもあります。自己負担額が一定の基準額を超えた場合に被保険者に給付されるのが高額療養費です。

■ 高額療養費は所得が低い人ほど手厚く支給される

高額療養費は、被保険者や被扶養者が同じ月に同じ病院などで支払った自己負担額が、高額療養費算定基準額（自己負担限度額）を超えた場合、その超えた部分の額が高額療養費として支給されます。高額療養費算定基準額は、一般の者、上位所得者、低所得者によって、計算方法が異なっています。上位所得者ほど自己負担額が高くなります。

次ページ図の、「医療費の負担限度額」欄の総医療費（療養に要した費用）とは、同じ月に同じ病院などで支払った医療費の総額（10割）です。

「同じ月に同じ病院など」とは、暦月1か月内（1日から末日まで）に通院したことが必要です。したがって、たとえ実日数30日以内であっても、暦月で2か月にまたがっている場合は「同じ月」とはいえません。

また、同じ月で同じ病院に通院していたとしても、診療科（医科と歯科の2つに分けられます）が異なっている場合は「同じ病院」とみなされません。なお、同じ診療科でも入院・通院別に支給の対象になるかどうかを計算します。

差額ベッド代

治療上の必要性がないものの、患者本人が希望して、プライバシー確保のための設備などの一定水準以上の環境を備えた病室に入る場合にかかる費用のこと。差額ベッドとは選定療養の一種で、ベッド数が4つ以下の病室（1人あたり6.4㎡以上）のこと。正式には「特別療養環境室」という。

医療費の自己負担限度額

●1か月あたりの医療費の自己負担限度額（70歳未満の場合）

所得区分	医療費の負担限度額	多数該当
標準報酬月額 83万円以上の方	252,600円＋ （総医療費－842,000円）×1%	140,100円
標準報酬月額 53万円～79万円の方	167,400円＋ （総医療費－558,000円）×1%	93,000円
標準報酬月額 28万円～50万円の方	80,100円＋ （総医療費－267,000円）×1%	44,400円
一般所得者 （標準報酬月額26万円以下）	57,600円	44,400円
低所得者 （被保険者が市区町村民税 の非課税者等）	35,400円	24,600円

●1か月あたりの医療費の自己負担限度額（70～74歳の場合）

被保険者の区分		医療費の負担限度額	
		外来(個人)	外来・入院(世帯)
①現役並み所得者（負担割合3割の方）	現役並みⅢ （標準報酬月額 83万円以上）	252,600円＋(総医療費-842,000円)×1% （多数該当：140,100円）	
	現役並みⅡ （標準報酬月額 53万～79万円）	167,400円＋(総医療費-558,000円)×1% （多数該当：93,000円）	
	現役並みⅠ （標準報酬月額 28万～50万円）	80,100円＋(総医療費-267,000円)×1% （多数該当：44,400円）	
②一般所得者 （①および③以外の方）		18,000円 （年間上限14.4万円）	57,600円 （多数該当：44,400円）
③低所得者	市区町村民税の非課税者等	8,000円	24,600円
	被保険者とその扶養 家族すべての者の 所得がない場合		15,000円

　この場合、差額ベッド代や食事療養費、光熱費などは高額療養費の対象にはならないので注意が必要です。高額療養費に該当するかどうかは領収書に記載されている一部負担額が保険内か保険外かを見て判断します。

■ 高額療養費はどのように計算されるのか

前ページの図のように高額療養費は70歳未満、70 〜 74歳で自己負担限度額が異なります。70 〜 74歳では一般的に収入がないため、限度額が低めに設定されています。ただし、現役並みに所得がある場合は、70歳未満と同様の負担限度額が定められています。

具体的な高額療養費の計算は、70歳未満の者だけの世帯と70 〜 74歳の者がいる世帯では異なります。

① 70歳未満の者だけの世帯

高額療養費には世帯合算という制度があります。世帯合算は、同一世帯で、同一の月1か月間（暦月ごと）に21,000円以上の自己負担額を支払った者が2人以上いるときに、それぞれを合算して自己負担限度額を超えた分が高額療養費として払い戻される制度です。世帯合算する場合もそれぞれの個人は同一医療機関で医療費を支払っていることが要件になります。

つまり、被保険者や被扶養者が同一の月に同一医療機関から受けた療養の自己負担分（21,000円以上のものに限る）を合算した額から、前ページの上図の該当金額を控除した額が高額療養費として給付されます。

また、高額療養費には「多数該当」という自己負担限度額を軽減させる制度があります。具体的には、同一世帯で1年間（直近12か月）に3回以上高額療養費の支給を受けている場合は、4回目以降の自己負担限度額が下がります。

② 70 〜 74歳の者がいる世帯

この世帯では、世帯合算を行う前に、前ページの下図の個人ごとの外来療養について、自己負担額から該当する限度額を控除して高額療養費を計算します。さらに、それでも残る自己負担額を世帯（70 〜 74歳のみ）ごとに合算した金額から該当する限度額を控除して高額療養費を計算します。この際、外来療養だけでなく、入院療養の自己負担額を加えることができます。

多数該当

1年間に4回以上高額療養費を受けた者は、4回目の月から自己負担限度額が下がること。

特定疾患患者の高額療養費

慢性腎不全の患者で人工透析を行っている人や、血友病患者、エイズ患者については、自己負担の限度額が10,000円となっている。

高額療養費の計算例

Aさん （52歳、所得：一般）	Bさん （72歳、所得：一般）	Cさん （74歳、所得：一般）
自己負担額 ○○病院（外来） 　　　　　　10,000円 △△病院（入院） 　　　　　450,000円	自己負担額 ○○病院（外来） 　　　　　　50,000円	自己負担額 ○○病院（外来） 　　　　　　70,000円 △△病院（入院） 　　　　　100,000円

① **70〜74歳の個人ごとの外来療養の高額療養費を計算**
　Bさん　50,000−18,000（47ページ下図）=32,000円
　⇒18,000円は自己負担
　Cさん　70,000−18,000（47ページ下図）=52,000円
　⇒18,000円は自己負担

② **70〜74歳の世帯ごとの外来・入院療養の高額療養費を計算**
　18,000+18,000+100,000−57,600（47ページ下図）=78,400円
　⇒57,600円は自己負担

③ **70歳未満も含めた世帯ごとの外来・入院療養の高額療養費を計算**
　57,600+450,000−57,600（47ページ上図）=450,000円
高額療養費　32,000+52,000+78,400+450,000=612,400円
　※Aさんの外来療養は21,000円未満なので対象外となる

最後に①の70歳未満の世帯合算の計算を行うことになります。つまり、3段階で高額療養費を計算するということです。

■ 事前に申請すると自己負担限度額だけの支払いですむ

　高額療養費が支給され、最終的な負担額が軽減されても、医療機関の窓口でいったん支払いをしなければなりません。したがって金銭的な余裕がないと、そもそも医療を受けることができないこともあります。その場合は、高額療養費の現物支給化の制度を利用することができます。申請は、国民健康保険の場合は市区町村の窓口、協会けんぽの場合は各都道府県支部、それ以外の医療保険に加入の場合は勤め先の健康保険組合に、限度額適用認定証の申請を行います。これを医療機関に提示することで、自己負担限度額のみの支払いですみます。

特定疾病

人工腎臓（人工透析）を実施している慢性腎不全、血友病のうち、血しょう分画製剤を投与している先天性血液凝固第Ⅷ因子障害または先天性血液凝固第Ⅸ因子障害、抗ウィルス剤を投与している後天性免疫不全症候群（HIV感染を含み、厚生労働大臣の定める者に限る）。

傷病手当金

3日間の待期期間が必要である

■ 業務外の病気やケガで就業できない場合に支給される

業務中や通勤途中で病気やケガをした場合は、労災保険から補償を受けることになりますが、業務外の病気やケガで働くことができなくなり、その間の賃金を得ることができない場合は、健康保険から傷病手当金が支給されます。

傷病手当金の給付を受けるためには、療養のために働けなくなり、その結果、連続して3日以上休んでいたことが要件となります。ただし、業務外の病気やケガといっても美容整形手術で入院したなどで傷病手当金の支給要件を満たしたとしても、療養の対象とならないため傷病手当金は支給されません。

「療養のため」とは、療養の給付を受けたという意味ではなく、自分で病気やケガの療養を行った場合も含みます。「働くことができない」状態とは、病気やケガをする前にやっていた仕事ができないことを指します。なお、軽い仕事だけならできるが以前のような仕事はできないという場合にも、働くことができない状態にあたります。

■ 支給までには3日の待期期間がある

傷病手当金の支給を受けるには、連続して3日間仕事を休んだことが要件となりますが、この3日間はいつから数える（起算する）のかを確認する必要があります。

3日間の初日（起算日）は、原則として病気やケガで働けなくなった日です。たとえば、就業時間中に業務とは関係のない事由で病気やケガをして働けなくなったときは、その日が起算

請求手続

傷病手当金支給申請書を提出する。提出先は、事業所を管轄する全国健康保険協会の都道府県支部または会社の健康保険組合となる。

任意継続被保険者の傷病手当金

任意継続被保険者は傷病手当金の給付対象とならない。

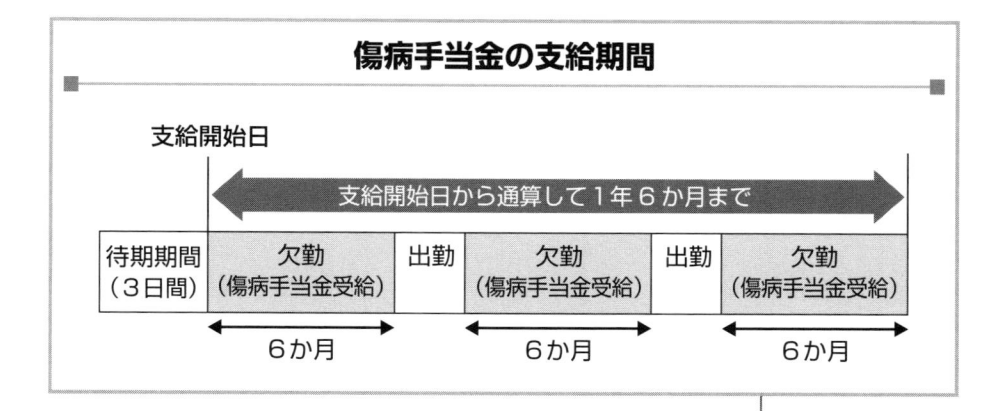

傷病手当金の支給期間

支給開始日

支給開始日から通算して1年6か月まで

待期期間（3日間）	欠勤（傷病手当金受給）	出勤	欠勤（傷病手当金受給）	出勤	欠勤（傷病手当金受給）
	6か月		6か月		6か月

日となります。また、就業時間後に業務とは関係のない事由で病気やケガをして働けなくなったときは、その翌日が起算日となります。

休業して4日目が傷病手当金の支給対象となる初日となり、それより前の3日間については傷病手当金の支給がないため「待期の3日間」と呼びます。待期の3日間には、会社などの公休日や有給休暇も含みます。この3日間は必ず連続している必要があります。

■ 傷病手当金は1年6か月まで支給される

傷病手当金の支給額は、1日につき標準報酬日額の3分の2相当額です。ただ、会社などから賃金の一部が支払われたときは、傷病手当金と支払われた賃金との差額が支払われます。

標準報酬日額とは、直近1年間の標準報酬月額を平均した額の30分の1の額で、傷病手当金の支給期間は、傷病手当金の支給対象となる日を通算して1年6か月です。これは、支給を開始した日からの暦日数で数えます。なお、出産手当金が支給される場合は傷病手当金は支給されませんが、出産手当金より傷病手当金の方が多い場合は、差額が傷病手当金として支給されます。

出産した場合の給付

産前産後について手当金が支給される

■ 出産で会社を休んだ場合のための給付がある

　出産は病気やケガではありませんので、出産にかかる費用については療養の給付を受けることができません。

　そこで、健康保険では、出産のために仕事を休んだ場合の賃金の補てんと出産費用の補助を行っています。賃金の補てんとしての給付を出産手当金、出産費用の補助としての給付を出産育児一時金といいます。

■ 出産手当金は産前42日産後56日まで支給される

　被保険者が出産のため、休業することによって、賃金を得ることができなかった場合（または減額された場合）に支給されます。

　出産手当金の支給を受けることができる期間は、出産日以前（産前）42日（双児以上の妊娠は98日）から出産日後（産後）56日までの間です。出産日当日は産前に含まれます（次ページの図参照）。出産手当金の支給額は、休業1日につき標準報酬日額（直近1年間の標準報酬月額を平均した額の30分の1の額）の3分の2相当額です。ただ、会社などから賃金の一部が支払われたときは、出産手当金と支払われた賃金との差額が支給されます。

　出産手当金の出産とは妊娠85日（4か月）以上の出産をいいます。早産、死産、流産、人工中絶も含みます。

　また、実際の出産が当初の予定日より遅れた場合は、実際に出産した日までの期間について出産手当金が支給されます。つまり、出産手当金の産前の支給期間が42日（双児以上の場合は

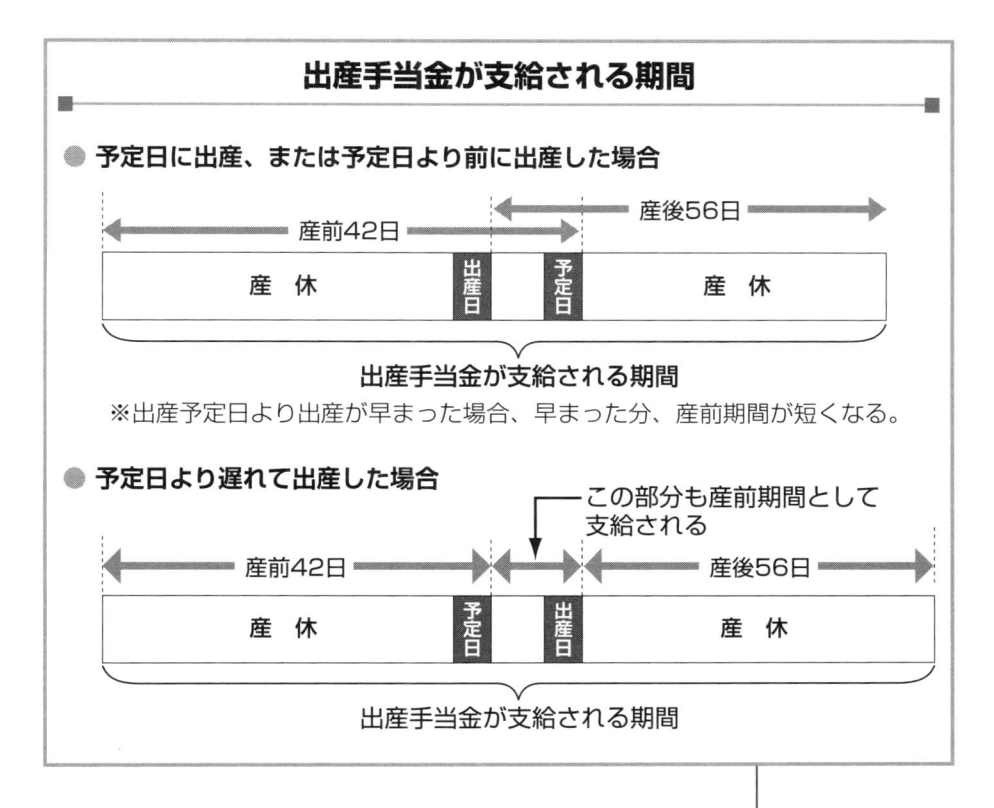

出産手当金が支給される期間

● 予定日に出産、または予定日より前に出産した場合

産前42日　　産後56日

| 産　休 | 出産日 | 予定日 | 産　休 |

出産手当金が支給される期間

※出産予定日より出産が早まった場合、早まった分、産前期間が短くなる。

● 予定日より遅れて出産した場合

この部分も産前期間として支給される

産前42日　　産後56日

| 産　休 | 予定日 | 出産日 | 産　休 |

出産手当金が支給される期間

98日）よりも延びることになります。逆に出産が予定日よりも早まったときは、支給期間が42日に満たないこともあります。

　出産手当金は傷病手当金と違い、対象となる休業期間に働くことができるかどうかは関係ありません。実際に働かなかった日があれば、出産手当金の支給の対象となります。

■ 出産育児一時金として50万円が支給されている

　健康保険の被保険者が出産したときは、出産育児一時金として、一児につき50万円が支給されます（双児以上の場合は50万円×人数分）。ただし、産科医療補償制度（出産時の事故で重度の脳性麻痺児が生まれた場合に補償を行う制度）に加入しない保険医療機関で出産した場合、支給額は48万8,000円となります。

被扶養者の出産

被扶養者である家族が出産した場合、家族出産育児一時金が支給される。

入院時食事療養費・生活療養費

入院に伴い食事の提供を受けたときの給付

■ 入院中の食事の提供を受けることができる

　病気やケガなどをして入院した場合、診察や治療などの療養
の給付（現物給付）の他に、食事の提供を受けることができま
す。この食事の提供（現物給付）としての保険の給付を入院時
食事療養費といいます。

　入院時食事療養費の給付を受けた場合、原則として1食あた
り490円の自己負担額（標準負担額）を支払う必要があります。
標準負担額を超える分については、保険者が医療機関へ直接支
払います。なお、標準負担額については、次ページ図のような
住民税非課税者などへの減額措置が設けられています。また、
長期入院の負担軽減の観点から、入院日数が90日を超える場合
にも減額を行う措置が設けられています。

■ 入院時生活療養費はどんな場合に支給されるのか

　介護保険が導入され、要介護認定された人はさまざまな介護
サービスを受けることができるようになりました。一方で入院
患者は、症状が重い間は、医師や看護婦により十分な看護を受
けていますが、ある程度症状が安定し、リハビリが必要となる
段階では、看護が少なくなり、65歳以上の高齢者は介護を受け
ながら生活するようになります。そこで、介護保険との均衡の
観点から、入院する65歳以上の方の食事や居住に要した費用に
ついて、保険給付として入院時生活療養費が支給されています。

　入院時生活療養費の額は、生活療養に要する平均的な費用の
額から算定した額をベースに、平均的な家計における食費及び

食事療養についての標準負担額

対象者区分	標準負担額(1食あたり)
一般の者【原則】	490円
指定難病患者、小児慢性特定疾患の者 (住民税非課税世帯以外)	280円
住民税非課税世帯の者	230円
住民税非課税世帯の者(入院日数が90日を超える者)	180円
70歳以上で、住民税非課税世帯かつ所得が 一定基準に満たない者	110円

※令和6年6月1日から

入院時の生活療養についての標準負担額

区　分		食費負担額 (1食につき)	居住費負担額 (1日につき)
課税世帯	医療区分Ⅰ (Ⅱ・Ⅲ以外)	490円 (450円※2)	370円
	医療区分Ⅱ・Ⅲ※1	450円	370円
	難病患者など	280円	0円
低所得者Ⅱ (市民税非課税世帯)		230円 (180円※3)	370円
低所得者Ⅰ (70歳以上で年金収入80万円以下など)		140円 (110円※4)	370円

※1　医療の必要性の高い場合
※2　管理栄養士などを配置していない保険医療機関に入院している場合
※3　入院の必要性が高く、直近12か月の入院日数が90日を超えている場合
※4　入院の必要性が高い場合など

光熱水費など、厚生労働大臣が定める生活療養標準負担額を控除した額、となっています。

　なお、低所得者の生活療養標準負担額については、上図のように軽減されています。

家族療養費

被保険者の被扶養者が病気やケガをした場合の給付

■ 被扶養者には家族療養費が支給される

　被保険者の被扶養者が病気やケガをして、保険医療機関で療養を受けたときは、家族療養費が給付されます。

　家族療養費は被保険者が受ける療養の給付、療養費、保険外併用療養費、入院時食事療養費、入院時生活療養費を一括した給付です。

　そのため、現物（治療行為など）で給付を受けるもの（現物給付）と現金で給付を受けるもの（現金給付）とがあります。家族療養費の給付内容は、被保険者が受ける療養の給付などの給付とまったく同じものになります。

　たとえば、療養の給付であれば、保険医療機関の窓口で健康保険被保険者証（カード）を提出して、診察、薬剤・治療材料の支給などを受けますが、被扶養者も同様に保険証を提示して治療などを受けます。

　現物給付として家族療養費の支給を受けることができない場合に、現金給付である家族療養費の支給を受けることができますが、支給を受ける場合には、被保険者に対する療養費と同様に以下の要件を満たすことが必要です。

・保険診療を受けることが困難であるとき
・やむを得ない事情があって保険医療機関となっていない病院などで診療・手当などを受けたとき

■ 被扶養者が治療を受けた場合の自己負担額

　自己負担額（被保険者が負担する部分）も被保険者と同じよ

被扶養者に対する給付

被扶養者に対する給付

家族療養費
被保険者が受け取る療養の給付、療養費、保険外併用療養費、入院時食事療養費・生活療養費を一括した給付

高額療養費・高額介護合算療養費
被保険者の場合と同様

家族埋葬料
5万円

家族出産育児一時金
被保険者の場合と同様

うに、義務教育就学後70歳未満の者については3割、義務教育就学前の者は2割、70歳以上の者は2割（ただし、現役並みの所得者については3割）となっています。

なお、現役並みの所得者とは、70歳に達する日の属する月の翌月以後にある被保険者で、療養を受ける月の標準報酬月額が28万円以上である者の被扶養者（70歳に達する日の属する月の翌月以後にある被扶養者に限る）です。

ただし、標準報酬月額が28万円以上の者であっても年収が一定額以下の場合には申請により、自己負担割合は2割が適用されます。

■ 家族療養費が支給されない者もいる

後期高齢者医療制度（76ページ）の給付を受けることができる者には家族療養費の支給は行いません。また、介護保険法に規定する介護医療院サービスを行う療養病床などに入院中の者にも家族療養費が支給されません。

標準報酬月額
社会保険の保険料と保険給付の決定の基礎になる報酬の月額。

後期高齢者医療制度
75歳以上になると必然的に後期高齢者医療制度に加入しなければならない。そのため、被扶養者に該当していたとしても75歳になると資格を喪失する。

訪問看護療養費と移送費

自宅で療養する者への訪問看護サービスである

■ 訪問看護療養費はどんな場合に支給されるのか

訪問看護

看護師などが患者の自宅を訪れて、療養上の世話や診療の補助をするもの。

末期ガン患者などの、在宅で継続して療養を受ける状態にある者に対して行う健康保険の給付が訪問看護療養費です。訪問看護療養費は、かかりつけの医師の指示に基づき、指定訪問看護事業者（訪問看護ステーション）の看護師等による訪問看護サービスの提供を受けたときに支給されます。

指定訪問看護事業者とは、厚生労働大臣の定めた基準などに従い、訪問看護を受ける者の心身の状況などに応じて適切な訪問看護サービスを提供する者です。厚生労働大臣の指定を受けた事業者で、医療法人や社会福祉法人などが指定訪問看護事業者としての指定を受けています。

訪問看護療養費は、保険者が必要と認めた場合に限って支給されます。たとえば、末期ガン、筋ジストロフィー・脳性まひなどの重度障害、難病、脳卒中などの場合の在宅療養が対象となります。

訪問看護サービスを受けた場合、被保険者は厚生労働大臣の定めた料金の100分の30の額を負担する他、訪問看護療養費に含まれないその他の利用料（営業日以外の日に訪問看護サービスを受けた場合の料金など）も負担します。

■ 転院時のタクシー代などが支給される

現在かかっている医療機関の施設や設備では十分な診察や治療が受けられないようなケースにおいて、患者が自力で歩くことが困難なときは、タクシーなどを使って、移動する必要があ

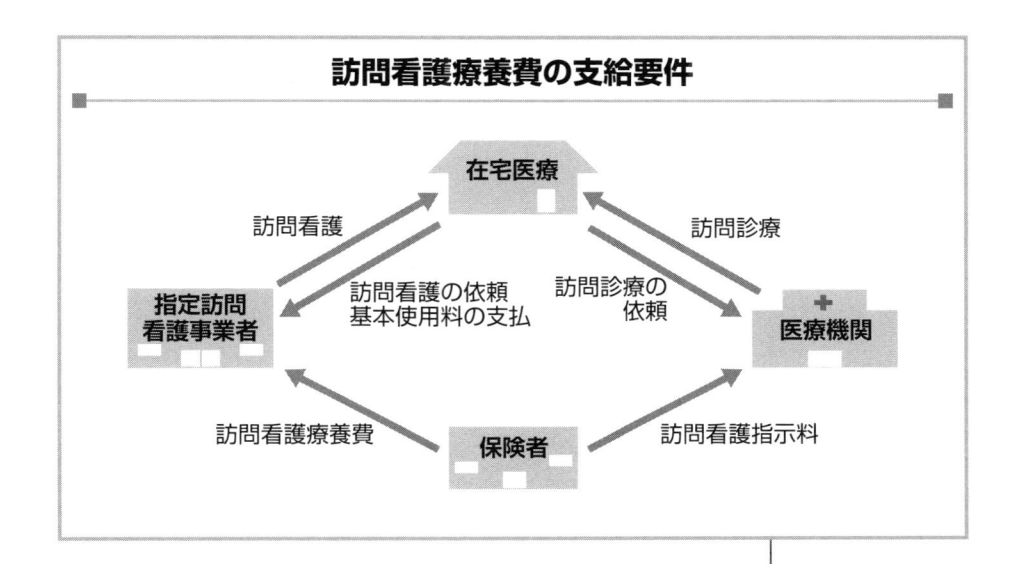

訪問看護療養費の支給要件

在宅医療

訪問看護 → 在宅医療 ← 訪問診療

指定訪問看護事業者 ← 訪問看護の依頼 基本使用料の支払 → 在宅医療 ← 訪問診療の依頼 → 医療機関

訪問看護療養費 ← 保険者 → 訪問看護指示料

指定訪問看護事業者 ← 保険者 → 医療機関

ります。医師の指示によって、緊急に転院した場合などのように、転院に伴って必要になるタクシー代などの移動費について、健康保険から給付を受けることができます。これを移送費といいます。移送費は現金給付です。

　いったんタクシー代などの移送費を自分で支払い、後で、移送費相当額の給付を受けることになります。移送費は原則として保険者（届出先は全国健康保険協会各都道府県支部または健康保険組合）による事前承認が必要になります。ただ、緊急を要するなどのやむを得ない事情がある場合は事後承認でもかまいません。

■ 支給額は合理的な経路による場合の運賃全額

　移送費として受けることができる額は、低廉かつ通常の経路および方法によって移送した場合の運賃になります。

　なお、医師が医学的に必要だと認める場合は、医師や看護師などの付添人（1人まで）にかかった交通費も移送費として支給されます。

死亡した場合の給付

自殺した場合にも支給される

■ 被保険者が死亡すると遺族に埋葬料が支給される

被保険者が業務外の事由で死亡した場合に、その被保険者により生計を維持されていた人で埋葬を行う人に対して埋葬料が支払われます。

埋葬料は、被保険者が自殺した場合にも支払われます。

「被保険者により生計を維持されていた人」とは、被保険者である親が死亡した場合の子などです。ただ、民法上の親族や遺族でない者でも、同居していない者であってもかまいません。また、生計の一部を維持されていた人も含みます。健康保険の被扶養者である必要はありません。

「埋葬を行う人」とは、常識的に考えて埋葬を行うべき人のことです。たとえば、従業員である被保険者が死亡して、社葬を行ったとしても、死亡した被保険者によって生計を維持している配偶者がいる場合は、その配偶者が、埋葬を行う人となり、配偶者に埋葬料が支給されます。他にも被保険者の子がこれにあたります。被保険者の配偶者や子がいない場合は、被保険者の兄弟姉妹やその他親戚の者などです。

埋葬料の額は、標準報酬月額に関わりなく、協会けんぽの場合一律5万円です。

埋葬料を請求するときは、「健康保険埋葬料請求書」に、死亡診断書などを添付して保険者に提出します。このとき、健康保険被保険者資格喪失届と被保険者の健康保険証（被扶養者分も含む）も一緒に提出することになります。

被扶養者分も含めて健康保険証を保険者に返還するというこ

標準報酬月額
社会保険の保険料と保険給付の決定の基礎になる報酬の月額。

死亡した場合の給付

死亡し
たとき
- 被保険者の死亡
  ……5万円（埋葬料）
- 被扶養者の死亡
  ……被保険者に対して5万円支給（家族埋葬料）

とは、それ以降、健康保険からの給付が受けられないということです。これは、被保険者が死亡した時点で、被扶養者としての権利も消滅してしまうからです。

■ 身寄りのない者のときは埋葬者に支給される

身寄りのない1人暮らしの被保険者が亡くなったときのように、被保険者と生計維持関係にあった者がいないため、埋葬料を受ける者がいない場合は、実際に埋葬を行った者に埋葬費が支給されます。被保険者と離れて暮らしている被保険者の子、父母、兄弟姉妹や、友人、会社の同僚、町内会の代表などが埋葬を行った場合も該当します。

埋葬費の額は、埋葬料の金額の範囲内で、実際に埋葬に要した実費相当額です。費用には霊柩車代、霊前供物代、僧侶謝礼、火葬料などが含まれますが、参列者の接待費用や香典返しなどは含まれません。

■ 被扶養者が死亡したら家族埋葬料が支給される

被扶養者が死亡したときは、被保険者に対して家族埋葬料が支給されます。家族埋葬料の支給額は、協会けんぽの場合、一律5万円です。死産児は被扶養者に該当しないことから、家族埋葬料の支給の対象にはなりません。請求方法は埋葬料の場合と同じです。

**資格喪失後の
埋葬料・埋葬費**

①資格喪失後3か月以内に死亡したとき、または、②資格喪失後の傷病手当金・出産手当金の継続給付を受けている間または受けなくなって3か月以内に死亡した場合には、埋葬料、埋葬費が支給される。

保険給付が制限される場合

故意や犯罪行為による場合には保険給付を行わない

■ なぜ給付を制限する必要があるのか

健康保険制度では、業務外の事由によって生じたケガや病気について必要な治療を受けることができます。しかし、その原因が故意の犯罪行為や意図的に起こした事故であった場合には給付が制限されることがあります。給付制限のため、必要な治療は全額自己負担する必要がありますが、一部給付が認められる場合もあります。

そもそも保険は、自分の努力ではどうにもならないことに対して、加入者が保険料を出し合って、事故が起きた場合にそこから給付を受けることで成り立つ制度です。故意による事故などはこのような保険制度の目的から逸脱すると考えられているため、保険給付の制限が行われます。

■ どんな場合に制限されるのか

保険給付が制限される場合として、協会けんぽでは次のような場合を示しています。

①　故意の犯罪行為や故意に事故をおこしたとき

②　けんか、酔っ払いなど著しい不行跡により事故をおこしたとき

③　正当な理由なく医師の指導に従わなかったり保険者の指示による診断を拒んだとき

④　詐欺その他不正な行為で保険給付を受けたとき、または受けようとしたとき

⑤　正当な理由がないのに保険者の文書の提出命令や質問に応

不行跡

法律の条文などでよく使われる表現。行いがよくないことをいう。

保険医療機関の通知義務

本文の保険給付制限に該当する場合には、保険医療機関は保険者に対してその旨を通知する義務がある。

保険給付が制限される場合

> 保険料を出し合って、事故が起きた場合に
> そこから給付を受けることで成り立つ制度（＝保険制度）

制度趣旨に反する場合は、保険給付が制限される

制度趣旨に反する場合とは？

・保険事故の原因（故意の犯罪行為、故意の事故等）
・治療中の行動（医師の指導、保険者の指示に応じない等）
・不正な受給（詐欺などで保険給付をうける等）　　など

じないとき

⑥　感染症予防法等他の法律によって、国または地方公共団体が負担する療養の給付等があったとき

なお、自殺未遂などによって治療が必要な場合、傷病の発生が精神疾患などによって起因すると認められる場合には、「故意」にはあたらないとされ必要な保険給付を受けることができます。

■ 第三者行為による場合には保険給付が利用できる

第三者行為によって治療が必要な場合には加害者が被害者に対して損害賠償をする必要があるため、健康保険の給付が受けられないと考えている人も多いようです。しかし、自動車事故に代表されるような第三者行為によってケガをした場合にも保険給付を受けることは可能です。その場合には、保険者に「第三者行為による傷病届」を提出する必要があります。

一方、健康保険を利用せず加害者に治療費の損害賠償を請求することもできますが、自身に過失があった場合には高額の請求を負担することもあります。

退職後の健康保険

いずれかの公的医療保険制度に加入することになる

■ 必ず医療保険には入らなければならない

　健康保険は会社を退職すると加入資格を失いますので、在職中に使っていた健康保険証（健康保険被保険者証）は、会社を通して返却しなければならず、退職した日の翌日からは使えません。現在の健康保険制度は、国民すべてがいずれかの公的医療保険制度に加入することになっています。会社を退職した後は、国民健康保険などのいくつかの制度の中から該当するものを選ぶことになります。

■ 任意継続被保険者や国民健康保険を検討する

　会社に勤めている間は、組合または全国健康保険協会管掌の健康保険の被保険者になっています。しかし、会社を辞めると、後にどの健康保険に入るのかを自分で決めなければなりません。

　会社を退職した後は、通常、再就職して再度健康保険の被保険者となるまでの間は任意継続被保険者になるか、市区町村が運営する国民健康保険へ加入することになります。

　なお、健康保険は被保険者だけでなく、被扶養者も給付の対象としている点に特徴があります。そのため、退職後、次の就職先が見つかるまでの間、家族が被保険者になっている健康保険の被扶養者になるという方法もあります。

■ 特例退職被保険者になることができる場合もある

　在職中の健康保険が、厚生労働大臣の指定する特定健康保険組合の組合管掌の健康保険であれば、特例退職被保険者として

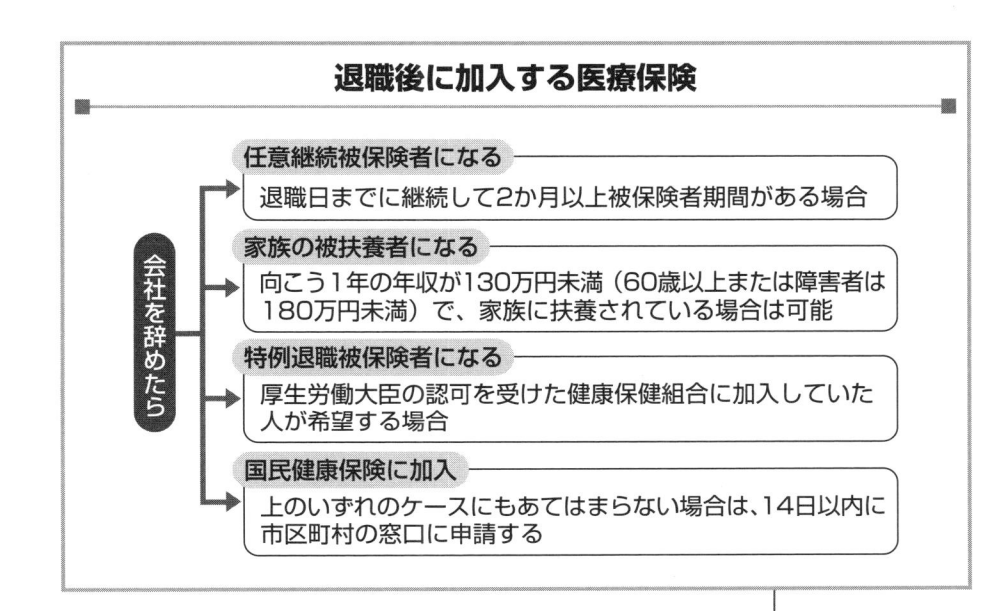

退職後に加入する医療保険

会社を辞めたら

任意継続被保険者になる
退職日までに継続して2か月以上被保険者期間がある場合

家族の被扶養者になる
向こう1年の年収が130万円未満（60歳以上または障害者は180万円未満）で、家族に扶養されている場合は可能

特例退職被保険者になる
厚生労働大臣の認可を受けた健康保健組合に加入していた人が希望する場合

国民健康保険に加入
上のいずれのケースにもあてはまらない場合は、14日以内に市区町村の窓口に申請する

退職後も健康保険の被保険者になることができます。特例退職被保険者になれるかどうかは、健康保険組合の加入期間が20年以上で、厚生年金を受給しているかどうかなど特定健康保険組合の約款により定められます。

特例退職被保険者には健康保険組合から、健康保険の一般被保険者と基本的に同様の給付を受けることができます。ただし、傷病手当金と出産手当金を受給することはできません。

この特例退職被保険者制度は、定年後から後期高齢者医療制度に加入するまでの間、今までと同程度の保険給付を受けることが可能な制度です。しかし、近年の高齢者の医療費の増加もあって、健康保険組合の財政は圧迫されており、特例退職被保険者制度を維持しているのはごく少数だといえます。

■ 退職後でも退職前の給付を継続して受けることができる

原則として、退職をすると、それまで加入していた保険者から別の保険者に加入し直し、そこから保険給付を受けることに

特例退職被保険者と付加給付

個々の健康保険組合が定める約款にもよるが、法定給付に加えて健康保険組合が独自に給付する付加給付についても、一般被保険者と同様の給付を受けることができるケースが多いようである。

なります。たとえば、会社員から自営業になる場合には、会社が加入している全国健康保険協会から市区町村へ保険者が変更になり、市区町村が運営する保険者から保険給付を受けることになります。

しかし、退職日から一律保険給付を行わないというようにしてしまうと、これまで治療のため休業していた被保険者などが受ける不利益が大きいことから、次ページ図の給付については退職後も引き続き保険給付を受けることができます。

■ 資格喪失後の傷病手当金

資格喪失日の前日まで1年以上継続して健康保険の被保険者だった者が、会社を辞めた場合など、資格喪失後にも引き続いて傷病手当金を受給することができます。

ただし、資格喪失時において受給していたか受給できる状態であることが必要です。

受給できる状態と判定されるためには、待期期間の3日間（51ページ）が経過していることが必要です。

なお、資格喪失後の継続給付については、いったん仕事に復帰した場合、その後同じ病気やケガが原因で仕事に就くことができない状態になっても、傷病手当金は支給されませんので注意が必要です（一度でも仕事に復帰して支給が中断した場合は、受給権が消滅します）。

■ 資格喪失後の出産手当金

資格喪失日の前日まで1年以上継続して健康保険の被保険者だった者が、会社を辞めた場合など、資格喪失後に出産手当金を受給することができます。

ただし、資格喪失時において受給していたか受給できる状態であることが必要で、出産前後合わせて原則98日間の範囲内で、支給を受けることができます。

産前産後休業の期間

出産予定日6週前（多胎妊娠は14週前）から、出産後8週間のこと。請求を行うことで休業できるが、産後6週間は就業させてはならない。

資格喪失後も継続する保険給付

資格喪失後の傷病手当金

要件 資格喪失日の前日まで1年以上継続して健康保険の被保険者であること
待期期間の3日間が経過していること
※資格喪失後に一度でも復職すると、受給権が消滅する

資格喪失後の出産手当金

要件 資格喪失日の前日まで1年以上継続して健康保険の被保険者であること
※通算して原則98日間支給される

資格喪失後の出産育児一時金

要件 資格喪失日の前日まで1年以上継続して健康保険の被保険者であること
資格喪失後、6か月以内の出産であること
※家族出産育児一時金が支給される場合には、どちらかを選択する

なお、任意継続期間中に受給権が発生したとしても、任意継続被保険者の資格喪失後に受給することはできないため注意が必要です。

■ 資格喪失後の出産育児一時金

資格喪失日の前日まで1年以上継続して健康保険の被保険者だった者が、会社を辞めた場合など、資格喪失後に出産育児一時金を受給することができます。資格喪失後、6か月以内に出産することが必要な要件となります。

なお、任意継続期間中に受給権が発生したとしても、任意継続被保険者の資格喪失後に受給することはできないため注意が必要です。また、資格喪失後に家族の被扶養者になると、被扶養者として保険者から家族出産育児一時金が給付され、資格喪失後の出産育児一時金の給付と重複してしまいます。この場合には、どちらかの一時金を選択し受給することになります。

任意継続被保険者
退職すると被保険者の資格を喪失するが、一定の要件の下で任意に被保険者資格を継続することができる。

任意継続被保険者

退職後も2年間健康保険に加入することができる制度

■ 任意継続の保険料には上限がある

健康保険には、退職後も在籍していた会社の健康保険制度に加入できる任意継続被保険者という制度があります。

退職日の前日まで被保険者期間が継続して2か月以上あれば、被保険者資格を喪失してから2年間、任意継続被保険者になることができます。ただし、75歳以上で後期高齢者医療制度へ加入しなければならない場合は、任意継続被保険者になることはできません。

任意継続被保険者は、会社を通さず、個人で、在職中に加入していた健康保険に継続して加入することになります。

傷病手当金、出産手当金を除いて在職中と同様に、健康保険の給付を受けることができます。ただ、在籍中は、会社が保険料の半分を負担していましたが、任意継続後は、全額を自己負担することになります。

任意継続においては、保険料に上限があるのがポイントです。上限額は保険者によって異なりますが、全国健康保険協会管掌健康保険では標準報酬月額30万円の場合の保険料が上限になります（東京都の介護保険第2号被保険者該当者の場合、令和6年4月分からは、34,740円）ので、在職中の保険料がこの上限を超えていた者や被扶養者の多い者は、国民健康保険を選択するよりも保険料が安くなることもあります。

保険料は原則2年間は変わりません。ただし、都道府県別の健康保険料率や介護保険料率が変更されたり、標準報酬月額の上限に変更があった場合は、それに合わせて変更されます。

国民健康保険
職場の健康保険に加入する人や生活保護を受けている人などを除く一般国民が加入する健康保険。

任意継続被保険者の手続

任意継続被保険者 ➡
- 全国健康保険協会管掌健康保険 ・・・・・ 全国健康保険協会の都道府県支部
- 組合管掌健康保険 ・・・・・・ 従前の健康保険組合事務所

■ 保険料の納付が１日でも遅れると資格を失う

　任意継続被保険者になるためには、退職日の翌日から20日以内に、「健康保険任意継続被保険者資格取得申出書」を保険者に提出しなければなりません。

　毎月の保険料は、月初めに送付される納付書で原則として毎月10日までに納付することになります。納付方法は、コンビニエンスストア、一部金融機関窓口、一部金融機関ATM、インターネットバンキングの他、口座振替を選択することもできます。また、６か月分、12か月分および任意継続被保険者となった翌月分から９月分まで（または３月分まで）を前納することができます。

　毎月の保険料の納付が１日でも遅れると、原則として被保険者資格がなくなります。任意継続の期間は、任意継続被保険者となった日から２年間です。

　任意継続をする場合、継続期間中は保険料が変わりません。これに対して、市区町村によって運営されている国民健康保険の保険料は前年の所得などによって、毎年度変わりますから、退職した年は任意継続の保険料が低いと思っても、次年度以降で国民健康保険の方が有利になることもあります。

任意継続被保険者の資格喪失

任意継続被保険者は任意で資格喪失をすることはできない。喪失理由は下記のとおりである。
- 保険料を納付期日までに納付できないとき
- 他の健康保険に加入したとき
- 死亡したとき
- 任意継続被保険者となってから２年を経過したとき

国民健康保険

加入対象者と保険料の決定方法が健康保険とは異なる

■ 国民健康保険の特徴

　会社員や公務員ではなく自営業者で75歳未満の場合、自分自身で国民健康保険に加入することになり、医療が必要になった場合には各種の給付を受けることができます。

　国民健康保険とは、社会保障や国民の保健を向上させるために設けられた医療保険の制度で、略して「国保」とも呼ばれています。加入者である被保険者の負傷、疾病、出産、死亡などに関して、国民健康保険法に基づいた給付が行われます。

　国民健康保険と、公的保険制度である健康保険のもっとも大きな違いは、加入対象者と保険料の決定法です。国民健康保険の加入対象は、健康保険や船員保険などが適用されない農業者、自営業者、そして企業を退職した年金生活者、3か月を超える在留資格を有する外国人などで、現住所のある市区町村ごとに加入します。国民健康保険は、健康保険と異なり、誰かを扶養するという考えはそもそも存在せず、世帯単位で保険料が算出されます。したがって、保険料の支払いを行うのも世帯主です。

　手続きの期限は、原則として退職後14日以内です。国民健康保険料の料率は市町村により異なり、被保険者の前年の所得や世帯の人数などを加味した上で定められます。

■ 保険料はどのように算出されるのか

　保険料は、被保険者ごとの所得などから計算したものを世帯単位で合算し、世帯主が納付します。国民健康保険の保険料は、「所得割」「資産割」「均等割」「平等割」の4つの項目で計算さ

国民健康保険の保険料計算（東京都大田区の令和6年度の試算）

- ● **所得割の保険料**
  （医療分）8.69%　　　（後期高齢者支援分）2.80%　　　（介護分）2.36%
- ● **均等割の金額**
  （医療分）49,100円　（後期高齢者支援分）16,500円　（介護分）16,500円

  ※東京都の特別区の場合、資産割と平等割はありません

例）世帯構成が、自営業（35歳、所得金額2,000千円）、主婦パート（35歳、所得金額600千円）、小学生（8歳）

医療分	後期高齢者支援分	介護分
（所得割） (2,000−430)+(600−430) =1,740千円 1,740千円×8.69% =**151,206円** ※430千円の基礎控除を行う	**（所得割）** (2,000−430)+(600−430) =1,740千円 1,740千円×2.80% =**48,720円** ※430千円の基礎控除を行う	※世帯全員が40歳未満のためなし
（均等割） 3人×49,100円=**147,300円**	**（均等割）** 3人×16,500円=**49,500円**	

年間保険料　396,726円

れた額の合計額となり、次の計算式で算出されます。

① **世帯加入者の所得に応じて計算する「所得割」**

所得割＝所得額×料率

② **世帯加入者の資産に応じて計算する「資産割」**

資産割＝固定資産税×料率

③ **世帯加入者の人数に応じて計算する「均等割」**

均等割＝加入者数×均等割額

④ **一世帯あたりの定額により計算する「平等割」**

区市町村ごとに定められた一定額

料率などは、区市町村ごとに異なり、さらに、医療分、後期高齢者支援金分、介護分に分けられます。

東京都特別区の資産割

資産割は、田畑が所得の源泉となっている農山村地域向けであるため採用していない。

東京都特別区の平等割

平等割は、親族間の相互扶助と世帯の連帯観念が残っている中都市向けであるため、大都市のように世帯分離が多い地域は実情に即さないため採用していない。

国民健康保険の給付の種類

法定必須給付・法定任意給付・任意給付の３種類がある

■ 給付は３種類に分類される

　健康保険の場合、要件に応じて支給される給付の内容は、すべて保険者である全国健康保険協会または健康保険組合が必ず行わなければならないものです。しかし、国民健康保険制度の場合は、健康保険のように法で定められた給付の他に、支給が法律で義務付けられておらず、場合によっては支給の全部または一部を行わなくてもよいものがあります。具体的には、以下の①～③の３種類に分類されています。

① 法定必須給付とは

　健康保険の給付と同じく法律によって給付を行うことが義務付けられている給付で、療養の給付等と特別療養費が含まれます。

　療養の給付等とは、健康保険と同じく、加入者がケガや病気のために医療機関にかかった場合に行われる給付です。具体的には、療養の給付、入院時食事療養費、入院時生活療養費、保険外併用療養費、療養費、訪問看護療養費、移送費、高額療養費、高額介護合算療養費が法定必須給付と定められています。

　なお、次ページ図の特別療養費とは、保険料を滞納したため被保険者証を返還することになった場合の保険給付です。被保険者証の返還後に診療を受けた場合は全額を自身で支払う必要があり、申請を行う事で後日特別療養費として給付額の払戻しを受けることができます。

② 法定任意給付

　条例または規約によって行う給付のことで、特別な理由がある場合は給付の全部または一部を支給しないことが許されてい

国民健康保険の給付内容

種　類	内　容
療養の給付	病院や診療所などで受診する、診察・手術・入院などの現物給付
入院時食事療養費	入院時に行われる食事の提供
入院時生活療養費	入院する65歳以上の者の生活療養に要した費用の給付
保険外併用療養費	先進医療や特別の療養を受けた場合に支給される給付
療養費	療養の給付が困難な場合などに支給される現金給付
訪問看護療養費	在宅で継続して療養を受ける状態にある者に対する給付
移送費	病気やケガで移動が困難な患者を医師の指示で移動させた場合の費用
高額療養費	自己負担額が一定の基準額を超えた場合の給付
高額介護合算療養費	医療費と介護サービス費の自己負担額の合計が著しく高額となる場合に支給される給付
特別療養費	被保険者資格証明書で受診した場合に、申請により、一部負担金を除いた費用が現金で支給される
出産育児一時金	被保険者が出産をしたときに支給される一時金
葬祭費・葬祭の給付	被保険者が死亡した場合に支払われる給付
傷病手当金	業務外の病気やケガで働くことができなくなった場合の生活費
出産手当金	産休の際、会社から給料が出ないときに支給される給付

るものです。具体的には、出産育児一時金、葬祭費、葬祭の給付の3種類です。

③　任意給付

　給付の実施が義務付けられておらず、条例や規約を定めることにより実施することができる給付のことです。具体的には、傷病手当金と出産手当金の2種類です。

■ 基本的な内容は健康保険と同じ

　国民健康保険の加入者は、健康保険と同様に療養の給付を受けることができます。この療養の給付の対象範囲についても、

> **現物給付の例外**
>
> 国民健康保険も健康保険と同じく現物給付が原則であるが、やむを得ない事情であると認められた場合は「療養費」として現金が給付される。

健康保険と同じです（41ページ図）。治療内容や調剤の中には、こちらも健康保険と同じく国民健康保険制度ではカバーすることができないものが存在します。保険が効かない薬や治療の具体的な内容は健康保険の場合と同様です。

そして、療養の給付が発生した際に負担する一部負担金の割合についても、健康保険法と同じく年齢や所得に応じて異なります。具体的には、義務教育就学前までは医療費の2割、義務教育就学から69歳までは医療費の3割です。70〜74歳までについては所得（原則、課税所得の145万円が基準）によって2割もしくは3割の医療費を負担します。ただし、医療費負担が2割の方で、生年月日が昭和19年4月1日までの人は1割負担になります。

国民健康保険における療養の給付の内容は健康保険制度とほぼ同じですが、国民健康保険の場合は、世帯内の一人ひとりが加入者となるため、健康保険制度における「家族療養費」などの、加入者の家族に対する給付は行われません。その他、健康保険制度における入院時生活療養費や入院時食事療養費については、健康保険と同様の内容となっています。

■ 国保には特別療養費の制度がある

国民健康保険は、他の健康保険に加入できない者や自営業者、年金受給者など比較的所得の少ない者が加入する傾向にあり、保険料が払えない状況も多くあるようです。このような状況で保険給付が止められてしまうと、適切な治療を受けることが困難になることがあるため、特別療養費という制度を設けています。

特別療養費は、被保険者証を持たない加入者が受けることのできる給付のことで、国民健康保険制度にのみ置かれている給付です。国民健康保険制度の加入者が保険料を、1年を超えて滞納した場合、被保険者証の返還が求められます。そして、返還された被保険者証の代用として「被保険者資格証明書」が発行されます。

特別療養費請求の流れ

特別の理由なく保険料を滞納すると、被保険者証の返還を求められる → 代わりに「被保険者資格証明書」が交付される

↓

治療を受ける場合、「被保険者資格証明書」を提示し、全額の治療費を支払う

↓

領収書を添付して、特別療養費を申請する

↓

特別療養費が支給される

被保険者資格証明書を持つ加入者が医療機関にかかった場合、療養の給付等の提供を「現物支給」として受けることはできません。いったん医療費を全額払いした後に「償還払い」を受けることができますが、この保険給付を「特別療養費」といいます。なお、滞納状態が1年6か月を超えた場合は、保険給付の支払いが差し止められ、より厳しい措置がとられることになります。

■ 国民健康保険料の軽減措置

さらに、保険給付を確実に行うために保険料の軽減措置制度も設けられています。その一つに非自発的失業者に対する保険料の軽減があります。非自発的失業者とは、倒産や雇止めなどにより離職した者のことです。具体的には、ハローワークで雇用保険の特定受給資格者や特例理由離職者として失業等給付を受けている65歳未満の人が対象です。

国民健康保険料は、所得割などによって計算されますが、その際の給与所得を30/100として計算します。原則として、申請することによって、離職の翌日から翌年度末までの期間で軽減されます。

特定受給資格者
会社の倒産や解雇、退職勧奨などの理由により離職した者のこと。

特定理由離職者
有期労働契約の期間が満了し、かつ労働契約の更新がなかった者や病気などのやむを得ない理由で自己都合退職した者のこと。

後期高齢者医療制度

国民皆保険を維持するために後期高齢者医療制度が作られた

高齢者の医療の確保に関する法律

平成20年4月1日に老人保健法から改正された法律。前期高齢者の保険者間の費用負担の調整、後期高齢者の適正医療の給付などを行うために必要な制度を設けるよう規定されている。

■ 後期高齢者医療制度とは

日本では世界に類をみないほど高齢化が進行しており、それに伴い入院の長期化、高い医療水準による平均寿命の延びなど医療費の増大リスクが問題となっています。また、仕事を定年退職すると、ほとんどの人は市町村が運営する国民健康保険に加入するのが一般的となっており、それらの医療費が市町村財政を圧迫しているという問題もあります。

そのため、これまでの国民皆保険を維持するために、75歳以上の高齢者を広域の地域が運営する独立した後期高齢者医療制度に加入させ給付を行うことにしました。これを後期高齢者医療制度といいます。

似たような制度として、前期高齢者医療制度があります。これは65歳から74歳までの前期高齢者について、国民健康保険・各被用者保険（協会けんぽ、健康保険組合など）の間で費用の負担の不均衡を前期高齢者の割合で調整する制度のことです。

後期高齢者医療制度では、都道府県ごとにすべての市町村が加入する広域連合を設け、疾病、負傷、死亡に関して必要な給付を行います。

前期高齢者医療制度、後期高齢者医療制度はともに、「高齢者の医療の確保に関する法律」に規定されています。

■ 後期高齢者医療の給付には何があるのか

後期高齢者医療においても、給付の種類は大きく変わりません。

① **法定必須給付（必ず行わなければならない給付）**

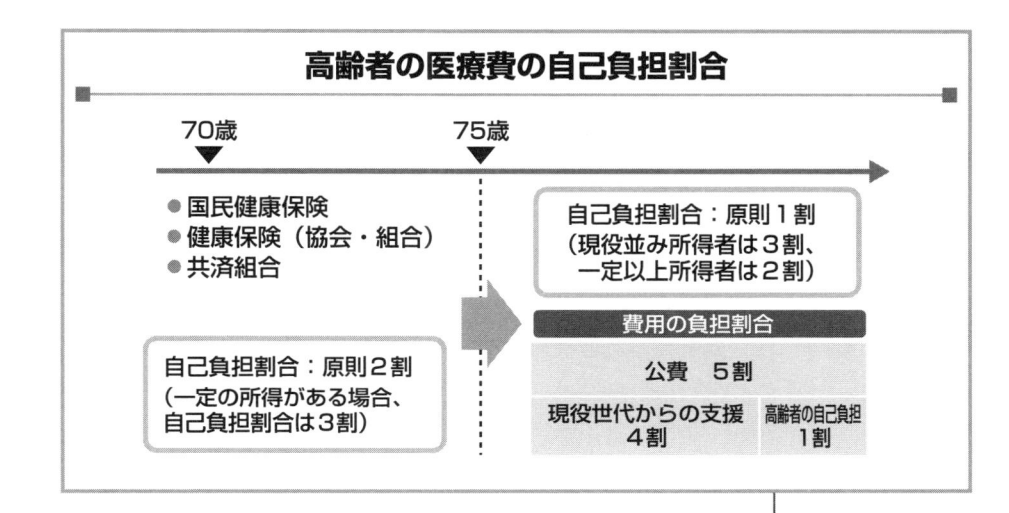

高齢者の医療費の自己負担割合

70歳　　　75歳

- 国民健康保険
- 健康保険（協会・組合）
- 共済組合

自己負担割合：原則2割
（一定の所得がある場合、
自己負担割合は3割）

自己負担割合：原則1割
（現役並み所得者は3割、
一定以上所得者は2割）

費用の負担割合

公費　5割

現役世代からの支援　4割　　高齢者の自己負担　1割

療養の給付、療養費、高額介護合算療養費、入院時食事療養費、訪問看護療養費、特別療養費、入院時生活療養費、移送費、保険外併用療養費、高額療養費

② **法定任意給付（原則として行わなければならない給付）**

葬祭費、葬祭の給付

③ **任意給付（任意に行うことができる給付）**

傷病手当金

療養の給付の負担金は、原則1割です。ただし、一定所得以上の人は2割、所得が145万円以上の現役並み所得者については、3割を負担しなければなりません。

■ 療養の給付などの負担割合

費用の負担割合は、50％を公費、40％を国民健康保険や被用者保険からの支援金、10％を高齢者の保険料からまかなっています。運営は都道府県単位の広域連合が行うため、原則、都道府県ごとに保険料が決定され、高齢者全員で公平に負担することが可能になっています。また、現役世代が支援金として金銭的に援助するため、より持続可能な制度となっています。

> **特別療養費**
>
> 被保険者資格証明書の交付を受けた人が保険医療機関にかかり、医療費の全額を支払った場合に、支払った額のうち自己負担額を除いた額を申請に基づいて支給すること。

損害賠償請求の代位取得

■ 代位取得とは

自動車事故にあってケガをした場合、被害者である被保険者（または被扶養者）は事故の加害者に対して、ケガの治療費など（治療費や治療で仕事を休んだために収入が減った分の補てんなど）の損害相当額を請求できます。これが民法が規定する損害賠償請求権です。

補てん
損害や不足分を埋め合わせること。

ただ、事故のように緊急を要する場合には、とりあえず健康保険を使って治療を受けることもあります。こういったケースでは、本来、事故の加害者が負うべき被害者の治療費を健康保険が支払った形になります。この場合、被害者が健康保険からの給付に加えて加害者からの損害賠償を受けることができるとすると、二重に損害の補てんを受けることができることになります。いかに被害者とはいえ、そこまで認めるのは不合理です。

そこで、このケースのように先に健康保険からの給付を受けた場合、保険者（全国健康保険協会または健康保険組合）は保険給付を行った額を限度として、被害者（被保険者または被扶養者）が加害者（第三者）に対して有する損害賠償請求権を取得することにしました。これを損害賠償請求権の代位取得といいます。保険者は第三者への通知や承諾を得なくても当然に権利を取得しますので、直接、第三者に対して損害賠償を請求することができます。

■ 先に損害賠償を受けると健康保険は支給されない

代位取得の場合とは逆に、健康保険の保険給付を受ける前に

代位取得の範囲

代位取得
- ・療養の給付としての現物給付相当額
- ・傷病手当金相当額
- ・埋葬料（費）相当額　など

加害者から損害賠償としての治療費などの支払いを受けた場合は、支払いを受けた価額の限度において健康保険の給付を行わなくてもよいことになっています。

なお、ひき逃げされた場合などのように、加害者としての第三者がわからないこともありえます。こういったケースでは、被害者は健康保険の保険給付を受けることになります。

■ 代位取得の範囲はどこまでか

保険者が代位取得する損害賠償請求権は、療養の給付としての現物給付相当額に限らず、傷病手当金を受けた場合のその額や被害者が死亡した場合の給付である埋葬料（費）についても含みます。ただ、保険給付とは関係のない精神的損害の補てんである慰謝料や見舞金などについては、代位取得の対象とはなりません。

また、被害者と加害者の間で示談が成立している場合、被害者が賠償金を受け取った日において被害者が加害者に対して持っている損害賠償請求権が消滅し、それに伴い保険者による代位取得の余地もなくなるので、保険給付は行われないことになります。損害賠償の一部についてだけ示談が成立した場合は、残りの部分について代位取得の余地が残ります。

慰謝料
被害者の精神的損害を償うお金。

日雇労働者

日々雇われる者や短期に雇用される者のことである

■ 日払いで働く者のことである

日雇労働者とは、その日ごとに労働関係を清算する特殊な労働形態を常態とする労働者です。

健康保険では日々雇われる者について、短期雇用者という性質上、保険料の徴収や保険給付に関し、一般被保険者と異なるしくみをとっています。そのため、適用事業所で働く場合であっても一般被保険者としては扱いません。

強制適用事業所や任意適用事業所で働くことになった日雇労働者は、健康保険の日雇特例被保険者になります。適用事業所以外の事業所で働く場合は日雇特例被保険者にはなりません。

■ 日雇労働者の形態には4つある

日雇労働者には、次の①〜④の4つの形態があります。

① 臨時に使用される者で日々雇い入れられる者

同じ事業所で1か月を超えて引き続き雇用されることになった場合は、その日から一般被保険者になります。

② 臨時に使用される者で2か月以内の期間を定めて雇用される者

同じ事業所で所定の期間を超えて引き続き雇用されることになった場合は、その日から一般被保険者になります。

③ 季節的業務に使用される者

たとえば、海水浴場の監視員やスキー場のスタッフなどがこれにあたります。季節的業務に使用される者は、当初から継続して4か月を超える予定で雇用される場合は、当初から一般の

強制適用事業所

事業主や従業員の意思に関係なく、健康保険・厚生年金保険への加入が定められている事業所のこと。

任意適用事業所

強制適用事業所とならない事業所で厚生労働大臣の認可を受けて、健康保険・厚生年金保険の適用となった事業所のこと。

日雇労働者の賃金

日雇労働者の賃金については、3か月を超える期間ごとに支払われるもの（賞与など）を除いて、賃金、給料、手当などすべてを含む。臨時に支払われるものが除かれない点が一般の被保険者との違いである。

賃金日額の算定

日雇特例被保険者の賃金日額は、標準賃金日額や1日の保険料の額（印紙の額）を決める基準になる。賃金の形態によって、賃金日額の算定方法は異なる。

日雇特例被保険者にならない者

①	適用事業所で引き続き2か月間に通算して26日以上使用される見込みのないことが明らかなとき
②	任意継続被保険者であるとき
③	農業、漁業、商業等、他に本業がある者が臨時に日雇労働者として使用されるとき
④	大学生などが夏休みや春休みなどに臨時にアルバイトとして使用される場合
⑤	主婦などの健康保険の被扶養者が日雇労働や短期間の労働に従事するとき

被保険者として扱わなければなりません。

④ **臨時的事業に使用される者**

たとえば、博覧会のコンパニオンなどがこれにあたります。臨時的事業に使用される者については、当初から継続して6か月を超える予定で雇用される場合は、当初から一般の被保険者として扱わなければなりません。

■ 日雇特例被保険者とは

日雇労働者が強制適用事業所や任意適用事業所で使用される場合、健康保険の日雇特例被保険者になります。

上図の①～⑤のいずれかに該当する日雇労働者は、厚生労働大臣の承認（実務上は年金事務所長等の承認）を得て日雇特例被保険者にならないでいることもできます。

日雇特例被保険者の保険料は、日雇特例被保険者手帳に健康保険印紙を貼付し、これに事業主が消印することによって納付します。手帳は使用された日ごとに事業主に提出し、貼付・消印する必要があります。日雇特例被保険者はこの手帳によって、保険料の納付実績を証明し、健康保険の給付の受給資格を満たすかどうかの判定を受けます。

異なる事業所からの賃金

1日に2か所以上の適用事業所で使用された場合、最初に使用された事業所で受ける賃金について算定し、賃金の合算はしない。

標準賃金日額

日雇特例被保険者の保険料は標準賃金日額によって決まる。標準賃金日額は11等級（3,000円～2万4,750円）に区分されていて、この区分けに日雇特例被保険者の賃金日額をあてはめて等級を決める。

日雇特例被保険者の保険給付の種類

一般被保険者とほぼ同じ給付が受けられる

■ 特別療養費という独自の給付がある

日雇特例被保険者の受けることができる保険給付は、基本的には一般の被保険者が受ける保険給付の内容とほぼ同じです（次ページ図）。

特別療養費については、初めて日雇特例被保険者になった者が療養の給付の受給要件を満たせないことに対する救済措置としての給付です。

■ 療養の給付の支給を受けるには特別の要件がある

日雇特例被保険者の場合、一般被保険者とは異なり、被保険者になっただけでは療養の給付を受けることができません。

次の要件のいずれかを満たした場合にはじめて受給することができるようになります。

この要件は、最初に療養の給付を受ける月において満たしていればよく、その後、保険料納付日数が不足しても、所定の給付期間は療養の給付を受給できます。

① 初めて療養の給付を受ける日の属する月より前の2か月間に通算して26日分以上の保険料を納付していること
② 初めて療養の給付を受ける日の属する月より前の6か月間に通算して78日分以上の保険料を納付していること

■ 受給するときには受給資格者票を提示する

日雇特例被保険者の場合、一般の被保険者のように健康保険証がありません。日雇特例被保険者が療養の給付を受ける場合、

日雇特例被保険者に対する保険給付の種類

	被保険者	被扶養者
傷　病	療養の給付 入院時食事療養費 入院時生活療養費 保険外併用療養費 療養費	家族療養費
	訪問看護療養費	家族訪問看護療養費
	移送費	家族移送費
	傷病手当金	
死　亡	埋葬料（費）	家族埋葬料
分娩（出産）	出産育児一時金	家族出産育児一時金
	出産手当金	
その他	特別療養費、高額療養費、高額介護合算療養費	

まず、日雇特例被保険者手帳を自分の住所地を管轄する全国健康保険協会の都道府県支部に提示して、保険料納付実績の確認を受けた上で「受給資格者票」を交付してもらいます。受給資格者票は一般被保険者の保険証にあたるもので、これを保険医療機関や保険薬局に提示することによって、療養の給付を受けることができます。日雇特例被保険者の一部負担金（自己負担）は、一般の被保険者と同じです（原則3割）。

■ 受給期間は手帳の所持期間によって異なる

　日雇特例被保険者の受給期間は療養の給付の開始の日から1年間ですが、結核性疾患の場合には5年間です。ただし、保険料の納付要件（前ページ）を満たしている場合には、当該期間を過ぎた後も療養の給付などを受けることができます。

受給資格者票

健康保険の一般被保険者の保険証にあたるもので、療養の給付等を受けるときに日雇特例被保険者が保険医療機関等に提示すべきもの。

民間医療保険のしくみ

保険でカバーできる部分と適切な制度内容を理解しておく

■ 公的保険をカバーする

　公的健康保険は病気やケガで治療を受ける際の強い味方となりますが、残念ながらすべての医療に対して有効ではありません。特別な医療機器を使用する場合や、国内で承認されていない薬を使う治療を受ける場合などは健康保険の適用を受けることができず、医療費が全額自己負担となることがあります。

　親の介護にまつわる費用や、親が病気になりかかった高額の医療費が全額自己負担となる、というケースは避けたいものです。民間の医療保険の加入を検討する際には、これらのポイントを考慮に入れて選ぶ必要があるでしょう。

　通常、「医療保険」という保険に加入する場合、単独で契約することになりますが、「自分が入っているのは生命保険だけど、医療保険と同じような保障を受けられるようになっている」という人も多いようです。これは生命保険に医療保障の特約をつけているケースです。

　医療保険の場合、それ自体独自の契約であるため、保障期間などもそれぞれ確認して決めることができます。一方、医療保障特約の場合、主契約はあくまで生命保険であるため、生命保険料の払込期間が終わると、たとえ生命保険の保障が終身であっても医療保障特約は継続されず、保障が受けられなくなる場合があります。医療保険でも医療保障特約でも結果として同様の保障が行われることはありますが、請求する際には改めて自分の加入している保険内容を保険証書や約款で確認しておく必要があるでしょう。

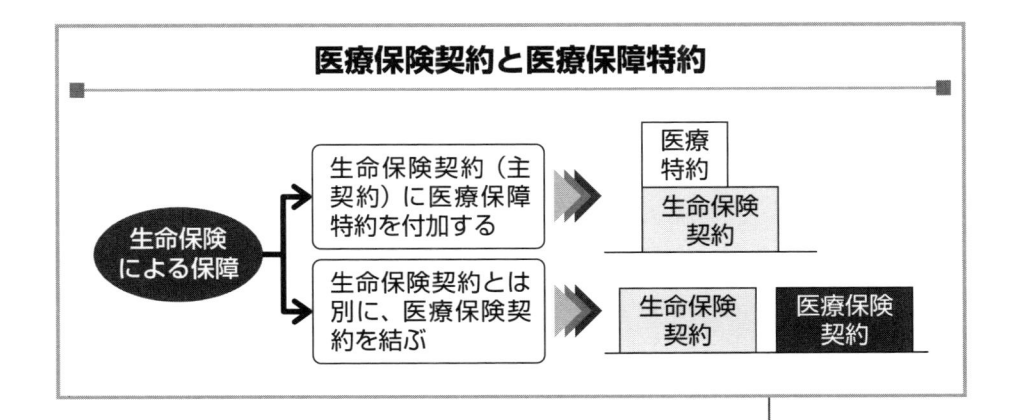

医療保険契約と医療保障特約

生命保険による保障

→ 生命保険契約（主契約）に医療保障特約を付加する ⇒ 医療特約／生命保険契約

→ 生命保険契約とは別に、医療保険契約を結ぶ ⇒ 生命保険契約／医療保険契約

■ 給付についての注意

医療保険の給付には、大きく分けて「入院」と「手術」の2つがあります。入院給付金は、入院した場合に、入院1日につきいくらという形で給付金を受け取ることができます。一方、手術給付金は、手術を受けた場合に、1回○○円という形で給付金を受け取ることができます。医療保険においても、保険金が支払われるための要件と支払われない場合の要件があります。これらは、生命保険と同じく約款に書いてありますが、ここでは、最低限の要件について説明していきます。

① 入院給付金の免責

免責とは、「何日か以上、入院しないと入院給付金の支払対象になりません」という要件です。「免責4日」という要件の場合は、「5日以上入院した場合に5日目から入院給付金を支払う」という意味です。この場合、入院しても4日以内であれば、給付金は1円も出ません。

「入院保障のある医療保険に入っていればどんな理由で入院しても大丈夫だ」と思っている人は多いかもしれませんが、実は入院の中には約款によって保険金支払いの対象外となっているものもあるので、十分確認する必要があります。たとえば人間ドックなどのような検査入院に関しては、保険金支払いの対

> **約款**
>
> 不特定多数の相手と同一内容の契約を結ぶ際に利用する契約条項のこと。
> 保険契約以外にも、鉄道などの運送契約、電気やガスなどの供給契約、ホテルなどの宿泊契約がある。

象になりません。また、病気やケガによる入院の場合でも、保険金支払いの対象外となる事由があります。これを免責事由といい、たとえば告知義務違反があった場合に支払いの対象外となることがあります。免責事由についてもあらかじめ確認しておくとよいでしょう。

② 　入院給付金の支払限度日数

　これは、入院給付金の支払対象となる日数の上限を定めた要件です。1回入院当たりの日数の限度と、通算した入院日数の限度の2つがあります。この2つの日数の計算方法について、同じ病気で入院したケースであれば、たとえ複数回に分けての入院であったとしても「1回の入院」とみなされます。

　具体例として、免責がなく、1回入院当たりの限度日数が60日、通算した入院日数が730日の医療保険のケースで同じ病気で入退院を繰り返した場合、退院から180日以内の入院は1入院とみなすとされている場合を挙げてみます。最初に30日間入院し、1か月間自宅療養した後に同じ病気でさらに40日間入院した場合は、約款で退院から180日以内の入院は1入院とみなすため、入院給付金は70日ではなく60日分しか払われません。

③ 　手術給付金

　手術の種類に応じて入院給付金の日額の10 ～ 40倍が支払われるものや、一律定額のものがあります。注意が必要なのは、給付対象となる手術の種類が決まっており、対象外の手術では給付されないことです。一方、多くの医療保険で、入院をしない手術でも支給対象となる手術であれば、給付金が出ることになっています。くれぐれも請求を忘れないようにしましょう。

■ 本人の代わりに請求の手続をする人を指定できる

　医療保険の請求は、通常は加入者本人が行うことになっています。ガン保険の場合も同様ですが、本人が請求する場合、ガンであることを本人に告知する必要があります。しかし、中に

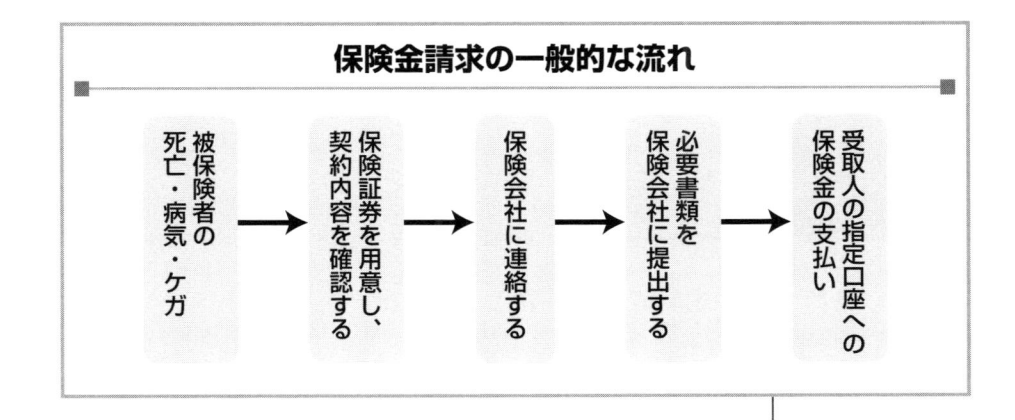

保険金請求の一般的な流れ

被保険者の死亡・病気・ケガ → 保険証券を用意し、契約内容を確認する → 保険会社に連絡する → 必要書類を保険会社に提出する → 受取人の指定口座への保険金の支払い

は「本人の精神的負担を考慮して、告知をしたくない」という場合もあるでしょう。ガン保険の多くは、このような場合に備えて、指定代理請求制度の利用を可能としています。この制度は、本人の代わりに請求手続きをする人を指定しておくもので、給付金の受け取りも指定代理人が行うため、本人にガンであることを急いで知らせる必要がなくなることが特徴です。

■ 保険金を請求する場合の手続き

　保険事故が発生して、保険金を受け取ることができる状態になったとしても、保険会社が自ら保険金を支払うわけではありません。被保険者や受取人、指定代理請求人などが保険金の請求をしてくれなければ保険会社も動きようがないのです。

　保険金の請求には、保険金の請求書（保険会社所定の書式がある）、保険証券、被保険者と受取人の戸籍謄本、受取人の印鑑証明、死亡保険金の場合は死亡診断書か死体検案書、といった書類が必要です。

　病気やケガで入院するなどして、医療保険や医療特約の給付金を請求する場合、所定の請求書の他に医師の診断書の提出を求められるのが一般的です。必要書類を提出し、その内容が確認されればおおむね1週間程度で保険金が支払われます。

診断書の要否

中には病院の領収書だけでもよいとしている保険もあるため、診断書の要否について確認が必要。診断書については、保険会社所定の書式で提出することが必要になる場合があるので、事前に確認し、取り寄せておきたい。

医療特約

主契約に付加する契約のこと

■ 主契約と特約はどう違うのか

　生命保険は、その基礎となる主契約と、主契約に含まれない部分を保障し、保険内容をサポートする特約という保障の組み合わせで作られています。それぞれの特徴を把握し、主契約と特約をうまく組み合わせることで、保障の範囲が広がるといえます。

　特約とは、生命保険の基礎となる主契約を補完する契約のことをいいます。特約の種類は大きく分けると、次の3つになります。

・死亡保障を上乗せする特約

・不慮の事故死や、後遺障害に備えた特約

・医療保障が備えられる特約

　主契約がそれだけで契約できるのに対し、特約はそれのみで加入することはできず、必ず主契約に付随した形で契約しなければなりません。特約の契約期間は、主契約の契約期間を超えることはできません。特約は主契約に付加するものなので、その保険期間は主契約と同じで、主契約が終了すれば特約も消滅します。

　また、特約は主契約に比べると低額です。ただ、主契約として契約せずに、特約で問題ないかについて保障内容・対象などをよく検討する必要があるでしょう。

■ 特約の種類について

　医療保障に関する特約としては、次のようなものがあります。

① 三大疾病特約

　ガン、急性心筋梗塞、脳卒中という日本人の死因トップ3の疾病にかかったときに保険金が支給される特約です。一括で給

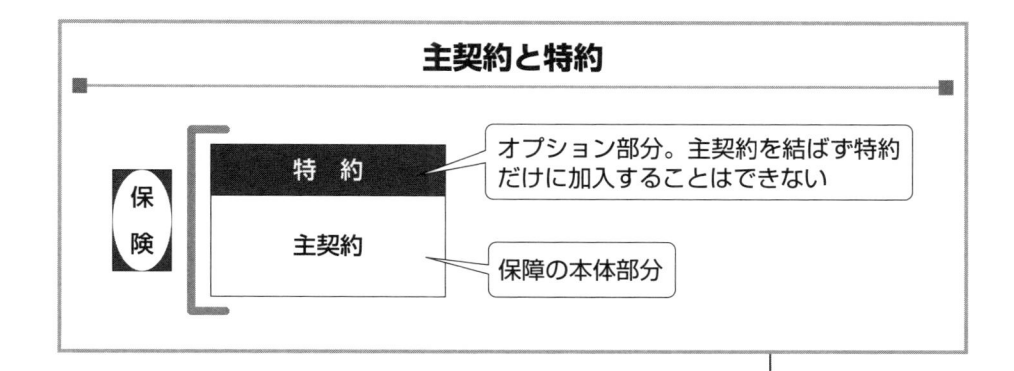

主契約と特約

特約 — オプション部分。主契約を結ばず特約だけに加入することはできない

保険

主契約 — 保障の本体部分

付金が支払われるものが多くなっています。この三大疾病に糖尿病なども含めて保障する「生活習慣病特約」などもあります。

② 女性特有疾病特約

子宮ガン、乳ガンなど女性特有の病気にかかったときに保険金が支給される特約です。通院日額が上乗せされるタイプのものや、一時金が支給されるタイプのものがあります。

③ 死亡特約

死亡した場合に保険金が支給される特約です。金額は数十万円から数百万円と、生命保険よりかなり少なめに設定されているものが多いようです。

④ 通院特約

退院した後、その病気の治療のために通院をした場合に保険金が支給される特約です。1回の通院につきいくらという形で給付金が支給されるタイプの他、退院時に一括して給付金が支給される退院特約タイプもあります。

■ リビングニーズ特約とは

被保険者の余命が6か月以内と診断された場合、請求を行えば、死亡保険金の一部または全額が前払いされるリビング・ニーズ特約もあります。リビング・ニーズ特約は保険料が必要なく、保険金は非課税となります。

この他のおもな特約

不慮の事故にあったときに保険金をもらえる特約である「災害割増特約」と「傷害特約」は、いずれも不慮の事故に見舞われた際に、基本の保障に上乗せして保険金を受け取れる特約がある。

災害割増特約とは、不慮の事故または法定・指定伝染病で死亡もしくは高度障害状態になった時に災害保険金がもらえる。傷害特約もまた、不慮の事故または法定・指定伝染病で死亡もしくは所定の身体状態になった時に災害保険金がもらえる。

これらの特約は不慮の事故などで死亡または高度障害状態または所定の身体状態になったときに、基本の死亡保障に「災害保険金」が上乗せされる点では同じだが、「障害保険金」が支給されるのは傷害特約だけで、災害割増特約には軽い障害に対する保障はない。

令和6年3月分（4月納付分）からの健康保険・厚生年金保険の保険料額表

・健康保険料率：令和6年3月分～　適用　　・厚生年金保険料率：平成29年9月分～　適用
・介護保険料率：令和6年3月分～　適用　　・子ども・子育て拠出金率：令和2年4月分～　適用

（東京都）　　（単位：円）

標準報酬		報酬月額		全国健康保険協会管掌健康保険料				厚生年金保険料（厚生年金基金加入員を除く）	
				介護保険第2号被保険者に該当しない場合		介護保険第2号被保険者に該当する場合		一般、坑内員・船員	
等級	月額			9.98%		11.58%		18.300%※	
		円以上	円未満	全額	折半額	全額	折半額	全額	折半額
1	58,000	～	63,000	5,788.4	2,894.2	6,716.4	3,358.2		
2	68,000	63,000 ～	73,000	6,786.4	3,393.2	7,874.4	3,937.2		
3	78,000	73,000 ～	83,000	7,784.4	3,892.2	9,032.4	4,516.2		
4(1)	88,000	83,000 ～	93,000	8,782.4	4,391.2	10,190.4	5,095.2	16,104.00	8,052.00
5(2)	98,000	93,000 ～	101,000	9,780.4	4,890.2	11,348.4	5,674.2	17,934.00	8,967.00
6(3)	104,000	101,000 ～	107,000	10,379.2	5,189.6	12,043.2	6,021.6	19,032.00	9,516.00
7(4)	110,000	107,000 ～	114,000	10,978.0	5,489.0	12,738.0	6,369.0	20,130.00	10,065.00
8(5)	118,000	114,000 ～	122,000	11,776.4	5,888.2	13,664.4	6,832.2	21,594.00	10,797.00
9(6)	126,000	122,000 ～	130,000	12,574.8	6,287.4	14,590.8	7,295.4	23,058.00	11,529.00
10(7)	134,000	130,000 ～	138,000	13,373.2	6,686.6	15,517.2	7,758.6	24,522.00	12,261.00
11(8)	142,000	138,000 ～	146,000	14,171.6	7,085.8	16,443.6	8,221.8	25,986.00	12,993.00
12(9)	150,000	146,000 ～	155,000	14,970.0	7,485.0	17,370.0	8,685.0	27,450.00	13,725.00
13(10)	160,000	155,000 ～	165,000	15,968.0	7,984.0	18,528.0	9,264.0	29,280.00	14,640.00
14(11)	170,000	165,000 ～	175,000	16,966.0	8,483.0	19,686.0	9,843.0	31,110.00	15,555.00
15(12)	180,000	175,000 ～	185,000	17,964.0	8,982.0	20,844.0	10,422.0	32,940.00	16,470.00
16(13)	190,000	185,000 ～	195,000	18,962.0	9,481.0	22,002.0	11,001.0	34,770.00	17,385.00
17(14)	200,000	195,000 ～	210,000	19,960.0	9,980.0	23,160.0	11,580.0	36,600.00	18,300.00
18(15)	220,000	210,000 ～	230,000	21,956.0	10,978.0	25,476.0	12,738.0	40,260.00	20,130.00
19(16)	240,000	230,000 ～	250,000	23,952.0	11,976.0	27,792.0	13,896.0	43,920.00	21,960.00
20(17)	260,000	250,000 ～	270,000	25,948.0	12,974.0	30,108.0	15,054.0	47,580.00	23,790.00
21(18)	280,000	270,000 ～	290,000	27,944.0	13,972.0	32,424.0	16,212.0	51,240.00	25,620.00
22(19)	300,000	290,000 ～	310,000	29,940.0	14,970.0	34,740.0	17,370.0	54,900.00	27,450.00
23(20)	320,000	310,000 ～	330,000	31,936.0	15,968.0	37,056.0	18,528.0	58,560.00	29,280.00
24(21)	340,000	330,000 ～	350,000	33,932.0	16,966.0	39,372.0	19,686.0	62,220.00	31,110.00
25(22)	360,000	350,000 ～	370,000	35,928.0	17,964.0	41,688.0	20,844.0	65,880.00	32,940.00
26(23)	380,000	370,000 ～	395,000	37,924.0	18,962.0	44,004.0	22,002.0	69,540.00	34,770.00
27(24)	410,000	395,000 ～	425,000	40,918.0	20,459.0	47,478.0	23,739.0	75,030.00	37,515.00
28(25)	440,000	425,000 ～	455,000	43,912.0	21,956.0	50,952.0	25,476.0	80,520.00	40,260.00
29(26)	470,000	455,000 ～	485,000	46,906.0	23,453.0	54,426.0	27,213.0	86,010.00	43,005.00
30(27)	500,000	485,000 ～	515,000	49,900.0	24,950.0	57,900.0	28,950.0	91,500.00	45,750.00
31(28)	530,000	515,000 ～	545,000	52,894.0	26,447.0	61,374.0	30,687.0	96,990.00	48,495.00
32(29)	560,000	545,000 ～	575,000	55,888.0	27,944.0	64,848.0	32,424.0	102,480.00	51,240.00
33(30)	590,000	575,000 ～	605,000	58,882.0	29,441.0	68,322.0	34,161.0	107,970.00	53,985.00
34(31)	620,000	605,000 ～	635,000	61,876.0	30,938.0	71,796.0	35,898.0	113,460.00	56,730.00
35(32)	650,000	635,000 ～	665,000	64,870.0	32,435.0	75,270.0	37,635.0	118,950.00	59,475.00
36	680,000	665,000 ～	695,000	67,864.0	33,932.0	78,744.0	39,372.0		
37	710,000	695,000 ～	730,000	70,858.0	35,429.0	82,218.0	41,109.0		
38	750,000	730,000 ～	770,000	74,850.0	37,425.0	86,850.0	43,425.0		
39	790,000	770,000 ～	810,000	78,842.0	39,421.0	91,482.0	45,741.0		
40	830,000	810,000 ～	855,000	82,834.0	41,417.0	96,114.0	48,057.0		
41	880,000	855,000 ～	905,000	87,824.0	43,912.0	101,904.0	50,952.0		
42	930,000	905,000 ～	955,000	92,814.0	46,407.0	107,694.0	53,847.0		
43	980,000	955,000 ～	1,005,000	97,804.0	48,902.0	113,484.0	56,742.0		
44	1,030,000	1,005,000 ～	1,055,000	102,794.0	51,397.0	119,274.0	59,637.0		
45	1,090,000	1,055,000 ～	1,115,000	108,782.0	54,391.0	126,222.0	63,111.0		
46	1,150,000	1,115,000 ～	1,175,000	114,770.0	57,385.0	133,170.0	66,585.0		
47	1,210,000	1,175,000 ～	1,235,000	120,758.0	60,379.0	140,118.0	70,059.0		
48	1,270,000	1,235,000 ～	1,295,000	126,746.0	63,373.0	147,066.0	73,533.0		
49	1,330,000	1,295,000 ～	1,355,000	132,734.0	66,367.0	154,014.0	77,007.0		
50	1,390,000	1,355,000 ～		138,722.0	69,361.0	160,962.0	80,481.0		

※厚生年金基金に加入している方の
厚生年金保険料率は、基金ごとに
定められている免除保険料率
（2.4%～5.0%）を控除した率となり
ます。

加入する基金ごとに異なりますの
で、免除保険料率および厚生年金
基金の掛金については、加入する
厚生年金基金にお問い合わせ
ください。

◆介護保険第2号被保険者は、40歳から64歳までの方であり、健康保険料率（9.98%）に介護保険料率（1.60%）が加わります。
◆等級欄の（　）内の数字は、厚生年金保険の標準報酬月額等級です。
　4(1)等級の「報酬月額」欄は、厚生年金保険の場合「93,000円未満」と読み替えてください。
　35(32)等級の「報酬月額」欄は、厚生年金保険の場合「635,000円以上」と読み替えてください。
◆令和6年度における全国健康保険協会の任意継続被保険者について、標準報酬月額の上限は、300,000円です。

〇被保険者負担分（表の折半額の欄）に円未満の端数がある場合
　①事業主が、給与から被保険者負担分を控除する場合、被保険者負担分の端数が50銭以下の場合は切り捨て、50銭を超える場合は切り上げて1円となります。
　②被保険者が、被保険者負担分を事業主へ現金で支払う場合、被保険者負担分の端数が50銭未満の場合は切り捨て、50銭以上の場合は切り上げて1円となります。
　（注）①、②にかかわらず、事業主と被保険者間で特約がある場合には、特約に基づき端数処理することができます。
〇納入告知書の保険料額
　納入告知書の保険料額は、被保険者個々の保険料額を合算した額になります。ただし、合算した金額に円未満の端数がある場合は、その端数を切り捨てた額となります。
〇賞与にかかる保険料額
　賞与に係る保険料額は、賞与額から1,000円未満の端数を切り捨てた額（標準賞与額）に、保険料率を乗じた額となります。
　また、標準賞与額の上限は、健康保険は年間573万円（毎年4月1日から翌年3月31日までの累計額）となり、厚生年金保険と子ども・子育て拠出金の場合は
　月間150万円となります。
〇子ども・子育て拠出金
　事業主の方は、児童手当の支給に要する費用等の一部として、子ども・子育て拠出金を負担いただくことになります。（被保険者の負担はありません。）
　この子ども・子育て拠出金の額は、被保険者個々の厚生年金保険の標準報酬月額および標準賞与額に、拠出金率（0.36%）を乗じて得た額の総額となります。

PART 3

年金制度のしくみ

公的年金制度の全体像

加入している年金制度によって給付額が異なる

■ 公的年金には国民年金と厚生年金保険がある

　年金制度は誰が管理・運営するかによって、①公的年金、②企業年金、③個人年金の３つに分けることができます。この３つの年金のうち、公的年金は、老齢、障害、死亡といった事由に対して給付を行っています。

　国が管理・運営する年金のことをまとめて公的年金といいます。以前まで公的年金には、①国民年金、②厚生年金保険、③共済年金の３つの制度がありました。しかし、平成27年10月１日からは「被用者年金一元化法」により③の共済年金は、②の厚生年金保険に一元化されました。20歳以上のすべての国民は何らかの公的年金に加入しています。国民年金は、20歳以上の国民全員が加入しています。厚生年金保険は会社員が加入する年金保険で、厚生年金保険の加入者も、厚生年金保険への加入と同時に、国民年金に加入しています。その保険料は、厚生年金保険の保険料として集めた財源の中から、国民年金にまとめて拠出金が支払われているのです。

■ 年金制度の１階部分が国民年金である

　厚生年金保険は昭和17年に始まった労働者年金保険がもとになっていますが、当初は労働者年金保険以外にも多くの年金制度がそれぞれに成立し、バラバラに運用されていました。それらすべての制度が昭和61年の年金の大改正により統合されて、「国民年金」が全国民共通の年金（基礎年金）として位置付けられました。厚生年金保険の加入者（会社員）が同時に国民年

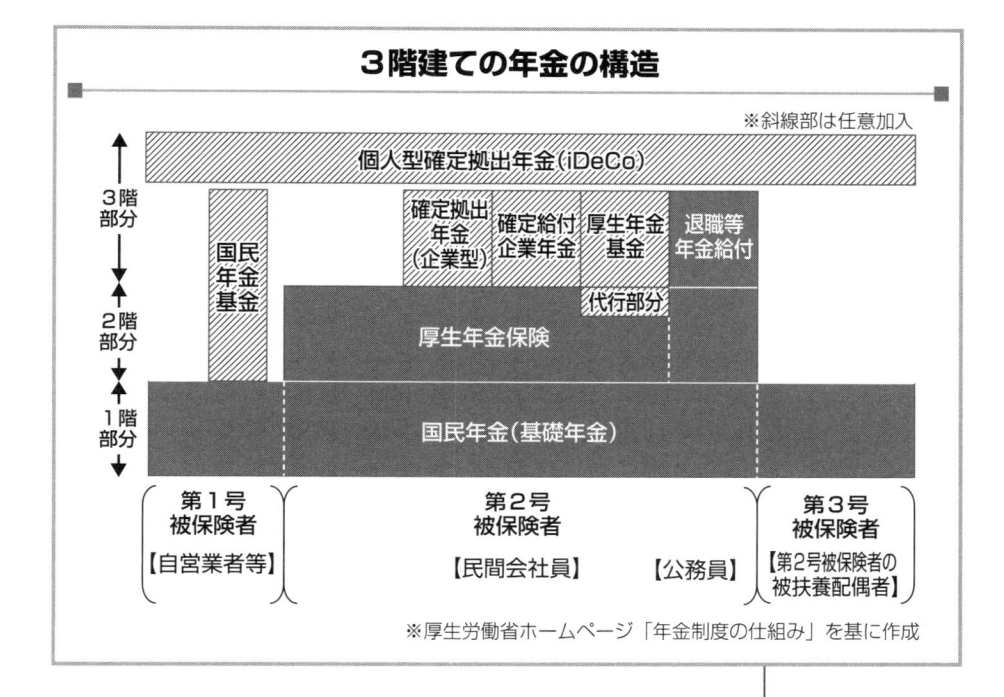

３階建ての年金の構造

※斜線部は任意加入

個人型確定拠出年金(iDeCo)

３階部分		確定拠出年金（企業型）	確定給付企業年金	厚生年金基金	退職等年金給付
	国民年金基金			代行部分	
２階部分		厚生年金保険			
１階部分		国民年金(基礎年金)			

| 第１号被保険者【自営業者等】 | 第２号被保険者【民間会社員】　【公務員】 | 第３号被保険者【第２号被保険者の被扶養配偶者】 |

※厚生労働省ホームページ「年金制度の仕組み」を基に作成

金の加入者になるのはこのためです。

　年金制度が統合された結果、公的年金制度は３階建ての制度になりました（上図）。国民年金がすべての基礎となる１階部分、厚生年金保険が２階部分です。さらに、厚生年金基金などの企業年金や確定拠出年金が３階部分です。国民年金（１階）に入らずに厚生年金保険（２階）や企業年金（３階）だけに加入するといったことはできません。

　年金制度に加入する被保険者については、３種類に区分けすることができます。国民年金だけに加入している人を第１号被保険者、厚生年金の加入者を第２号被保険者、第２号被保険者に扶養されている配偶者を第３号被保険者といいます。第３号被保険者は保険料の負担なしに最低限の年金保障を受けることができ、おもに会社員・公務員世帯の専業主婦（または主夫）が対象となります。

第１号被保険者

国民年金加入者のうち、20歳以上60歳未満の自営業者とその配偶者、学生、無職の者などのこと。

第３号被保険者制度

共働きの家庭と比べて不公平な点もあり、制度のあり方をめぐって見直しが議論されている。

公的年金制度がかかえる問題点

公的年金の加入は20歳以上の国民の義務

■ 現役世代が今の年金受給者を支えている

　保険料の不払いの大きな原因になっている賦課方式とは、現在の年金の支払いを現役の世代の保険料でまかなう制度です。「世代間扶養」ともいいます。実は、自分の保険料が運用されて、将来、自分に返ってくるのではないのです。つまり、現役世代がもらう年金は、その次の世代の保険料から支払われることになります。この制度は、ほとんどの国が採用しています。

■ 年金の財源

　年金の財源は、被保険者である国民の掛け金だけでまかなわれているわけではありません。厚生年金の場合、雇い主である企業や役所などが従業員の掛け金と同じ金額を毎月拠出しています。国民年金部分には、国も税金から財源を拠出しています。具体的には、基礎年金給付に要する費用の2分の1を国庫負担しています。

■ 年金制度の課題

　現在の公的年金制度は、このまま放っておくと公的年金制度そのものが近い将来に破たんするという話さえ出てきています。

・年金保険料滞納者の増加が深刻な問題

　現在、公的年金の掛け金、つまり、年金保険料の不払いが問題になっています。賦課方式のまま、少子高齢化が深刻化すると、今の現役世代の受給額が非常に少なくなってしまうので、年金保険料の支払いを敬遠する第1号被保険者もいます。実際、

積立方式

賦課方式とは異なり、将来の年金給付に必要な資金をあらかじめ保険料で積み立てておく方式のこと。
現役世代が徐々に減少していく少子高齢化の状況で、年金制度を維持していくためには積立方式への移行が必要という意見もある。

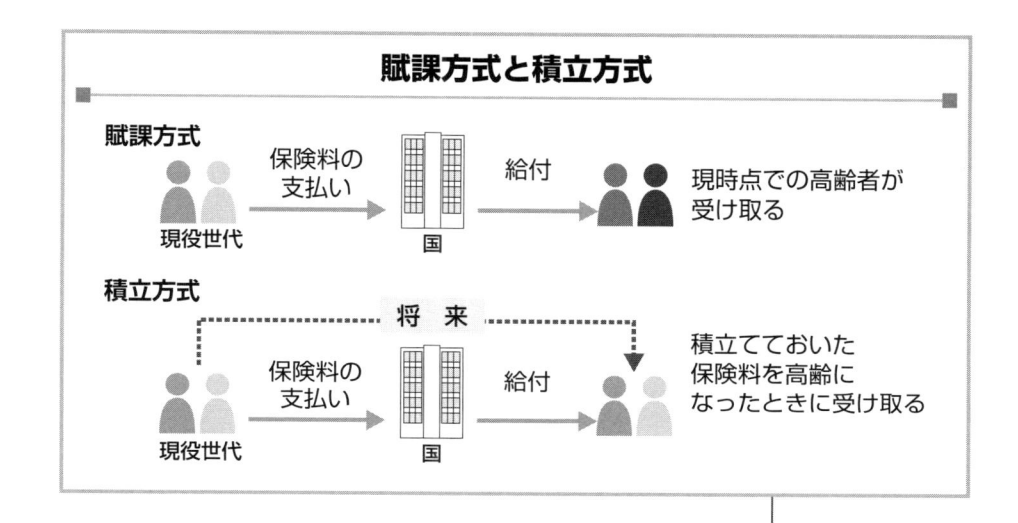

賦課方式と積立方式

賦課方式

現役世代 → 保険料の支払い → 国 → 給付 → 現時点での高齢者が受け取る

積立方式

将来

現役世代 → 保険料の支払い → 国 → 給付 → 積立てておいた保険料を高齢になったときに受け取る

令和4年度の国民年金保険料の最終納付率は80.7％で改善はしているものの、5人に1人は支払っていない状況です。

　また、企業の場合、年金保険料は企業側も半分を負担していますので、そのコストを嫌い、厚生年金保険料を故意に支払わないという悪質なケースもあります。自分が保険料を支払っていないことを従業員が知らなかったという大きな問題も顕在化しています。

・受給開始年齢の引上げを検討

　少子高齢化によって、社会保険財源がひっ迫しています。今後、持続可能な年金制度を維持していくために、受給開始年齢の引上げも検討されています。現在、65歳から年金を受け取ることができますが、将来的には70歳や75歳から受け取ることになるということです。

　これには、定年の見直しなど、労働環境の整備も必要となってきます。年金が受け取れるまでの間、収入を確保できる仕事が保障され、安心して働けなければなりません。受給開始年齢の引上げは、定年の延長義務の法整備等と並行して進めていく必要があるでしょう。

最終納付率

国民年金保険料の納付期限は、「納付対象月の翌月末日」であるが、納付率を算定する際には、未納分を遡って納付できる過去2年分を集計した「最終納付率」を使用する。

年金額の改定

物価の変動や賃金の変動によって年金額が変更される

■ なぜ年金額を改定する必要があるのか

年金額は、年度ごとに改定が行われます。年金額が常に同じであると、物価の変動によって年金の価値が下がったり・上がったりという状況が起きてしまいます。また、年金額は、現役世代の給与の50％程度が支給されるような制度設計になっています。そのため、現役世代の給与が上がるような状況でもそれらが年金に反映されるようにしておく必要があります。

65歳になり新たに年金を受給することとなる者（新規裁定者）には、名目手取り賃金変動率が適用され、すでに年金を受給している者（既裁定者）については、物価変動率が適用され改定されることが基本です。しかし、物価変動よりも賃金の変動が大きい場合には、既裁定者であっても名目手取り賃金変動率を使用するなどの特例があります。また、令和３年４月からは、たとえば、物価の変動がプラス0.3％であっても、賃金の変動がマイナス0.2％になった場合において（物価＞０＞賃金）、賃金の変動のマイナス0.2％が既裁定者にも適用されます。

■ マクロ経済スライドによる改定もある

年金には、マクロ経済スライドという改定のルールがあります。年金は、現役世代が保険料を負担し、年金受給者が年金を受け取る仕送り方式となっています。この仕送り方式は、将来的な物価変動などに対してメリットがありますが、現役世代の減少や平均寿命の伸びなどに対しては制度の存続が危ぶまれるというリスクがあります。そのため、これらのリスクに対して

名目手取り賃金変動率

２年度前から４年度前までの３年度平均の実質賃金変動率に前年の物価変動率と可処分所得割合変化率（0.0％）を乗じたもの。

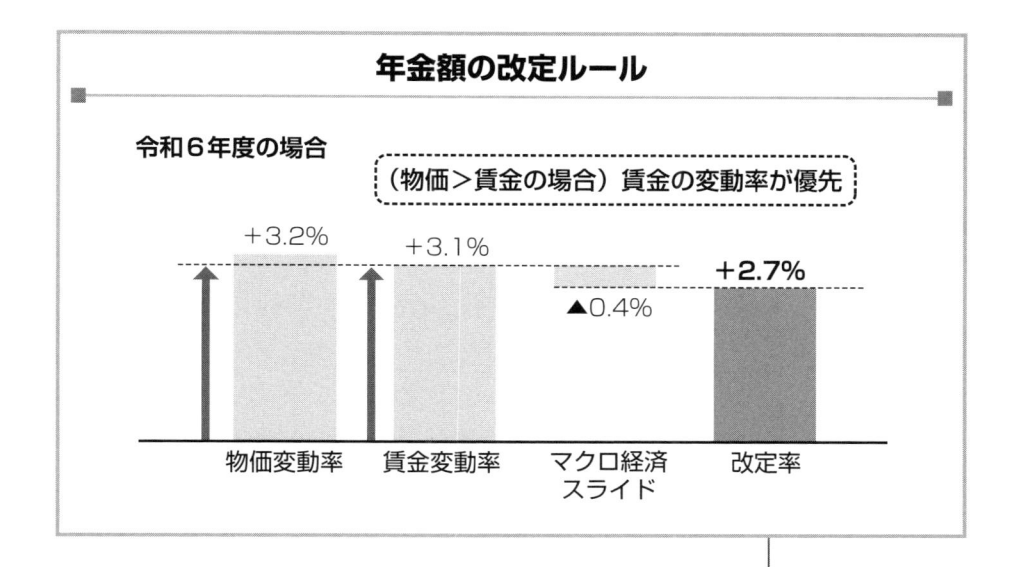

年金額の改定ルール

令和6年度の場合

（物価＞賃金の場合）賃金の変動率が優先

+3.2% +3.1% ▲0.4% **+2.7%**

物価変動率　賃金変動率　マクロ経済スライド　改定率

年金制度の持続性を確保するため年金額を調整する制度がマクロ経済スライドです。少子高齢化によっても、現役世代の保険料などの財源の範囲内で、年金給付がまかなえるように年金額を自動調整、簡単に言えば減額できるしくみです。ただし、単純に年金額を減らしてしまうと生活への影響が大きいため、年金の名目額が減らないように発動されない年もあります。マクロ経済スライドは、平成16年に導入されましたが、平成27年、平成31年、令和2年、令和5年、令和6年に実施されています。

■ 具体的にどのように改定されるのか

　年金額は、物価変動率と名目手取り賃金変動率、マクロ経済スライドによって改定されます。令和6年度の場合、物価変動率は＋3.2％、名目手取り賃金変動率は＋3.1％、それぞれ増加したため、名目手取り賃金変動率の3.1％を用いて改定が行われています。さらに、マクロ経済スライドが発動されたため、調整額として0.4％がマイナスされます。結果、令和6年度の改定率は2.7％となっています。

物価より賃金が優先される理由

物価変動率＞賃金変動率の場合には、既裁定者に対しても賃金変動率（名目手取り賃金変動率）が適用される。これは、年金制度が世代間の仕送りを前提に設計されているため、現役世代の賃金が下がれば年金額も減らすという考え方による。

年金保険料の免除・納付猶予

収入が一定の基準以下であれば支払が減額・免除される

■ 家計が苦しいときのための年金保険料の免除制度

保険料が給料から天引きされる会社員（第2号被保険者）には保険料が払えないという事態は発生しません。これに対して自分で保険料を納付する国民年金の第1号被保険者については、生活が困難なために保険料を払えないという事態が生じます。そういうときには保険料免除制度が利用できます。免除には法定免除と申請免除があります。

法定免除とは自分から申し出なくても保険料が免除されることが法律で決まっている場合です。障害年金をもらっている人や生活保護を受けている人が該当します。

申請免除は所得が少なくて保険料の支払いが困難な人が申請して認められると保険料が免除されるという制度です。申請免除には、全額免除、4分の3免除、半額免除、4分の1免除の4種類があります。

■ 年金保険料の支払猶予制度がある

若者のための年金保険料の支払猶予制度として、学生納付特例制度があります。学生であっても、20歳以上であれば年金保険料の支払義務がありますが、普通の学生は収入がなく、毎月1万円以上保険料を支払うというのは困難であるケースが多いでしょう。このような場合に利用すべきなのが学生納付特例制度です。

支払猶予期間中の保険料を後から納付（追納）することも可能です。ただし、10年以内の期間に限られるので注意が必要です。

また、就職がうまくいかず正社員になれないなどの理由で、

法定免除

障害基礎年金をもらっている人や生活保護法に基づく生活扶助を受けている人などのための国民年金の免除制度。

申請免除

経済的な理由で保険料を納めることが困難な人のための国民年金の免除制度。

学生納付特例

経済的な理由などにより国民年金保険料の納付が困難な学生について、本人の前年所得が一定額以下の場合、申請により在学中の保険料の納付が猶予される制度。

**失業等による
特例免除**

失業した場合も申請することで、保険料の納付免除・猶予を受けることができる場合がある。

所得免除の基準

免除の種類	所得免除基準額
全額免除、納付猶予	（扶養親族等の数＋1）×35万円＋32万円
4分の3免除	88万円＋扶養親族等控除額＋社会保険料控除額等
半額免除	128万円＋扶養親族等控除額＋社会保険料控除額等
4分の1免除	168万円＋扶養親族等控除額＋社会保険料控除額等
学生納付特例	128万円+扶養親族等の数×38万円+社会保険料控除等

年金保険料の免除制度

法定免除 → 障害基礎年金を受給している人や生活保護の生活扶助を受けている人などが、法律上当然に保険料免除となる

申請免除 → 所得が少なくて生活が困難な人などが、申請により保険料免除や猶予となる全額免除・半額免除・4分の3免除・4分の1免除・学生納付特例・納付猶予がある

	法定免除	申請免除					
	全額免除	全額免除	4分の3免除	半額免除	4分の1免除	学生納付特例	納付猶予
年金への反映(～H21.3)	6分の2	6分の2	6分の3	6分の4	6分の5	なし	なし
年金への反映(H21.4～)	8分の4	8分の4	8分の5	8分の6	8分の7	なし	なし
追納できる期間	10年以内						

※保険料を全額納付した場合を1として、免除があった期間は該当の割合で年金額に反映される。

将来もらえるかどうかもわからない年金についての年金保険料の支払など、平然と怠ってしまう可能性もあります。そこで、20歳から50歳未満の方で、本人と配偶者の前年所得が上図の所得基準以下の場合には、将来不利益を被らないようにするために、納付猶予制度という保険料の支払猶予制度が設けられています。保険料を納められるようになったら10年前までさかのぼって納付することができます。

申請免除・学生納付特例制度・納付猶予制度の申請先は、住所地の市区町村役場の、国民年金担当の窓口です。

保険料免除、猶予制度を利用するメリット

保険料免除、猶予の期間は、一定の額まで老齢年金を受け取れる、不慮の事故による障害や死亡といったことに対して、障害年金や遺族年金を受け取れるなどのメリットがある。

もらえる老齢基礎年金額の計算方法

老後にもらえる給付である

■ 加入期間は10年以上必要である

老後に年金を受給するためには年金制度の加入期間が最低でも原則として10年以上なければなりません。10年を下回ると、老後になっても年金を1円も受給できないのです。

平成29年の法改正

これまで、老齢年金の最低加入期間は原則として25年であったが、平成29年の法改正で10年に短縮された。

加入期間には国民年金、厚生年金保険（共済組合加入期間も含む）の公的年金で保険料を納めた期間（保険料納付済期間といいます）がすべて含まれます。会社員の配偶者（第3号被保険者）は自分では納めていませんが、納めたものとして扱われます。

また、保険料免除期間、合算対象期間もあわせてカウントします。

合算対象期間とは、たとえば、昭和61年3月以前に、国民年金への加入が任意だった者（専業主婦など）で国民年金に加入しなかった期間です。受給資格期間をみるときにはこの期間も含めますが、実際の年金額計算には含めませんから、年金額にも反映されません。この期間を通称、カラ期間といいます。

たとえば、保険料納付済期間が8年、合算対象期間が9年、未納期間が23年という人の場合、保険料納付済期間だけでは10年の受給資格要件を満たしていませんが、合算対象期間の9年間については受給資格期間としてカウントすることができるため、加入期間は17年間として計算され、年金をもらえることになります。

■ 老齢基礎年金の額を計算してみよう

老齢基礎年金の年金額は、「何か月保険料を払ったか」で決

$$816{,}000円 \times \frac{\text{保険料納付済期間} + \left[\text{全額免除期間} \times \frac{4}{8}\right] + \left[\text{保険料4分の3免除期間} \times \frac{5}{8}\right] + \left[\text{保険料半額免除期間} \times \frac{6}{8}\right] + \left[\text{保険料4分の1免除期間} \times \frac{7}{8}\right]}{480か月（40年×12か月）}$$

（令和6年4月分以降、昭和31年4月2日以降生まれの人の場合）

→ 昭16.4.1以前生まれの人には生年月日による経過措置がある

※1）学生特例納付は免除期間に含まれない

※2）平成21年4月以後の国庫負担割合の引上げにより、平成21年3月以前に免除を受けた期間については、計算式に使用する数字を、全額免除期間：$\frac{2}{6}$、4分の3免除期間：$\frac{3}{6}$、半額免除期間：$\frac{4}{6}$、4分の1免除期間：$\frac{5}{6}$、に変えて計算する

まります。20歳から60歳まで、40年間のすべての月の保険料を払った場合が満額で、1年につき81万6,000円（令和6年4月分から、昭和31年4月2日以降生まれの人の場合）がもらえます。ここで、20歳から60歳までの40年間の保険料の納付状況が、「保険料納付済期間：18年、未納期間：4年、全額免除期間：12年（平成21年3月以前）、半額免除期間：6年（平成21年3月以前）」という人（昭和31年4月2日以降生まれ）の老齢基礎年金の額を具体的に計算してみましょう。

　保険料納付済期間：18年×12か月＝216か月

　全額免除の期間：12年×12か月× 2／6 ＝48か月

　半額免除の期間：6年×12か月× 4／6 ＝48か月

　未納期間の4年は受給額に反映されませんので、合計312か月となります。したがって計算式にあてはめると、老齢基礎年金の受給額は、以下のようになります。

　81万6,000円×312／480＝53万400円

　計算にあたって100円未満の端数が生じた場合は、50円未満は切り捨て、50円以上は100円に切り上げという処理をします。

繰上げ支給・繰下げ支給

· ·

繰上げは減額、繰下げは増額され、支給額は一生変わらない

■ もらう時期を早くすることも遅くすることもできる

国民年金部分で、年をとったことによってもらえる年金が老齢基礎年金です。支給は65歳からです。しかし、本人の希望によって60 〜 64歳の間に受給を始めたり、66 〜 75歳（昭和27年4月1日以前生まれの人は70歳まで）の間に受給を遅らせたりすることができます。早く受給を始めることを繰り上げ支給、受給を遅らせることを繰下げ支給といいます。早く受給を始めると受給金額は減額され、受給を遅らせると受給金額は増額されます。また、一度、繰上げ支給、繰下げ支給を受けると、変更はできません。

■ 繰上げ受給をするには

繰上げ受給の支給率は、昭和16年4月1日以前に生まれた人とそうでない人とでは違います。これは、平均寿命が延びたこと等を理由に平成13年に支給率に関する法改正が行われたためです。

法改正後の減額率（昭和16年4月2日以降生まれの人が対象）は、月単位で計算されます。1か月請求が早くなるごとに0.4%（令和4年4月から）の減額率が加算されるしくみになっています。

一度、繰上げ受給をした場合、変更はできません。65歳になっても減額された受給額が続きます。さらに、繰上げ受給後に重い障害になっても障害基礎年金を受給できないというデメリットもあります。自営業の場合、夫が死亡しても妻は寡婦年

平均寿命

0（ゼロ）歳の人が平均して何年生きられるかという指標。0歳の人の平均余命のこと。ゼロ歳平均余命ともいう。

繰上げ支給のデメリット

繰上げ
支給

①障害状態になったときに障害基礎年金がもらえない

②遺族年金の1種類である寡婦年金がもらえない

③国民年金の任意加入（120ページ）被保険者になれない

金をもらえないという不利な点もあります。

このように繰上げ受給をすると、さまざまな面でデメリットがありますので申請には注意が必要です。

■ 繰下げ受給をするには

繰下げ受給の増額率も、平成13年の法改正で昭和16年4月1日以前に生まれた人と同年4月2日以降に生まれた人とでは違います。

昭和16年4月1日以前に生まれた人の場合は、受給権が発生してから繰下げの申出をした日までの期間が1年を超え2年以内の期間で12%、その後1年ごとに一定の割合で増えていき、5年を超える期間では88%の増額率となります。

一方、昭和16年4月2日以降に生まれた人の場合は、月単位で増額率が加算されます。1か月請求が遅くなるごとに0.7%ずつ増額率が増えていきます。また、75歳以降の繰下げ支給は、75歳時点での増額率（84%）となります。つまり、77歳で繰下げ請求したとしても84%の増額となり、75歳までの分はさかのぼって支給されます。75歳以降の繰下げはあまりメリットがないといえそうです。

繰下げ受給年齢の拡大

令和4年4月から、65歳から75歳までの間で繰下げ受給が可能となった。ただし、対象者は令和4年4月1日以降に70歳に到達する方（昭和27年4月2日以降生まれの人）に限られる。

老齢基礎年金の受給金額を増やす方法

未納分の追納や任意加入といった方法がある

■ 最低10年、満額40年

老齢基礎年金を満額受け取るには、20歳から60歳までの加入期間中に毎月の保険料の支払いを一度も怠らない必要があります。

しかし、生活の事情などで保険料を納めることができない人はたくさんいます。その時、納められなかったからといって、年金が減額されるのを甘受しなければならないというのは、酷な話でもあります。

そこで、いろいろな事情で保険料を支払えなかった人のための救済措置があります。それは、次のようなものです。

① 過去2年以内の保険料未納であれば未納部分を納付できる

保険料の納付は国民の義務ですから、何の理由もないのに支払わなかった場合は、義務違反（＝法律違反）になります。しかし、時効期間内であれば、この義務を履行することができます。年金の保険料の納付に関する時効は2年です。2年以内の未納であれば、まとめて支払うことができるのです。

② 保険料納付の免除申請をする

失業などの経済的な理由から保険料の納付ができない人が対象の救済策です。住んでいる市区町村に保険料支払いを免除してくれるように申請し、認められると、免除された期間は、滞納期間とされず、年金も一部を受け取ることができます。また、免除された保険料は、後から追納することもできます（免除から10年以内のものに限ります）。

③ 60歳から65歳までの任意加入をする（120ページ）

未納期間があった場合、その期間分の保険料の支払いを国民

老齢基礎年金の受給額を増やす方法

受給要件は満たしているが過去に滞納分がある場合	過去に滞納があり、今のままでは受給資格期間が満たせない場合	老齢基礎年金に加えて金額を上乗せしたい場合

手段1 直近2年分をさかのぼって納付

手段2 60歳から65歳まで任意加入

※65歳になっても受給資格が得られない場合には、65歳から最長70歳まで特例任意加入できる

手段1 付加年金

手段2 国民年金基金

手段3 確定拠出年金（個人型）

年金の加入期間終了となる60歳以降に延長してもらう制度です。

④ 付加年金保険料を納める

　毎月支払う保険料にわずかのお金を追加して年金の手取り額を増やす制度です。月額400円を多く納めることによって、年間の年金受取額が200円×付加年金保険料を納付した月数だけ増えます。

■ 国民年金基金とはどんな制度なのか

　国民年金基金は、国民年金の加入者にとって、厚生年金や共済年金の2階部分にあたる制度です。国民年金保険料にさらに2階部分の保険料を追加納付することによって、老齢基礎年金に加えてさらに多くの年金を受け取ることができます。

　加入の条件は国民年金だけに加入している人（第1号被保険者）で、農業年金に加入して付加保険料を払っていないことなどを満たす必要があります。

付加年金

付加保険料（月額400円）の納付済期間のある者が老齢基礎年金の受給権を得たときに支給される年金。

確定拠出年金

将来、受け取る年金額が決まっているわけではなく、拠出した掛金とその運用収益の合計額によって年金額が決まる年金制度。国民年金や厚生年金加入者が年金額を増やすために加入する。

厚生年金保険

老齢、障害、死亡の事由により保険給付を行う

■ 厚生年金の保険料

　厚生年金は一定の条件を満たす被保険者やその遺族に対し、生活費となる現金を給付する制度です。厚生年金は国民年金に加算して支給されますので、国民年金にしか加入していない自営業者などよりも手厚い保障を受けられることになります。厚生年金の受給資格があるか、受給金額がいくらになるかは、被保険者の加入期間と掛けていた保険料によって異なります。

　厚生年金の保険料は、毎月の給与や、賞与から天引きされます。天引きされた金額と同額の保険料を会社がさらに拠出し、両方の金額が厚生年金保険料として会社から国に納められます。

　厚生年金の保険料の決め方は、給与や賞与に国が決めた保険料率を掛けて算出します。保険料率は平成16年9月までは13.58％でした。したがって、従業員本人と会社が6.79％ずつ負担していたわけです。しかし、年金保険の財政がひっ迫したため、平成16年10月からは13.934％となり、その後も、国民年金保険料の値上げに合わせて保険料率は毎年0.354％ずつ平成29年（2017年）の18.3％まで引き上げられ、以降は固定されています。

■ 厚生年金の種類

　厚生年金の給付は大きく以下の3つに分類することができます。

① 老齢厚生年金

　老齢厚生年金は高齢となった場合に支給される厚生年金です。

　もともと厚生年金保険は60歳（女性は55歳）から支給されていましたが、昭和61年に年金制度の改正が行われ、支給開始年

総報酬制

かつては、賞与からはわずかしか社会保険料が徴収されなかったが、平成15年4月以降、月給と同率の保険料が徴収されることになった。これを総報酬制という。

標準報酬月額

標準報酬月額は、国が決めた標準報酬月額表に実際の総支給額をあてはめて算出する。つまり、あくまでも仮の給与額であるが、この仮の給与額が厚生年金保険料を算出する際の給与報酬とみなされる。なお、標準報酬日額とは、標準報酬月額の30分の1の額のことである。

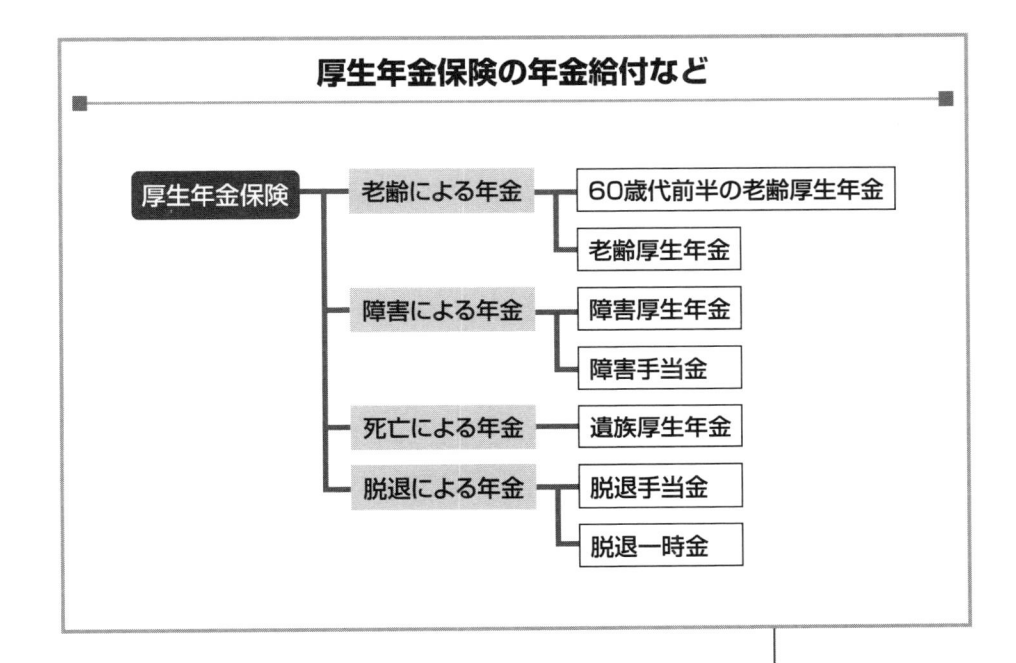

厚生年金保険の年金給付など

- 厚生年金保険
  - 老齢による年金
    - 60歳代前半の老齢厚生年金
    - 老齢厚生年金
  - 障害による年金
    - 障害厚生年金
    - 障害手当金
  - 死亡による年金
    - 遺族厚生年金
  - 脱退による年金
    - 脱退手当金
    - 脱退一時金

齢が国民年金の支給開始年齢である65歳に合わせて繰り下げられています。

　ただ、一斉に65歳としてしまうのではなく、生年月日によって段階的に支給開始年齢を遅らせるという措置がとられています。その結果、支給開始年齢が65歳となるのは、男性の場合は昭和36年4月2日以降生まれの人、女性の場合は昭和41年4月2日以降生まれの人、ということになっています。

② 障害厚生年金

　厚生年金に加入している被保険者が事故や病気により、身体に障害が残った場合に行われる給付が障害厚生年金です。障害厚生年金は、国民年金法施行令・厚生年金法施行令に定められている障害状態の1～3級に該当する場合に支給が行われます。

③ 遺族厚生年金

　厚生年金に加入している会社員が死亡した場合に、一定の遺族に支給されるのが遺族厚生年金です。

もらえる老齢厚生年金の受給要件

給料が高かった人ほどたくさん老齢厚生年金をもらえる

■ 老齢厚生年金はどんな場合にもらえるのか

会社員はほとんどの場合、厚生年金に加入することになるので、老後は老齢基礎年金に加えて老齢厚生年金を受給することができます。

① 65歳を境に2つに分かれる

老齢厚生年金は、60歳から受給できる60歳台前半の老齢厚生年金と65歳から受給する本来の老齢厚生年金の2つに分けて考える必要があります。

60歳台前半の老齢厚生年金
特別支給の老齢厚生年金と呼ばれることもある。

60歳台前半の老齢厚生年金は、「定額部分」と「報酬比例部分」とに分かれています。定額部分は老齢基礎年金、報酬比例部分は老齢厚生年金にあたります。65歳になると、定額部分は老齢基礎年金、報酬比例部分は老齢厚生年金に変わります。

② 受給要件

老齢基礎年金の受給資格期間（10年間）を満たした人で、厚生年金の加入期間が1か月以上ある人は、1階部分の老齢基礎年金とあわせて、本来の老齢厚生年金をもらうことができます。

一方、60歳台前半の老齢厚生年金を受給するためには、厚生年金の加入期間が1年以上あることが必要です。

③ 支給額

65歳からもらえる本来の老齢厚生年金の支給額は老齢基礎年金と異なり、納めた保険料の額で決まります。つまり、現役時代に給料が高かった人ほどたくさん老齢厚生年金をもらえるしくみになっています。一方、60歳台前半でもらう老齢厚生年金については、65歳からの老齢基礎年金に相当する部分（定額部

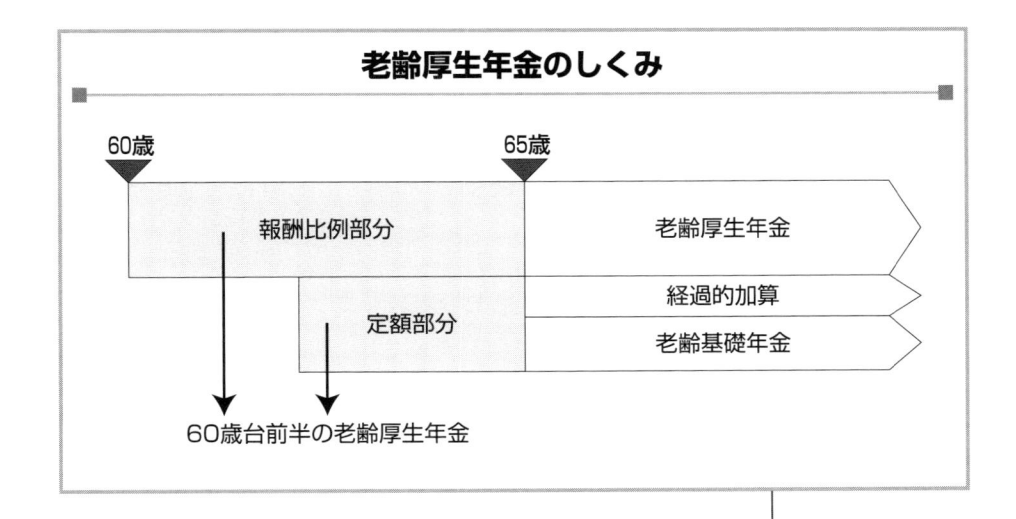

老齢厚生年金のしくみ

60歳 ── 65歳

報酬比例部分 → 老齢厚生年金

定額部分 → 経過的加算 / 老齢基礎年金

60歳台前半の老齢厚生年金

分）については納付月数に応じて、65歳からの老齢厚生年金に相当する部分（報酬比例部分）については、現役時代の報酬を基に支給額が決められることになります。

■ 経過的加算とは何か

60歳台前半の老齢厚生年金は、「定額部分」と「報酬比例部分」に分けられ、65歳になると、定額部分は老齢基礎年金、報酬比例部分は老齢厚生年金と名称が変わりますが、実際のところ、単に名称が変わるだけではありません。定額部分と老齢基礎年金とでは、計算方法の違いから金額が変わってしまうのです。具体的には、老齢基礎年金は定額部分よりも金額が少なくなる場合があります。したがって、このままでは、60歳から「特別に支給されている年金」を受け取り、その後、65歳まで年金に加入していなかった人の場合、65歳以降に年金の手取り額が減ることになってしまいます。

そこで、導入されたのが、経過的加算です。老齢基礎年金に経過的加算分の年金を加えて支給することで、年金の手取りを今までと同じにするのです。

老齢厚生年金の支給時期

上図の60歳台前半でもらえる老齢厚生年金の支給時期は、定額部分→報酬比例部分の順で引き上げられている。詳細については113ページ参照。

もらえる老齢厚生年金額の計算方法

定額部分と報酬比例部分を分けて金額を計算する

■ もらえる特別支給の老齢厚生年金の金額

60歳から65際までの間に支給される特別支給の老齢厚生年金については定額部分と、報酬比例部分を分けて金額を計算します。

① 定額部分

実際に支給される定額部分の金額は以下の計算式で求めます。

> 定額部分の金額＝1,701円×改定率×被保険者期間の月数
> （昭和31年4月2日以後生まれの人）

定額部分の金額

昭和31年4月1日以前生まれの人については、1,696円×改定率×被保険者期間の月数で計算される。

老齢基礎年金と同様に、加入月数が多いほど受給金額が多くなるしくみとなっており、現役時代の収入の多寡は影響しません。昭和21年4月1日以前生まれの者に対しては、計算式の1,701円に1.875〜1.032の給付乗率を掛けます。これは、法改正時の単価を調整するためです。また、改定率で、毎年の手取り賃金変動率や物価変動率を反映させています。

② 報酬比例部分

報酬比例部分の算出方法をもっともシンプルに表すと以下のようになります。

> 報酬比例部分の金額＝標準報酬月額×加入月数×乗率

標準報酬月額
（右記の式で用いる標準報酬月額）

平成15年3月以前の加入期間については、各月の標準報酬月額の総額を対応する加入期間で割って計算した平均標準報酬月額を使用する。平成15年4月以降の加入期間については、各月の標準報酬月額と標準賞与額の総額を対応する加入期間で割って計算した平均標準報酬額を使用する。

標準報酬月額とは、現役時代の給与を一定の金額ごとに区分けしてあてはめた金額です。このように、報酬比例部分は、現役時代の給料が多いほど金額が増えるしくみとなっています。

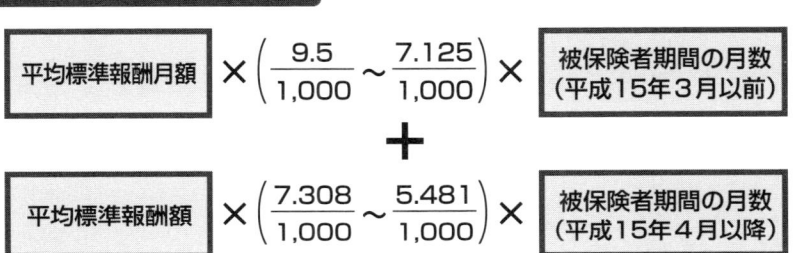

報酬比例部分の年金額の計算方法

報酬比例部分の金額（原則）

$$平均標準報酬月額 \times \left(\frac{9.5}{1,000} \sim \frac{7.125}{1,000}\right) \times 被保険者期間の月数（平成15年3月以前）$$

$$+$$

$$平均標準報酬額 \times \left(\frac{7.308}{1,000} \sim \frac{5.481}{1,000}\right) \times 被保険者期間の月数（平成15年4月以降）$$

※ただし、従前額保障により、平成12年改正前の計算式で計算した方が金額が高額になるときには、その金額が報酬比例部分の金額となる
平均標準報酬月額に乗じる乗率は生年月日によって異なり、昭和21年4月2日以降に生まれた人については、1000分の7.125（〜H15.3）、1000分の5.481（H15.4〜）となる

ただ、実際のところ、報酬比例部分の計算は上の数式のように単純ではなく、非常に複雑です。その理由としては、平成15年4月から導入された総報酬制（賞与にも月給と同じ保険料率が課せられる制度）により、保険料を徴収するベースが増えるため、平成15年4月を基準に異なる乗率を用いる点や、年金制度の改正のためにもらえる年金が減額されないように、以前の年金額を使ってよいというしくみが導入されている点が挙げられます（従前額保障）。

■ 老齢厚生年金の受給額

65歳からの本来の厚生年金の受給額は前述の特別支給の老齢厚生年金報酬比例部分の計算式と同様です。また、60歳代前半の老齢厚生年金の定額部分と65歳からの老齢基礎年金との差（経過的加算、109ページ）がある場合は、老齢厚生年金に加算して支給されます。

従前額保障

平成12年改正で年金額を計算するにあたっての乗率が引き下げられたが、新しい乗率を考慮すると年金額が下がることがある。その場合には、平成12年改正を考慮しない従前の金額で計算してよいとされている。これを従前額保障という。

老齢厚生年金の支給開始時期

将来は完全に65歳からの支給になる

■ 支給時期は今後65歳になる

　もともと厚生年金保険は60歳（女性は55歳）から支給されて
いましたが、昭和61年の改正で、すべての年金の支給開始年齢
を国民年金の支給開始年齢である65歳に合わせることにしました。

　ただ、いきなり65歳にしてしまうのではなく、生年月日に
よって若くなるほど段階的に支給開始年齢を遅くしていきます。
最終的には令和8年（女性は令和13年）に厚生年金保険、国民
年金ともに65歳からの支給となる予定です。この段階的に遅く
なっていく、65歳前に支給される厚生年金のことを特別支給の
老齢厚生年金といいます。

　特別支給の老齢厚生年金は原則として報酬額に関係のない定
額部分と、報酬額によって受給額が変わってくる報酬比例部分
という2つの部分で成り立っています。まず、定額部分の支給
を段階的に遅らせて、それが完了すると今度は報酬比例部分の
支給を段階的に遅らせていきます。

　なお、女性は男性より5年遅れのスケジュールとなっていま
す。これは、以前女性の年金が男性より5年早い55歳から支給
されはじめていたことに配慮したものです。

　また、厚生年金保険の障害等級3級以上に該当する者や、44
年以上の長期にわたって厚生年金保険に加入している者は、特
例として、60歳から64歳までの間に「報酬比例部分」のみを受
給できる場合には、「定額部分」も合わせてもらえることに
なっています。

年金の支給開始時期

定額部分の支給開始時期引上げスタート

男性	女性	支給イメージ
昭和16.4.1以前生まれ	昭和21.4.1以前生まれ	**60歳〜65歳**：報酬比例部分／定額部分 → 老齢厚生年金／老齢基礎年金
昭和16.4.2〜昭和18.4.1生まれ	昭和21.4.2〜昭和23.4.1生まれ	**61歳〜65歳**：報酬比例部分／定額部分 → 老齢厚生年金／老齢基礎年金
昭和18.4.2〜昭和20.4.1生まれ	昭和23.4.2〜昭和25.4.1生まれ	**62歳〜65歳**：報酬比例部分／定額部分 → 老齢厚生年金／老齢基礎年金
昭和20.4.2〜昭和22.4.1生まれ	昭和25.4.2〜昭和27.4.1生まれ	**63歳〜65歳**：報酬比例部分／定額部分 → 老齢厚生年金／老齢基礎年金
昭和22.4.2〜昭和24.4.1生まれ	昭和27.4.2〜昭和29.4.1生まれ	**64歳〜65歳**：報酬比例部分／定額部分 → 老齢厚生年金／老齢基礎年金
昭和24.4.2〜昭和28.4.1生まれ	昭和29.4.2〜昭和33.4.1生まれ	**65歳**：報酬比例部分 → 老齢厚生年金／老齢基礎年金

報酬比例部分の支給開始時期引上げスタート

男性	女性	支給イメージ
昭和28.4.2〜昭和30.4.1生まれ	昭和33.4.2〜昭和35.4.1生まれ	**61歳〜65歳**：報酬比例部分 → 老齢厚生年金／老齢基礎年金
昭和30.4.2〜昭和32.4.1生まれ	昭和35.4.2〜昭和37.4.1生まれ	**62歳〜65歳**：報酬比例部分 → 老齢厚生年金／老齢基礎年金
昭和32.4.2〜昭和34.4.1生まれ	昭和37.4.2〜昭和39.4.1生まれ	**63歳〜65歳**：報酬比例部分 → 老齢厚生年金／老齢基礎年金
昭和34.4.2〜昭和36.4.1生まれ	昭和39.4.2〜昭和41.4.1生まれ	**64歳〜65歳**：報酬比例部分 → 老齢厚生年金／老齢基礎年金
昭和36.4.2以降生まれ	昭和41.4.2以降生まれ	**65歳**：老齢厚生年金／老齢基礎年金

加給年金と振替加算

配偶者が65歳になると振替加算に替わる

内縁関係

婚姻の意思をもって共同生活し、社会的にも夫婦と認められているものの、戸籍上の届出を出していないため、法律上の正式な夫婦と認められない男女関係のこと。

加給年金額

配偶者は234,800円、子（1、2人目）は234,800円、子（3人目以降）は78,300円が支給される。いずれも令和6年度の金額。

子の加算の打ち切り

子がいる場合の加算分はその子が18歳になった後最初の3月31日（一定の障害者については20歳以上）になったときに打ち切られる。また、その子が結婚したときには年齢や障害状態に関係なく支給が打ち切られる。

■ 厚生年金保険独自の給付である

　加給年金とは、厚生年金の受給者に配偶者（内縁関係も含む）や高校卒業前の子がいるときに支給されるものです。支給額も大きく、国民年金にはない厚生年金保険独自のメリットです。「子」とは、具体的には、18歳になった後最初の3月31日までにある者、または20歳未満で障害等級1級・2級に該当する者で、どちらも未婚の場合をいいます。

　ただ、加給年金は、配偶者が65歳になり配偶者自身の老齢基礎年金がもらえるようになると支給が打ち切られます。その後、加給年金は配偶者自身の老齢基礎年金に振替加算という年金給付に金額が変わり、加算されて支給されます（次ページ図）。

■ 加給年金の対象と支給要件はどうなっているか

　加給年金の支給対象者は、次の要件に該当する者です。

① 年金を受け取っている者（特別支給の老齢厚生年金の場合は、定額部分の支給があること）

② 厚生年金保険の加入期間が20年以上ある者

③ 一定の要件を満たす配偶者や子の生計を維持している者

　なお、②の加入期間20年以上というのは原則であり、これには特例があります。生年月日に応じて、男性で40歳（女性は35歳）を過ぎてからの厚生年金保険加入期間が15年〜19年あれば受給資格が得られます。

　③の「一定の要件を満たす配偶者」とは次の者です。

ⓐ 配偶者について、前年度の年収が850万円未満であること

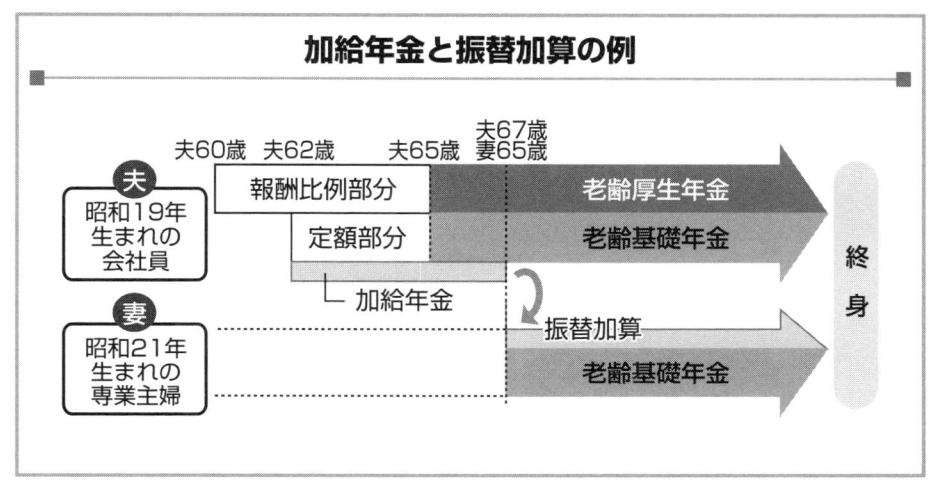

加給年金と振替加算の例

夫60歳　夫62歳　　夫65歳　夫67歳　妻65歳

夫
昭和19年生まれの会社員

報酬比例部分　老齢厚生年金
定額部分　老齢基礎年金
加給年金

妻
昭和21年生まれの専業主婦

振替加算
老齢基礎年金

終身

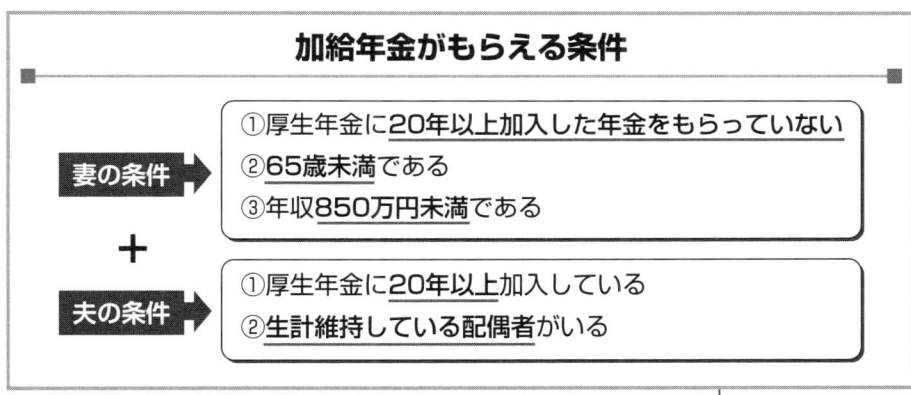

加給年金がもらえる条件

妻の条件 ➡
①厚生年金に20年以上加入した年金をもらっていない
②65歳未満である
③年収850万円未満である

＋

夫の条件 ➡
①厚生年金に20年以上加入している
②生計維持している配偶者がいる

（ただし、現在の年収が850万円以上でも、所得額がおおむね5年以内に850万円未満になると認められる場合など、一定の場合には支給される）

ⓑ　配偶者がすでに老齢年金などを受給している場合は、その年金の加入期間が20年未満であること

ⓒ　65歳未満であること

　ⓑの要件により、配偶者が長期在職（加入期間20年以上かそれと同等とみなされるもの）、または障害を給付事由とする年金を受給している場合は、支給が停止されます。

> **特別加算**
>
> 老齢厚生年金または特別支給の老齢厚生年金を受けている者が昭和9年4月2日以降生まれの場合は、生年月日に応じて配偶者の加給年金額に特別加算がある。

老齢厚生年金の受給額の調整①

給与収入がある場合、年金額が減額されることもある

■ 高齢者が働いている場合

老齢厚生年金は、もらい過ぎにならないように、他の給付との間で受給額を調整するしくみが整えられています。年金受給者がまだ会社などで働いていて給与を得ている場合など、年金受給者に収入がある場合、その人の給与収入に応じて減額されます。これを在職老齢年金といいます。今まで在職老齢年金は、「60歳から64歳まで」と、「65歳以降」とで計算式が異なっていましたが、令和4年4月から「60歳から64歳まで」の人の計算式が「65歳以降」の人の計算式と同じになったことにより、60歳以上の人はすべて統一した計算式になりました。具体的には、給与収入が50万円（令和6年度の額）までは受給する年金が減額されないしくみとなりました。

なお、収入の少ない妻や子がいる場合に、老齢厚生年金に付加して支給される加給年金（114ページ）の金額は働いていても減額されません。ただし、在職老齢年金の調整により年金額がゼロになる場合は、加給年金も支給されません。

在職老齢年金による老齢厚生年金の減額を避けたい場合には、厚生年金の被保険者にならないように、厚生年金の適用されない事業所で働く、社会保険の適用拡大の要件に当てはまらない短時間労働者になる、個人事業主になる、といった形態で働くのがよいでしょう。

■ 基本月額と総報酬月額相当額の関係で決まる

60歳以上の在職老齢厚生年金のしくみは、基本月額と総報酬月

加給年金の停止

基本月額が一部でも支給されるときは、加給年金が全額支給されるが、基本月額が全額停止されるときは、加給年金も全額停止されることになる。

60歳以上の在職老齢年金のしくみ

年金の基本月額 と 給与の総報酬月額の合計額
50万円を

越える
年金の支給停止額
(総報酬月額相当額＋基本月額－50万円)×1/2
50万円を超えた部分の半額が停止される

越えない
年金の支給停止額　　0円　　**全額支給される**

額相当額の合計額が50万円を超えているかを基にして判断します。

基本月額とは、受給している老齢厚生年金額（加給年金を除く）を12で割って月額換算した額のことです。

総報酬月額相当額とは、その月の標準報酬月額と、その月以前1年間の標準賞与額の合計額を12で割った額のことです。

年金受給者が給与収入を得ていても、総報酬月額相当額と基本月額の合計額が50万円に達するまでは年金の全額が支給されます。

総報酬月額相当額と基本月額の合計額が50万円を上回る場合は、50万円を上回る部分の半額が停止されます。

厚生年金の被保険者は原則として70歳未満の者ですが、70歳を過ぎても厚生年金が適用される事業所に雇用され、健康保険の被保険者となっている場合には同様のしくみで年金額が調整されます。

なお、在職老齢年金については給与収入がある場合に支給が停止されるのは老齢厚生年金だけであり、老齢基礎年金の方は全額が支給されます。

老齢厚生年金の受給額の調整②

基本手当と65歳未満の人の年金を両方同時に受給することはできない

■ 雇用保険の基本手当を受給する場合

老齢厚生年金の受給権は、早ければ60歳で発生しますが、60歳を過ぎても働く意思がある場合、年金とともに、雇用保険の基本手当を受給する人がいます。ただし、働かないことを前提としている年金と、働くことを前提としている雇用保険の手当を両方受給するというのは制度の意味合いにそぐわないため、両方受給できる者については、どちらか一方しか受給することができないしくみとなっています。

具体的には、雇用保険の基本手当をもらっている人で、65歳未満の年金受給者は老齢厚生年金がストップするというしくみになっています。ただし、雇用保険の基本手当が1日でも支給された月について全額老齢厚生年金の支給を停止するとなると、逆に止めすぎという事態も生じえます。そのため、過度に停止した分については後日支給してもらえるようになっています。

■ 雇用保険の高年齢雇用継続給付を受給する場合

60歳で定年年齢を迎え、継続雇用制度により再雇用される場合には、賃金の見直しが行われるのが一般的です（再雇用制度にかかわらず60歳以降を境に賃金の減額がある場合も含みます）。見直し後の賃金額が、これまでの賃金額の75%未満に低下した場合には、雇用保険から高年齢雇用継続給付が支給されます。高年齢雇用継続給付には、高年齢雇用継続基本給付金と高年齢再就職給付金があります。これらの給付金と、65歳未満の特別支給の老齢厚生年金は調整が行われ、年金の方を減額します。

加給年金額の停止

在職老齢年金のしくみによって、年金の基本月額が一部でも支給されるときは加給年金が全額支給されるが、基本月額が全額停止されるときは、加給年金も全額停止されることになる。

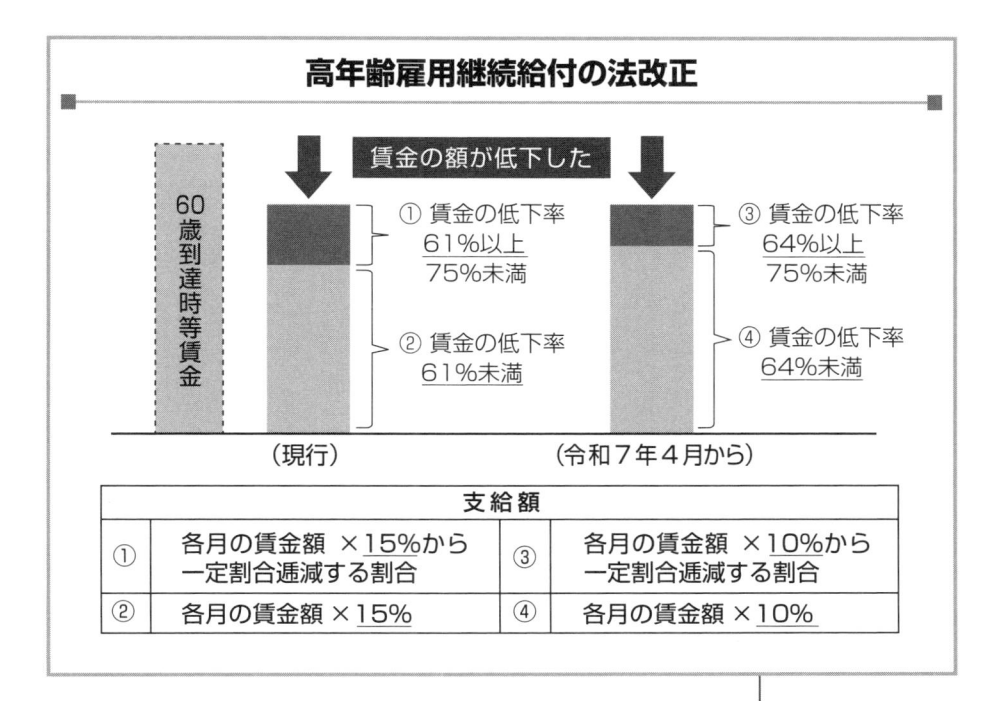

高年齢雇用継続給付の法改正

賃金の額が低下した

60歳到達時等賃金		

（現行）

- ① 賃金の低下率 61％以上 75％未満
- ② 賃金の低下率 61％未満

（令和7年4月から）

- ③ 賃金の低下率 64％以上 75％未満
- ④ 賃金の低下率 64％未満

支 給 額			
①	各月の賃金額 ×15％から一定割合逓減する割合	③	各月の賃金額 ×10％から一定割合逓減する割合
②	各月の賃金額 ×15％	④	各月の賃金額 ×10％

　また、雇用されている場合は、在職老齢年金のしくみも適用されます。まず、在職老齢年金のしくみで減額する年金額を決め、その減額された年金額についてさらに高年齢雇用継続給付と調整します。

■ 高年齢雇用継続給付の支給額の見直し

　高年齢雇用継続給付の支給額の見直しが、令和7年4月から行われます。改正により支給額は、60歳以後の各月の賃金額が60歳到達前の賃金額の64％未満となった場合、各月の賃金額に「10％」を乗じた額が支給されます。また、賃金の低下率が64％以上75％未満の場合には「10％から一定割合で逓減する率」を乗じた額が支給されます。賃金の低下率が現行の61％未満から64％未満に、賃金額に掛ける率が現行の15％から10％に、それぞれ変更されます。

60歳を過ぎても年金に加入できる制度

· ·

任意加入制度や高齢任意加入制度を利用する

■ 加入期間が足りない人は期間を補うことができる

老齢基礎年金は最低でも10年加入して保険料を納付するか免除等の手続をしないと、年金を1円も受け取れないしくみになっています（100ページ）。国民年金の強制加入者ではなくなる60歳になってから、初めて年金を受給できないことを知る人もいます。

ただ、保険料を納付した期間、免除してもらった期間、カラ期間（受給資格期間としてはカウントするが、年金額には反映されない期間のこと）をあわせても10年にならない場合でも、まだ年金を受給できないことが確定したわけでありません。

60歳以降、年金をもらう資格ができるまで国民年金に加入できる制度があるからです。20歳から60歳までは国民年金は強制加入ですが、60歳以降は自分から申し出て、引き続き国民年金に加入するため、この制度のことを任意加入制度といいます。任意加入制度には次の2種類があります。

① **任意加入**

年金をもらうための資格期間が足りない人、または最低資格期間の10年は満たしたが、年金額をもっと増やしたいという60歳以上65歳未満の人が加入できます。たとえば、60歳までに36年分の加入期間しかない人は、60歳になって以降4年間任意加入することで、年金額を40年間の満額にすることができます。

② **特例任意加入**

年金をもらうための資格期間が足りない人だけが加入でき、年金をもらう資格ができるとそこで終わりになる制度です。65

**任意加入するための
の要件**

任意加入することができる者は以下の要件を満たす者である。
・国内に住所を有する60歳以上65歳未満の者
・老齢基礎年金の繰上げ支給を受けていない者
・20歳から60歳までの年金保険料の納付月数が480月未満の者
・厚生年金保険、共済組合等に加入していない者

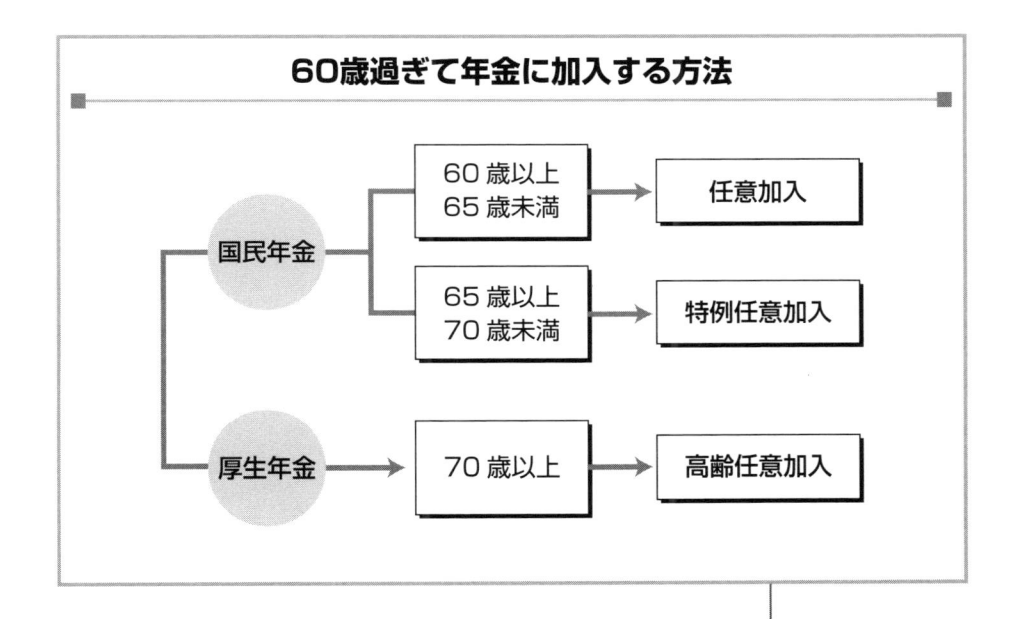

60歳過ぎて年金に加入する方法

- 国民年金
  - 60 歳以上 65 歳未満 → 任意加入
  - 65 歳以上 70 歳未満 → 特例任意加入
- 厚生年金
  - 70 歳以上 → 高齢任意加入

歳以上70歳未満の人が対象です。昭和40年4月1日以前に生まれた65歳以上70歳未満の人で、日本国内に住所がある人や日本国内に住所はないが、日本国籍をもつ人が加入できます。

■ 70歳を過ぎて厚生年金に加入することができる

　自営業者ではなく、会社員であれば厚生年金保険の加入者になります。厚生年金の場合、国民年金とは異なり、70歳まで強制加入することになります。

　ただ、70歳になっても10年の加入期間という要件を満たしていない場合には、70歳後も引き続き厚生年金に加入できる「高齢任意加入」という制度を利用することができます。事業主がこれまでどおり保険料を半額負担することに同意してくれた場合には保険料の半額を負担すればよいのですが、事業主が同意しなかった場合には高齢任意加入制度を利用する高齢者が保険料を全額自己負担しなければなりません。

老齢年金をもらうための手続き

裁定請求という手続きを行う

■ 老齢年金受給の請求

年金は受給要件がそろっても請求手続きをしなければ、いつまでたってももらうことはできません。年金の請求手続きのことを裁定請求といいます。所定の書類に記入するだけでなく、いくつもの添付書類もあります。事前に何が必要かを確認しておき、スムーズに手続きが進められるようにしたいものです。

■ 請求時に提出するもの

請求手続きに必要な裁定請求書は、通常、受給年齢の3か月前に日本年金機構から送られてきます。添付書類のうち、戸籍謄本や住民票は受給権が発生した日以降に取得したものが必要です。法律上は、誕生日の前日にその年齢に到達したとみなされるため、受給権の発生した誕生日の前日以降に戸籍謄本などをとるようにしましょう。

その他の添付書類として、年金の受取を希望する金融機関の通帳やキャッシュカードを用意しておきます。ケースによっては他にも必要となるものがあります。

■ 年金請求の時効は5年

注意が必要なことは、年金を受ける権利にも時効があることです。権利が発生してから5年が経過すると時効によって消滅してしまいますので、忘れず請求を行うことが必要です。

請求時の必要書類

日本年金機構にマイナンバーが登録されている方については、戸籍謄本等の添付は不要となっている。

年金が支給される月

年金は、2月、4月、6月、8月、10月および12月に、年金受給者が指定した銀行口座に振り込まれるか、または指定したゆうちょ銀行に送金される。

年金受給の流れ

事前準備	・年金の加入歴、年金見込額を調べておく ・裁定請求書を入手する （年金事務所、市区町村役場など） ・添付書類の確認、取り寄せ ┐ ただし、戸籍謄本などは 誕生日前日以降取得する
年金の裁定請求をする	・裁定請求書と添付書類を年金事務所等へ提出する
年金証書・裁定通知書が送付される	
年金が支給される	・指定した金融機関の口座に振り込まれる 　以後は、偶数月の 15 日に、前2か月分が入金される
毎年の誕生日	・毎年誕生月に、自身の年金記録を記載した 　「ねんきん定期便」が送付される
毎年6月頃	・年金振込通知書が送付される
毎年9月から11月頃	・「公的年金等の受給者の扶養親族等申告書」が 　送付される
65歳になるとき	・「国民年金・厚生年金保険老齢給付裁定請求書」という 　ハガキが送付される ┐ 65歳前から厚生年金を 受給中の場合に送付される

老齢年金の受給手続きを行う請求手続き先

	年金加入状況	請求先
厚生年金	最後の加入制度が厚生年金	年金事務所または年金相談センター
	最後の加入制度が国民年金	年金事務所または年金相談センター
国民年金	国民年金第3号被保険者期間のみ	年金事務所または年金相談センター
	国民年金第1号被保険者期間のみ	市区町村役場

障害給付とは

３つの要件をすべて満たす必要がある

■ 障害が残ったときに年金を受け取れる

　障害年金は、病気やケガで障害を負った人に対して給付される年金です。老齢年金と違い、若くても受給できます。国民年金の加入者が障害を負った場合の給付を障害基礎年金といい、厚生年金加入者の場合は、障害厚生年金といいます。厚生年金加入者の場合、老齢給付と同じく、２階建てになっており、障害基礎年金と障害厚生年金の両方をもらえるのが原則です。

　ただ、障害年金には、老齢年金より給付の条件が緩い面があります。障害の度合いによって、２階部分、つまり障害厚生年金だけを受け取るというケースがあるのです。具体的には、障害基礎年金は、障害が最も重い障害等級１級か、次に重い２級でないと支給されないのに対し、障害厚生年金には１級と２級の他、３級と障害手当金（130ページ）があります（障害手当金は一時金であるため、年金と総称して、「障害給付」と呼ばれることもあります）。結局、障害等級１級または２級に該当する人には、障害基礎年金が支給され、さらに、その人が厚生年金保険にも加入していた場合は、障害厚生年金が上乗せして支給されることになります。

　逆に、障害等級１級、２級に該当せず、障害基礎年金を受給できない人も、３級の障害厚生年金や障害手当金を受給できることがあります。この点が、１階部分である基礎年金が受給できなければ上乗せ部分である厚生年金も受け取れない老齢年金との違いといえるでしょう。

　なお、障害基礎年金と障害厚生年金の障害等級（１級または

障害の程度

重い障害 （1級障害）	やや重い障害 （2級障害）	やや軽い障害 （3級障害）	軽い障害 （一時金）
他人の介助を受けなければ、ほとんど自分のことをすることができない程度	日常生活が著しい制限を受けるか、日常生活に著しい制限を加えることを必要とする程度	労働が著しい制限を受けるか、労働に著しい制限を加えることを必要とする程度	傷病が治ったものであって、労働が制限を受けるか、労働に制限を加えることを必要とする程度
1級障害基礎年金 1級障害厚生年金	2級障害基礎年金 2級障害厚生年金	3級障害厚生年金	障害手当金

2級）は必ず一致することになります。

■ 障害年金をもらうための要件

障害基礎年金は、次の3つの要件をすべて満たしている場合に支給されます。

① **病気やケガで診察を最初に受けた日（初診日）に**

・国民年金に加入している

　または、

・20歳前もしくは過去に国民年金の加入者であった60歳から65歳の人で、日本国内に在住している

② **初診日から1年6か月を経過した日または治癒した日（障害認定日）に障害等級が1級または2級に該当する**

治癒した日とは、症状が固定し、治療の効果が期待できない状態となった日をいいます。

③ **初診日の前日に以下の保険料納付要件を満たしている**

・初診日の月の前々月までに国民年金の加入者であったときは、全加入期間のうち、原則、保険料の納付期間と免除期間が3分の2以上を占める

---

③の特例

初診日が令和8年4月1日前にあり、かつ初診日において65歳未満であった場合、「初診日のある月の前々月までの1年間に保険料の未納がないこと」で納付要件を満たしたことになる。

保険料納付済期間

国民年金の保険料を支払った期間のこと。

保険料免除期間

経済的な理由などで国民年金第1号被保険者としての保険料が支払えず、保険料の支払いを免除または猶予された期間のこと。

障害年金の受給要件

障害認定日に障害等級に該当することが必要

■ 初診日に年金に加入していること

　障害年金を受け取れるかどうかの基準を見ると、「初診日」が重要であることがわかります。前項目で述べた3つの条件のすべてに初診日という言葉があるからです。たとえば、初診日に厚生年金に入っていたか、国民年金に入っていたかで、2階部分を受け取れるか受け取れないかが決まるわけですから、転職、独立といった場合には注意が必要です。

■ 1年6か月経過時に障害等級に該当していること

　障害年金を受け取るには、障害等級が1級、2級、もしくは3級（障害厚生年金のみ支給）と認定されなければなりません。認定には、等級を認定する基準と、その等級をいつの時点で認定するかというルールを決めておく必要があります。

　等級を認定する基準には、政令で定められた「障害等級表」と「障害認定基準」という客観指標があります（障害等級表の等級は、障害のある者が持っている障害者手帳に記載されている等級とは別個のものです）。いつの時点で認定するかという点については、原則病気やケガが治癒または初診日から1年6か月経過したときと定められています。これを「障害認定日」といいます。

　注意したいのは、病気やケガが「治癒した」とは、一般的なイメージで言う「治る」ということとは違い、障害の原因になる病気やケガの治療行為が終わることです。たとえば、交通事故で足を切断した人の場合、治療が終わっても足は元に戻りま

治癒
傷病の状態が安定（固定）して、これ以上治療の効果が期待できない状態のこと。

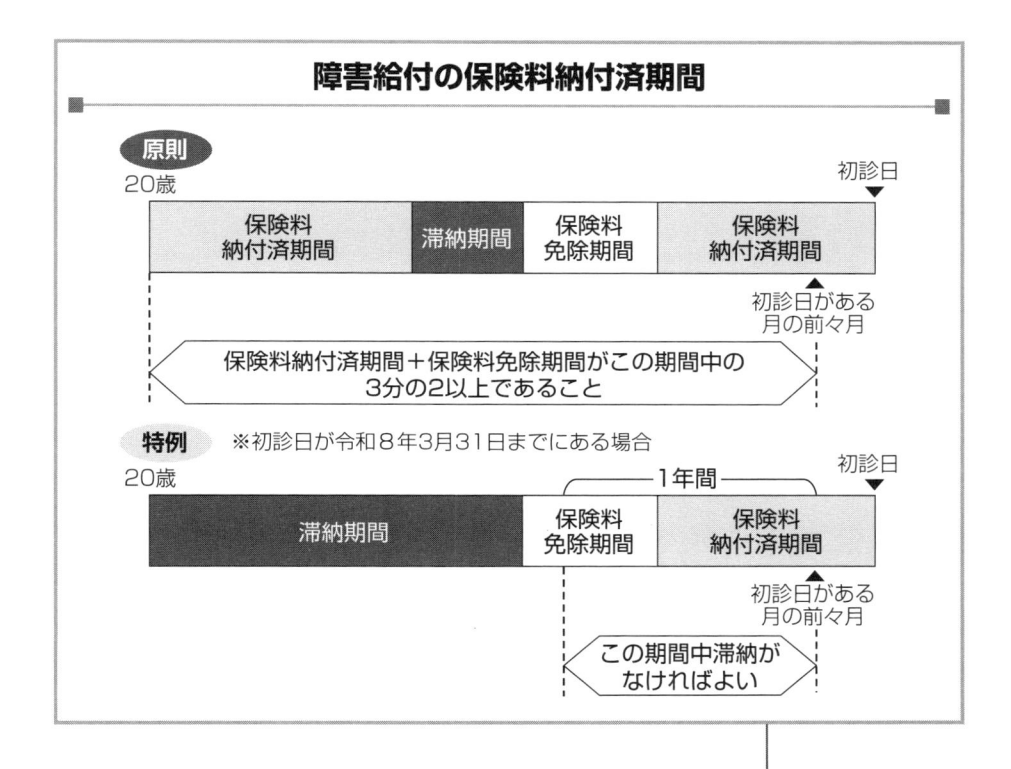

障害給付の保険料納付済期間

原則

20歳　　　　　　　　　　　　　　　　　　　　　初診日 ▼

保険料納付済期間	滞納期間	保険料免除期間	保険料納付済期間

初診日がある
月の前々月

保険料納付済期間＋保険料免除期間がこの期間中の
3分の2以上であること

特例　※初診日が令和8年3月31日までにある場合

20歳　　　　　　　　　　　　　　　　　　1年間　　　初診日 ▼

滞納期間	保険料免除期間	保険料納付済期間

初診日がある
月の前々月

この期間中滞納が
なければよい

せん。ですから、「完治した」とはいえませんが、治療行為自体は終わっているので、「治癒した」と判断されるのです。

■ 保険料をきちんと納付していること

　障害年金も、老齢年金と同じく、保険料をきちんと納めている人しかもらえません。病気やケガで診察を受けて、障害が残りそうだということであわてて滞納分を払いに行っても、給付対象になりません。したがって、日頃から保険料はしっかりと払うようにしなければなりません。

　ただし、125ページで述べた保険料納付要件の特例として、初診日が令和8年3月31日以前の場合、初診日に65歳未満であり、初診日がある月の前々月までの直近1年間に保険料の滞納がなければ受給できることになっています。

障害年金の受給額

等級に応じて一律の受給額で、家族の加算もある

■ 障害基礎年金１級は２級の1.25倍もらえる

障害基礎年金は、加入期間の長短に関係なく障害の等級によって定額になっています。支給額は、令和６年度は、昭和31年４月２日以降生まれの人で１級が102万0,000円（２級の125％にあたる）、２級が81万6,000円（老齢基礎年金の満額と同額）です。それに18歳到達年度の末日（３月31日）を経過していない子（または一定の障害をもつ20歳未満の子）がいる場合は、子１人につき23万4,800円（３人目からは７万8,300円）が加算されます。いずれの場合も、障害状態が続く限りは、障害認定日から一生支給されます。

障害厚生年金は、１級障害の場合は老齢厚生年金の1.25倍、２級障害の場合は老齢厚生年金と同一の金額が支給されます。障害厚生年金の支給額は、その人の障害の程度や収入に応じて異なった金額となります。障害厚生年金の額を計算する場合、平成15年４月以降の期間とそれより前の期間とで、計算方法が異なります（次ページ図）。

厚生年金保険への加入期間の長さも関係します（現役会社員で加入期間が300か月に満たない場合は、300か月の加入期間があったものとみなして支給額が算出されます）。

また、障害基礎年金には生計を維持している子どもがいる場合、障害厚生年金には生計を維持している配偶者がいる場合、加算があります。老齢厚生年金の加給年金（114ページ）に似た制度と考えておけばよいでしょう。

障害基礎年金の額

昭和31年４月１日以前生まれの人は、１級が101万7,125円、２級が81万3,700円となる。

障害等級の例

障害等級１級
・両上肢の機能に著しい障害を有するもの
・両下肢の機能に著しい障害を有するもの
・両耳の聴力レベルが100デシベル以上のもの

障害等級２級
・１上肢の機能に著しい障害を有するもの
・１下肢の機能に著しい障害を有するもの
・両耳の聴力レベルが90デシベル以上のもの

障害給付の受給額

	障害基礎年金		障害厚生年金	
	定　額	子の加算	報酬比例の額	配偶者の加算
1級障害	昭和31年4月2日以降生まれ 1,020,000円 昭和31年4月1日以前生まれ 1,017,125円 （老齢基礎年金×1.25）	18歳未満の子 2人目まで 1人につき 234,800円	※報酬比例の年金額×1.25	65歳未満の 配偶者 234,800円
2級障害	昭和31年4月2日以降生まれ 816,000円 昭和31年4月1日以前生まれ 813,700円 （老齢基礎年金と同額）	3人目から 1人につき 78,300円	※報酬比例の年金額	
3級障害			※報酬比例の年金額 （最低保障額 昭和31年4月2日以降生まれ 612,000円 昭和31年4月1日以前生まれ 610,300円）	
一時金			※報酬比例の年金額×2 （最低保障額 昭和31年4月2日以降生まれ 1,224,000円 昭和31年4月1日以前生まれ 1,220,600円）	

（令和6年度の基準）

自営業者・専業主婦（夫）
（1号・3号被保険者）

会社員
（2号被保険者）

※報酬比例の年金額 ＝ ① ＋ ②

※被保険者月数が300か月未満のときは、300か月として計算する。
この場合、以下の式で計算する

$$（① ＋ ②） \times \frac{300}{全被保険者月数}$$

①平成15年3月までの期間

平均標準報酬月額 $\times \frac{7.125}{1000} \times$ 平成15年3月までの被保険者月数

②平成15年4月以降の期間

平均標準報酬額 $\times \frac{5.481}{1000} \times$ 平成15年4月以降の被保険者月数

※老齢厚生年金算出時と同じ従前保障あり

■ 障害の程度が変わると減額・増額される

　障害年金を受け取っている最中に障害の程度が変わった場合には、年金額は改定されます。障害等級が重くなれば、その等級に基づいて給付額が増えますし、軽くなれば、減額になります。また、障害等級に該当しなくなれば、年金は支給されなくなります。

障害手当金の受給要件と受給額

障害等級３級より軽い障害がある場合に支給される

■ 障害手当金は後遺症が残った者に支給される

障害手当金は、病気やケガで初めて医師の診療を受けた日（初診日）において被保険者であった者が、その初診日から起算して５年を経過する日までの間にその病気やケガが治った日に、一定の障害の状態に該当した場合に支給されます。ただし、障害手当金を受給してしまうと、その後に障害の程度が悪化しても同一の疾患について障害給付を受給できなくなる場合もあります。そのため、障害手当金の受給は慎重に行うことが必要です。

障害手当金は、初診日の前日において、初診日の属する月の前々月までに被保険者期間があり、その被保険者期間のうち、保険料納付済期間と保険料免除期間をあわせた期間が被保険者期間の３分の２未満である場合は支給されません。

ただし、令和８年４月１日より前に初診日のある障害については、この納付要件を満たさなくても、初診日において65歳未満であり、初診日の属する月の前々月までの１年間のうちに保険料の未納がない場合には、障害手当金が支給されます。

障害手当金の支給額は、障害厚生年金３級の支給額の２倍相当額になります（昭和31年４月２日以降生まれの人の最低保障額122万4,000円、令和６年度価格）。障害手当金の額には物価スライドは適用されませんが、本来の２級の障害基礎年金の額の４分の３に２を乗じて得た額に満たないときは、最低保障額を見直します。

■ 障害手当金が支給されない者もいる

障害を定める日において、次の年金の受給権者に該当する者

最低保障額
昭和31年４月１日以前生まれの人の最低保証額は、122万600円である。

スライド制
賃金や生活水準（物価）の変動に合わせて給付の額を調整する制度。

障害手当金の対象となる障害

- 両眼の視力がそれぞれ0.6以下に減じたもの
- 1眼の視力が0.1以下に減じたもの
- 両眼のまぶたに著しい欠損を残すもの
- 両眼による視野が2分の1以上欠損したもの、ゴールドマン型視野計による測定の結果、1／2視標による両眼中心視野角度が56度以下に減じたもの、または自動視野計による測定の結果、両眼開放視認点数が100点以下、もしくは両眼中心視野視認点数が40点以下に減じたもの
- 両眼の調節機能および輻輳機能に著しい障害を残すもの
- 1耳の聴力が、耳殻に接しなければ大声による話を理解することができない程度に減じたもの
- そしゃくまたは言語の機能に障害を残すもの
- 鼻を欠損し、その機能に著しい障害を残すもの
- 脊柱の機能に障害を残すもの
- 1上肢の3大関節のうち、1関節に著しい機能障害を残すもの
- 1下肢の3大関節のうち、1関節に著しい機能障害を残すもの
- 1下肢を3cm以上短縮したもの
- 長管状骨に著しい転位変形を残すもの
- 1上肢の2指以上を失ったもの
- 1上肢のひとさし指を失ったもの
- 1上肢の3指以上の用を廃したもの
- ひとさし指を併せ1上肢の2指の用を廃したもの
- 1上肢のおや指の用を廃したもの
- 1下肢の第1趾または他の4趾以上を失ったもの
- 1下肢の5趾の用を廃したもの
- 前各号に掲げるものの他、身体の機能に、労働が制限を受けるか、または労働に制限を加えることを必要とする程度の障害を残すもの
- 精神または神経系統に、労働が制限を受けるか、または労働に制限を加えることを必要とする程度の障害を残すもの

には、障害手当金が支給されません。

① 厚生年金保険法（旧法を含む）の年金給付

② 国民年金法の年金給付

③ 国家公務員災害補償法、地方公務員災害補償法、公立学校の学校医、学校歯科医および学校薬剤師の公務災害補償に関する法律、労働基準法、労働者災害補償保険法の規定による障害補償または船員保険法の規定による障害を支給事由とする年金給付

　ただし、①と②に該当する者のうち、障害厚生年金等の障害給付の受給権者で障害等級1～3級に該当することなく3年を経過した者（現に障害状態に該当しない者に限る）は、障害手当金の支給を受けることができます。

障害の程度の変化と改定

障害の重さが変わったときは年金額が改定される

■ 障害の重さが変わる場合もある

障害認定日以降、障害の重さが変わる場合もあります。以下のようなケースが想定され、障害年金支給の改定が行われます。

① **事後重傷によるケース**

障害認定日の時点では、障害等級が1～3級に該当しなかったが、後に症状が悪化して、等級が1～3級に該当するようになった場合です。事後重傷は、65歳以降は申請できません。なお、請求した月の翌月から支給が開始されるため、請求が遅くなると受取も遅くなるので注意が必要です。

② **増進改定によるケース**

障害認定日には障害等級が2～3級で障害年金を受給していたが、後に症状が悪化して1～2級に該当するようになった場合です。事後重症と異なり、増進改定は、65歳以降でも申請できますが、過去に2級以上の障害年金を受給している必要があります。

③ **基準障害によるケース**

障害認定日には障害等級が2級より下だったが、基準障害が発生したことで今までの障害と併せて2級以上の障害になった場合です。このようなケースを基準障害による障害年金（はじめて2級による障害年金）といいます。該当した場合は、後発の新たな傷病に対する初診日を基準に、保険料納付要件を満たしているか否か、及び障害厚生年金の受給可否やその受給額が決定されます。

④ **併合認定によるケース**

障害認定日に1級か2級の人に新しく1～2級の障害が発生

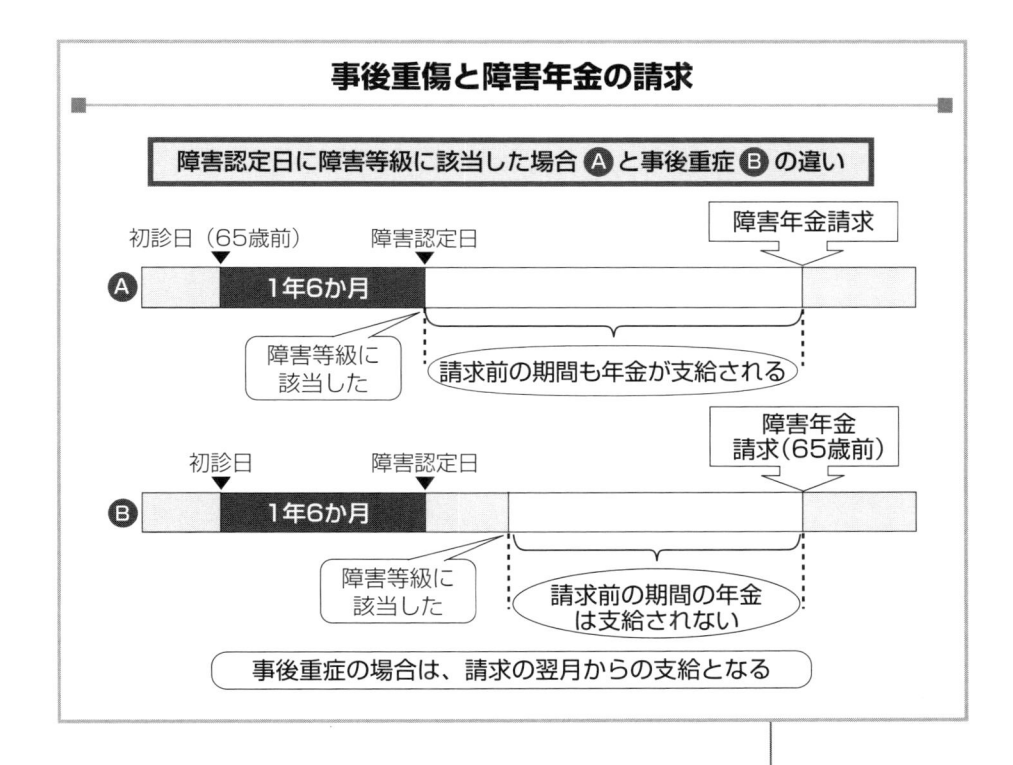

事後重傷と障害年金の請求

障害認定日に障害等級に該当した場合 **Ⓐ** と事後重症 **Ⓑ** の違い

Ⓐ
初診日（65歳前）　障害認定日　　　　障害年金請求

1年6か月

障害等級に該当した

請求前の期間も年金が支給される

Ⓑ
初診日　　障害認定日　　障害年金請求（65歳前）

1年6か月

障害等級に該当した

請求前の期間の年金は支給されない

事後重症の場合は、請求の翌月からの支給となる

した場合です。なお、前の障害年金が失権します。

⑤　併合改定によるケース

　1～2級の人（現在は3級に軽減した人も含む）に新たに3級以下の障害が発生した場合です。

■ 年金加入前の20歳前に障害を負った場合

　20歳前に障害を負った場合、社会人として働いていなければ、公的年金の加入者ではないわけですから、公的年金の受給資格は本来ありません。しかし、障害年金は若い人のための年金でもあります。

　そこで、「20歳前障害基礎年金」の制度があります。このような若者の場合、公的年金の加入者でなくても、20歳になったときから障害基礎年金が支給されます。

20歳前の障害基礎年金

出産直後の先天性の病気などにより障害が残った場合も含まれる。

障害年金がもらえない場合

等級が３級より下になった場合、犯罪行為、故意による障害状態はもらえない

■ こんな場合には障害年金はもらえない

以下のような場合には障害基礎年金を受給することができなくなります。

・支給停止

まず、労働基準法の障害補償を受けることができるときは障害基礎年金支給が６年間停止されます。また、以前は３級以上だったが、現在は軽くなり、３級より下になった場合、障害基礎年金の支給が停止されます。この場合、あくまで支給停止ですから障害の程度が悪化したときには支給が再開されます。

・失権

受給権者が死亡したときには、受給権は失権します。

また、65歳を過ぎるまで３級より下だった場合は、受給権そのものが消滅します。65歳以降に３級以上になっても障害年金はもらえません。老齢年金を受給できるからというのがその理由です。ただし、ここでも、特例があります。３級より下の障害状態になって３年以内に65歳になった場合、受給権が失権するのは、３級より下の障害状況になってから３年後とみなします。

支給停止や失権は障害厚生年金にも定められており、内容は次ページ図のとおりです。

■ 全部または一部の不支給

障害基礎年金や障害厚生年金は、故意に障害またはその直接の原因となった事故を生じさせた者の障害については、支給されません。また、故意の犯罪行為もしくは重大な過失により、

支給停止

年金の支給を一時停止するが、再度要件を満たせば再び支給される状態のこと。

失権

同一事由による年金の受給権が消滅すること。

障害年金の失権・支給停止事由

● 失権事由

① 受給権者が死亡したとき

② 併合認定により新たな受給権を取得したとき
（従前の障害年金の受給権が消滅する）

③ 障害等級に該当する程度の障害の状態にない者が65歳になったとき
（65歳になった日に、障害等級に該当する程度の障害の状態でなくなった日から起算して、障害等級に該当する程度の障害の状態に該当しないまま3年を経過していないときを除く）

④ 障害等級に該当する障害の状態でなくなった日から起算して、障害等級に該当する程度の障害の状態に該当することなく3年が経過したとき
（3年が経過した日において、その受給権者が65歳未満である場合を除く）

● 支給停止事由

① 労働基準法の障害補償を受ける権利を取得したときから6年間
（障害年金の受給権がある場合は同時に支給停止される）

② 障害の程度が軽くなり、障害等級に該当する程度の障害の状態でなくなったとき
（ただちに受給権を消滅させるのではなく、いったん支給を停止し、その後、障害の程度が悪化して再び障害等級に該当する状態に至った場合に支給が再開される）

③ 障害厚生年金の加給年金の支給対象となっている配偶者が老齢厚生年金（加入期間が20年以上のものに限る）または障害基礎年金、障害厚生年金を受けられるに至ったとき（配偶者の加給年金額のみ支給を停止）

障害もしくはその原因となった事故を生じさせ、または障害の程度を増進させた者については障害年金の全部または一部の支給が行われないことがあります。

さらに、正当な理由がなくて療養に関する指示に従わない場合も、障害年金の全部または一部の支給が行われないことがあります。

障害年金をもらうための手続き

· ·

診断書、受診状況等証明書、病歴・就労状況等申立書等が必要

■ 3つの書類を準備して年金事務所へ行く準備をする

　障害年金の受給には、必要となる書類があるため、確認して確実に揃えていきましょう。準備する書類は、①受診状況等証明書（診断書作成の病院と初診時の病院が違うとき）、②医師による診断書、③病歴・就労状況等申立書の3つです。3つの書類が無事にそろったところで、実際に年金事務所へ行き、申請の手続きを行うことになります。まずは、最寄りの年金事務所の所在地を確認しましょう。実際に申請に行く日の開所時間や交通機関、駐車場の有無確認も重要です。所轄の年金事務所ではなく、職場近くの年金事務所へ行くこともできます。

　次に、年金手帳または基礎年金番号通知書を準備した上で、基礎年金番号を確認しましょう。なお、年金手帳または基礎年金番号通知書を紛失した場合は、本人確認書類を準備することで、同じ年金事務所で再発行をしてもらうことが可能です。

■ 障害年金を請求するためのさまざまな書類の準備、提出

　重要なものとして年金請求書が挙げられます。年金請求書とは、年金をもらうための請求書です。年金は、すべて請求制度をとっているため、この請求作業を行わなければ受け取ることができません。年金請求書は、最寄りの年金事務所や役所で入手することが可能です。年金の種類によって用紙が異なるため、必ず障害年金を受給する旨を伝え、入手しましょう。受け取ったら、個人番号（または基礎年金番号）や生年月日、氏名などの他、受取を希望する口座番号や加給対象者などを記載して提

障害年金請求時の必要書類と手続き

障害年金請求時の必要書類

必要書類	備考
年金請求書	年金事務所または年金相談センター、市区町村役場、日本年金機構のホームページで入手
年金手帳 基礎年金番号通知書	本人と配偶者のもの
病歴・就労状況等申立書	障害の状況、就労や日常生活の状況について記載する
診断書	部位ごとの診断書を医師に記入してもらう
受診状況等証明書	診断書作成の病院と初診時の病院が違うとき
戸籍抄本	受給権発生日以降、提出日の6か月以内。子がいる場合は世帯全員。マイナンバー記入により省略可。
住民票	
印鑑 ※押印が必要な場合のみ	認印（シャチハタは不可）
預金通帳または キャッシュカード	本人名義のもの
配偶者の所得証明書 （または非課税証明書）	加給年金対象の配偶者がいるとき市区町村の税務課で発行
子の生計維持を証明するもの	加給年金対象の子がいるとき　在学証明書など
年金証書	本人、配偶者がすでに年金をもらっているとき
年金加入期間確認通知書	共済組合の加入期間があるとき

障害年金の手続き

初診日の年金加入状況		請求先
厚生年金		年金事務所または年金相談センター
国民年金	第1号被保険者	市区町村役場
	第3号被保険者	年金事務所または年金相談センター
20歳前に初診日がある場合		市区町村役場

出します。

　さらに、障害年金の請求には確実に必要となる受診状況等証明書や医師による診断書、病歴・就労状況等申立書の準備もしなければなりません。受診状況等証明書は初診日を証明するための書類で、初めて受診した医療機関に作成を依頼します。これらの書類は、必ず直接取りに行く手筈を整え、その場で不備がないか確認することが重要です。診断書は障害の具体的な内容について証明するための書類で、医師に発行を依頼します。そして、病歴・就労状況等申立書は、請求する本人やその家族が、障害にまつわる具体的な状況を記載するための書類です。

遺族給付とは

■ 遺族年金はどんな場合にもらえるのか

公的年金の加入者、老齢年金・障害年金の受給権者（年金をもらえる人のこと）が死亡したとき、残された家族に対して支給されるのが公的年金制度の遺族給付です。先立った人の家族の生活を保障することが目的です。

遺族給付の中でも中心的な役割を果たすのが、遺族に年金形式で支給される遺族年金です。遺族年金には、遺族基礎年金、遺族厚生年金があります。

遺族基礎年金と、遺族厚生年金の両方の受給要件を満たしていれば、両方もらえます。つまり、「２階建て」になっているわけです。自営業者の配偶者の場合、遺族基礎年金を受給することになりますが、会社員の配偶者の場合、遺族基礎年金に加えて、遺族厚生年金を受給することができます。

■ 老齢給付と遺族給付の調整

遺族厚生年金をもらっていた配偶者が65歳になったとき、自分の老齢基礎年金や老齢厚生年金はもらえるのか、という問題があります。年金制度の原則に年金の併給は「同一事由に限る」とあるからです。ただ、この原則を貫くと、妻は遺族厚生年金をもらっているという理由から、保険料を払っていたのに自分の老齢年金は受け取れないという不平等が起こります。そこで、救済措置として併給ができるようになっています。実際は、以下の３つの選択肢が用意されています。

① 老齢基礎年金と遺族厚生年金の併給

遺族基礎年金

国民年金の被保険者または老齢基礎年金の受給資格期間を満たした者等が死亡した場合に、その者によって生計を維持されていた配偶者（子のある配偶者に限る）または子に支給される年金。

遺族厚生年金

厚生年金保険の被保険者または一定の要件を満たす被保険者であった者が死亡した場合に、一定の遺族に支給される年金。

併給の救済措置

老齢厚生年金と遺族厚生年金の受給権がある65歳以降の者が対象となる。

遺族年金を受給するための死亡日の要件

要件1	遺族基礎年金	遺族厚生年金
死亡したのがいつか	・国民年金に加入中 ・元加入者で60歳以上65歳未満で日本在住 ・老齢基礎年金受給中※ ・老齢基礎年金の受給資格がある※	・厚生年金に加入中 ・厚生年金に加入中に初診日があった傷病が原因で5年以内に死亡 ・障害厚生年金の1・2級の受給者 ・老齢厚生年金受給中※ ・老齢厚生年金の受給資格がある※

※保険料納付済期間と保険料免除期間、合算対象期間を合算した期間が25年以上である者に限る

② 老齢基礎年金と自分の老齢厚生年金の併給

③ 老齢基礎年金と自分の老齢厚生年金の2分の1と遺族厚生年金の3分の2の併給

実際には、まず、②が支給され、①～③のうち、最も高い金額と②との差額を「遺族厚生年金」として支給されます。つまり、老齢厚生年金を優先的に支給するということです。

■ 遺族年金と受給権者の年収との関係

遺族年金を受給するためには、受給権者の前年の年収が、死亡当時850万円（所得では655万5,000円）未満であったことが必要です。夫がなくなっても配偶者に十分な収入があるのであれば年金の受給を認めなくてもよいからです。ただし、収入が850万円以上であっても、近い将来（おおよそ5年以内）に収入が850万円未満になることが証明できる場合は、受給できます。

また、「いつ亡くなったか」「受給できる遺族がいるか」「公的年金の加入期間中に保険料をきちんと納めていたか」という3つの要件を満たすことが必要です。まず、遺族年金を受給するためには、死亡した人が上図の要件を満たしていなければなりません。

遺族年金の受給要件

遺族厚生年金の方が受給できるケースが広い

■ 一定の遺族がいないと受け取れない

　遺族基礎年金と遺族厚生年金とでは遺族の範囲が大きく異なっています。双方の年金に共通しているのは、年金を受けるべき生計維持されていた遺族が1人もいなければ、遺族給付が支給されないということです（次ページ図の**要件2**）。

　遺族基礎年金をもらえる遺族は限られています。対象は、被保険者または被保険者であった者の死亡の当時、その者によって生計を維持されていた子のいる配偶者、または子です。「子」とは、18歳到達年度の末日（3月31日）を経過していない子、もしくは1、2級障害がある20歳未満の子のことを意味します。そのため、夫が死亡したが夫婦の間に子がいなかった場合は支給対象とはなりません。これに対して、遺族厚生年金が支給される遺族の範囲は遺族基礎年金よりも広範です。夫や父母も支給対象になります。ただ、決められた優先順位の最先順位の人にだけ支給され、上位の権利者だけが受給することができます。このように、遺族厚生年金の方が受給できるケースが広いため、遺族基礎年金はもらえないが、遺族厚生年金はもらえるというケースもあります。

　なお、配偶者については、法律上の婚姻関係にない内縁の配偶者でも、夫婦関係の実態があれば、年金制度上は、配偶者と認められるので、内縁の配偶者が遺族になった場合は、遺族年金を受給できます。

■ きちんと保険料を納めていないともらえない

　保険料納付要件は、死亡日の前日において、死亡日が含まれ

18歳未満の子

18歳になった後、最初の3月31日までにある者のこと。

遺族給付を受給するための要件

要件1

死亡したのがいつか	遺族基礎年金		遺族厚生年金	
死亡した のがいつか	・国民年金に加入中 ・元加入者で60歳以上65歳未満で日本在住 ・老齢基礎年金受給権者※ ・老齢基礎年金の受給資格期間を満たす※		・厚生年金に加入中 ・厚生年金に加入中に初診日があった傷病が原因で5年以内に死亡 ・障害厚生年金の1・2級の受給権者 ・老齢厚生年金受給権者※ ・老齢厚生年金の受給資格期間を満たす※	

※保険料納付済期間と保険料免除期間、合算対象期間を合算した期間が25年以上である者に限る

要件2

遺族の範囲 (生計維持関係にあること)	遺族基礎年金		遺族厚生年金	
	※子または子のある配偶者のみ	死亡当時の年齢	※遺族厚生年金には優先順位がある	死亡当時の年齢
	子のいる配偶者	18歳未満の子のいる配偶者	1位　配偶者	(妻の場合)年齢は問わない(夫の場合)55歳以上
	子	18歳未満	子	18歳未満
			2位　父母	55歳以上
			3位　孫	18歳未満
			4位　祖父母	55歳以上

年収850万円未満であること

※表中の「18歳未満」は18歳に達して最初の3月末日までをいう。また20歳未満で1・2級の障害の子も含む
※表中の「55歳以上」は55歳から59歳までは支給停止。60歳からの受給となる

要件3

死亡者が保険料納付要件を満たしているか (障害給付の要件と同じ)	遺族基礎年金・遺族厚生年金とも
死亡者が保険料納付要件を満たしているか (障害給付の要件と同じ)	・死亡日の前日において、死亡日が含まれる月の前々月までの被保険者期間のうち、保険料納付済期間と保険料免除期間の合計が3分の2以上あること ・令和8年3月31日までは、死亡日の月の前々月までの1年間に滞納がないこと

※老齢年金受給権者、受給資格期間を満たしていた人、障害年金受給者の死亡の場合は上記要件は問わない

る月の前々月までの被保険者期間のうち、保険料納付済期間と保険料免除期間の合計が3分の2以上あることです。

ただし、令和8年3月31日までは、特例として、死亡月の月の前々月までの1年間に保険料の滞納がなければ受給することができます（死亡した人が65歳未満である場合に限る）。

遺族年金の受給額

基礎年金の本体部分は老齢基礎年金と同じ金額、子どもの数に応じて加算される

■ 遺族基礎年金の年金額

　遺族基礎年金は、子（18歳未満もしくは1、2級障害で20歳未満の子どものこと）のいる配偶者、または、18歳未満もしくは1、2級障害で20歳未満の子ども（両親が亡くなっている場合）が受給することができる年金です。これは、遺族基礎年金が子育て支援を目的とする年金だからです。配偶者が亡くなったとしても、18歳未満もしくは、1、2級障害で20歳未満の子どもがいない場合、配偶者は遺族基礎年金を受給することはできません。

　遺族基礎年金の金額は、「本体部分」と「子ども扶養のための加算」部分で構成されます。本体部分は、老齢基礎年金と同じ金額、年間81万6,000円（昭和31年4月2日以降生まれの人、令和6年度現在）となり、子ども扶養のための加算は、第1子と第2子が23万4,800円、第3子以降が7万8,300円（いずれも令和6年度現在）となっています。子どもが18歳以上になった場合など、支給要件から外れた場合は、年金の受給権は消滅します。

　また、両親が2人ともいない場合は、子どもが受給します。1人の場合は、本体部分（81万6,000円）だけ、2人の場合は、2人目以降の加算が付くという具合に増額していきます。

■ 遺族厚生年金の年金額

　会社員の妻がもらえる遺族厚生年金は、亡くなった夫の収入に応じた金額がもらえます。具体的には、夫の老齢厚生年金の4分の3です。ただし、加入期間の長さの違いによって「短期要件」と「長期要件」があり、支給金額の計算方法が違います。

遺族基礎年金の金額

昭和31年4月1日以前生まれの人は、81万3,700円となる。

遺族厚生年金と報酬比例

遺族厚生年金は、報酬比例というしくみがとられており、死亡した人が支払っていた保険料が多いほど、遺族がもらえる遺族厚生年金も多くなる。

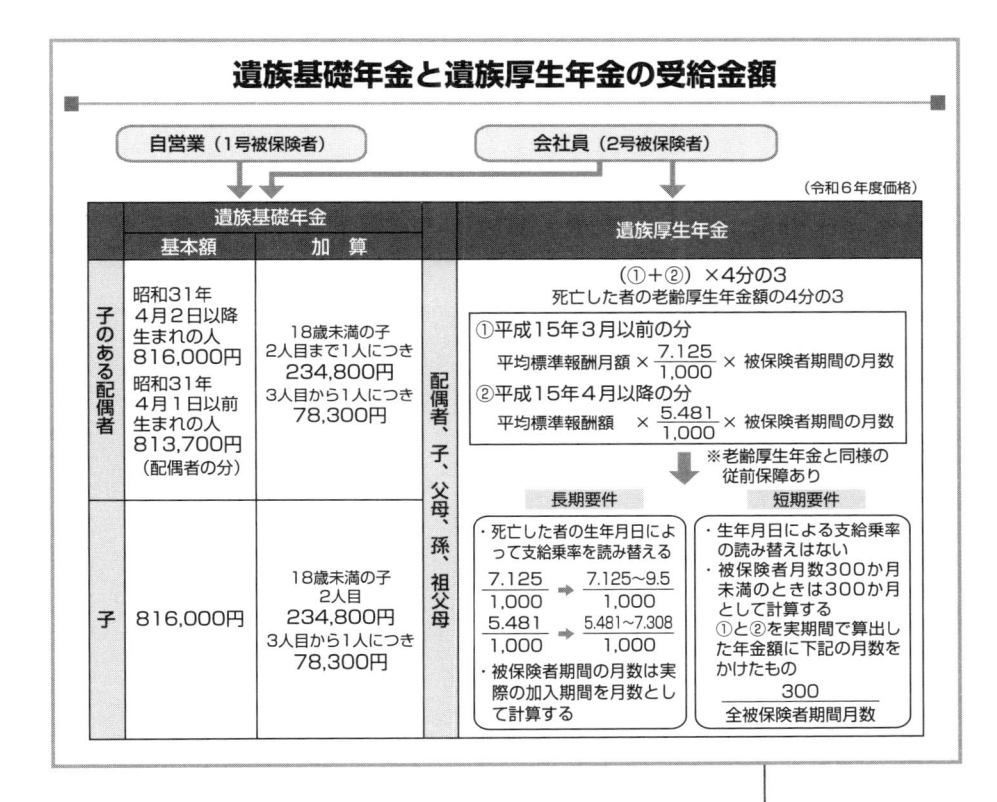

遺族基礎年金と遺族厚生年金の受給金額

自営業（1号被保険者）　　会社員（2号被保険者）

（令和6年度価格）

	遺族基礎年金			遺族厚生年金
	基本額	加算		
子のある配偶者	昭和31年4月2日以降生まれの人 816,000円 昭和31年4月1日以前生まれの人 813,700円（配偶者の分）	18歳未満の子 2人まで1人につき 234,800円 3人目から1人につき 78,300円	配偶者、子、父母、孫、祖父母	（①＋②）×4分の3 死亡した者の老齢厚生年金額の4分の3 ①平成15年3月以前の分 平均標準報酬月額 × $\frac{7.125}{1,000}$ × 被保険者期間の月数 ②平成15年4月以降の分 平均標準報酬額 × $\frac{5.481}{1,000}$ × 被保険者期間の月数 ※老齢厚生年金と同様の従前保障あり
子	816,000円	18歳未満の子 2人目 234,800円 3人目から1人につき 78,300円		長期要件 ・死亡した者の生年月日によって支給乗率を読み替える $\frac{7.125}{1,000}$ → $\frac{7.125〜9.5}{1,000}$ $\frac{5.481}{1,000}$ → $\frac{5.481〜7.308}{1,000}$ ・被保険者期間の月数は実際の加入期間を月数として計算する 短期要件 ・生年月日による支給乗率の読み替えはない ・被保険者月数300か月未満のときは300か月として計算する ①と②を実期間で算出した年金額に下記の月数をかけたもの $\frac{300}{全被保険者期間月数}$

　短期要件とは、死亡した夫が、①厚生年金の被保険者（現役の会社員）、②厚生年金の被保険者であった者で、被保険者期間中に初診日のある傷病で初診日から5年以内に死亡した、③障害等級1級または2級の障害厚生年金の受給権者であった場合です。この場合は、障害厚生年金の計算方法に近い方法になります。まず、加入月数が1か月以上あれば、加入月数が300か月あったとみなされて計算されます。また、乗率（過去の給与などの再評価率）も、生年月日にかかわらず、一定です。

　長期要件は、短期要件以外のケースでの計算方法です。これは、老齢厚生年金の計算法と同じです。つまり、死亡した夫がもらっていたか、もらえるはずだった老齢厚生年金の4分の3の金額となります。

長期要件

長期要件とは、夫が老齢厚生年金の受給中、もしくは老齢厚生年金の受給資格を得た後に死亡した場合のことである。短期要件が加入月を300か月とみなすのに対して、長期要件の場合、夫が加入していた期間の実期間を基に年金額を計算する。

遺族年金をもらうための手続き

· ·

まずは死亡届と年金管轄者への死亡手続きをする必要がある

■ 遺族年金を請求するときの手続き

遺族年金を請求する場合は、受給するための書類一式を準備した上で請求を行います。

請求する年金の内容に応じて請求先が異なる点に注意が必要です。遺族基礎年金のみを請求する場合は、死亡者の住所を管轄する役所の年金窓口、遺族厚生年金の請求を行う場合は全国各地の年金事務所に対して行うことになります。

受給権者死亡届を提出する場合は、提出を遺族年金の請求時にまとめて行うことも可能です。書類の種類は非常に多岐にわたるため、事前にチェックリストなどを作成し、活用する方法が効果的です。

■ 提出書類の注意点

実際に提出する場合、そろえなければならない原則としての書類は次ページ図のとおりです。注意しなければならないのが請求する年金の内容に応じて書類の種類が異なる点です。まず、何を請求するのかを整理してから、書類をまとめていきましょう。

たとえば、遺族基礎年金のみを請求する場合は、遺族基礎年金の年金請求書を準備しなければなりません。加算対象者が存在する際には、年金請求書（国民年金遺族基礎年金）（別紙）もあわせて提出する必要があります。

また、遺族基礎年金にあわせて遺族厚生年金を請求する場合は、国民年金・厚生年金保険遺族給付の年金請求書と、年金請求書（国民年金・厚生年金保険遺族給付）（別紙）を準備します。

年金請求書作成の際の注意点

「年金請求書（国民年金・厚生年金保険遺族給付）」は、最寄りの年金事務所や厚生労働省のホームページよりダウンロードすることが可能である。請求を行う年金の種類によって様式が異なる点に注意が必要。必ず事前に誤りがないかをチェックしておきたい。

遺族年金請求時の必要書類

●遺族年金請求時の必要書類　※マイナンバー記入により省略可

おもな添付書類	備　考
年金手帳 基礎年金番号通知書	死亡した本人と請求者のもの
戸籍（除籍）謄または 法定相続情報一覧図の写し 住民票（除票つき）※	死亡日以降に交付されたもの　6か月以内 世帯全員。
死亡診断書	死亡日から1か月程度までは市区町村役場で発行。 以後は住所地管轄の法務局で発行してもらう
預金通帳	請求者名義のもの、キャッシュカードでも可
請求者の所得証明書 （または非課税証明書）※	市区町村の税務課で発行
子の生計維持を証明するもの※	加給年金対象者の子がいるとき　在学証明書 など
年金証書	死亡者、請求者がすでに年金をもらっているとき
未支給年金・未支払給付金請求書	死亡者がすでに年金をもらっているとき
年金加入期間確認通知書	死亡者に共済組合の加入期間があるとき

●遺族年金請求時の請求先

死亡した人の年金加入状況		請求先
厚生年金		勤務先を管轄する年金事務所
国民年金	第1号被保険者	市区町村役場
	第3号被保険者期間がある場合	住所地を管轄する年金事務所

　そして、遺族厚生年金のみを請求する際には、国民年金・厚生年金保険遺族給付の年金請求書を準備しなければなりません。

　提出先は、年金事務所や年金相談センターです。原則は、死亡者が社会保険の適用事業所に勤務していた場合であれば職場の管轄年金事務所、それ以外の場合は請求する者が住む場所の管轄年金事務所となりますが、全国各地、どこの場所においても受け付けてもらうことができます。ただし、管轄する事務所以外の場所で請求を行った場合、多少のタイムラグが生じる可能性があるので注意が必要です。

遺族厚生年金の特例

· ·

受給額が少なくなりすぎないようにしている

■ 中高齢寡婦加算について

　会社員の妻で、夫が亡くなったときに40歳以上65歳未満の場合、子どもがいなくても、遺族厚生年金の他に厚生年金から給付があります。これを中高年寡婦年金といいます。

　子のいない妻は遺族基礎年金を受け取ることができないため、通常は、2階部分である遺族厚生年金しか受け取ることができないはずですが、遺族厚生年金しか受け取ることができないと受給金額が少なくなってしまうケースも多かったため、このような制度があります。中高年寡婦年金の加算額は、昭和31年4月2日以降生まれの人で61万2,000円（令和6年度現在）です。これは、令和6年度の、遺族基礎年金の満額の4分の3に相当する金額です。

■ 経過的寡婦加算について

　遺族厚生年金の中高齢寡婦加算を受給している妻は、65歳になると自身の老齢基礎年金の支給が開始されるため、それまで支給されていた中高齢寡婦加算の受給権が消滅することになります。

　しかし、昭和31年4月1日以前生まれの妻については、中高齢寡婦加算にかえて経過的寡婦加算が支給されることになっています。これは昭和61年4月の年金大改正前には、専業主婦は国民年金への加入が任意だったため、多くの者（妻）が国民年金に加入しておらず、その結果、妻自身の老齢基礎年金が低額になるケースがあることに配慮したものです。経過的寡婦加算の加算額は、妻の生年月日によって決まります。

子のいる妻と子のいない妻で異なる遺族年金

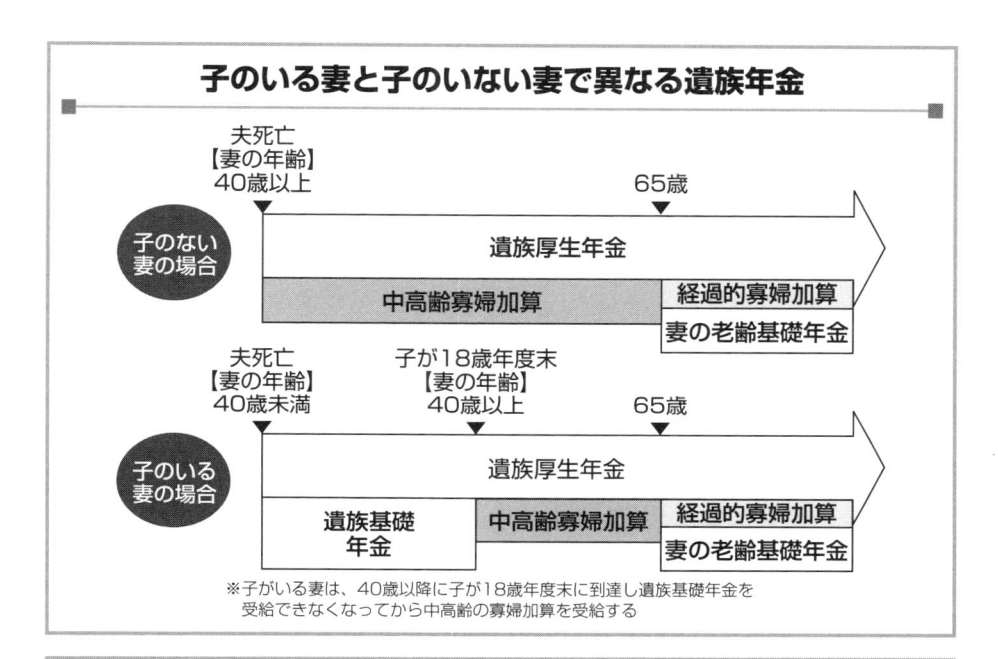

※子がいる妻は、40歳以降に子が18歳年度末に到達し遺族基礎年金を
受給できなくなってから中高齢の寡婦加算を受給する

生年月日で異なる経過的寡婦加算額の金額

令和6年度支給額

生年月日	加算額	生年月日	加算額
～ 昭 2.4.1	610,300	昭17.4.2 ～ 昭18.4.1	284,820
昭 2.4.2 ～ 昭 3.4.1	579,004	昭18.4.2 ～ 昭19.4.1	264,477
昭 3.4.2 ～ 昭 4.4.1	550,026	昭19.4.2 ～ 昭20.4.1	244,135
昭 4.4.2 ～ 昭 5.4.1	523,118	昭20.4.2 ～ 昭21.4.1	223,792
昭 5.4.2 ～ 昭 6.4.1	498,066	昭21.4.2 ～ 昭22.4.1	203,450
昭 6.4.2 ～ 昭 7.4.1	474,683	昭22.4.2 ～ 昭23.4.1	183,107
昭 7.4.2 ～ 昭 8.4.1	452,810	昭23.4.2 ～ 昭24.4.1	162,765
昭 8.4.2 ～ 昭 9.4.1	432,303	昭24.4.2 ～ 昭25.4.1	142,422
昭 9.4.2 ～ 昭10.4.1	413,039	昭25.4.2 ～ 昭26.4.1	122,080
昭10.4.2 ～ 昭11.4.1	394,909	昭26.4.2 ～ 昭27.4.1	101,737
昭11.4.2 ～ 昭12.4.1	377,814	昭27.4.2 ～ 昭28.4.1	81,395
昭12.4.2 ～ 昭13.4.1	361,669	昭28.4.2 ～ 昭29.4.1	61,052
昭13.4.2 ～ 昭14.4.1	346,397	昭29.4.2 ～ 昭30.4.1	40,710
昭14.4.2 ～ 昭15.4.1	331,929	昭30.4.2 ～ 昭31.4.1	20,367
昭15.4.2 ～ 昭16.4.1	318,203	昭31.4.2 ～	－
昭16.4.2 ～ 昭17.4.1	305,162		

遺族年金がもらえなくなる場合

失権は永遠に、支給停止は、ある理由で一時的に支給が止まること

■ 失権と支給停止の2つがある

失　権

年金の支給を受けることができる権利が消滅すること。失権すると、年金の受給が終了する。

　遺族年金を受給できなくなるのは、失権と支給停止になった場合です。両方の違いは、失権が永遠に年金を受給する権利を失うことなのに対して、支給停止は、ある理由で年金の支給が止まっている状況を指すという点です。支給停止の場合、支給が停止される理由が消滅すれば、支給は再開されるのです。

■ 遺族基礎年金の受給権が失権・支給停止になる場合

　遺族基礎年金は受給権者である、配偶者や子が、死亡したとき、婚姻したとき（事実上婚姻関係の場合を含む）、養子になったとき（直系血族または直系姻族の養子になった場合を除く）に失権します。

　このような場合には、一般的に支給する必要がなくなるといえるからです。

　また、配偶者の遺族基礎年金については、すべての子について、死亡・婚姻・配偶者以外の者との養子縁組といった一定の事由が生じた場合、一般的に子を扶養する必要がなくなるので失権します。

　さらに、離縁によって、死亡した被保険者または被保険者であった者の子でなくなったとき、18歳に達した日以後の最初の3月31日が終了したとき（一定の障害がある場合を除く）、障害等級1級または2級に該当する障害の状態にある子のその事情がやんだとき、20歳に達したとき、には子の遺族基礎年金が失権します。

遺族厚生年金の支給停止事由

	ケース	摘　要
①	労基法の遺族補償が行われるとき	６年間
②	夫、父母、祖父母が55歳以上60歳未満のとき	
③	子、妻、夫に対する遺族厚生年金が右のいずれかに該当するとき	・子の停止…妻に受給権があるとき ・妻の停止…子が遺族基礎年金を受けている間 ・夫の停止…子に受給権があるとき

　一方、労働基準法による遺族補償が受けられる間は、二重取りを防ぐ観点から、６年間遺族基礎年金が支給停止されます。配偶者が遺族基礎年金を受給できる場合や、生計を同じくする父または母がいる場合には子の遺族基礎年金が支給停止されます。

　また、妻が１年以上行方不明である場合には、子の申請により妻の遺族基礎年金が、支給停止されます。

■ 遺族厚生年金が失権・支給停止となる場合

　遺族厚生年金についても、受給権者に、死亡・婚姻・直系血族および直系姻族以外の者の養子縁組（事実上の養子縁組を含む）といった事情が生じた場合には、一般的に年金を受給する必要がなくなるので、失権します。

　また、子や孫の受給権は、18歳の年度末や20歳の到来により失権します。父母、孫、祖父母の受給権は、被保険者の死亡時に胎児だった子が生まれたときに失権するものとされています。

　さらに、まだ若い年齢といえる遺族基礎年金の受給権を取得していない30歳未満の妻が受給している遺族厚生年金の受給権は、受給権取得日から５年で消滅します。

　一方、遺族厚生年金の支給停止事由は上図のとおりです。

30歳未満の妻の失権

遺族基礎年金の受給権がない30歳未満の妻については、遺族厚生年金が受給できても５年の有期年金となる。また、遺族基礎年金の受給権がある30歳未満の妻についても、30歳になる前に遺族基礎年金の受給権を失権した場合は、失権した日から５年を経過した時に、遺族厚生年金の受給権も失権する。

第1号被保険者のための特別な遺族給付

「寡婦年金」と「死亡一時金」で、年金保険料がムダになるのを防ぐ

■ 寡婦年金と死亡一時金

会社員が死亡したときには、配偶者は遺族基礎年金をもらえる子どもがいなくても遺族厚生年金をもらえますが、国民年金第1号被保険者期間のみの自営業者が亡くなった場合、配偶者は同じ環境では遺族基礎年金をもらうことができず、国民年金保険料がムダになってしまいます。このような不公平を起こさないために寡婦年金や死亡一時金という制度が設けられています。寡婦年金、死亡一時金のことを遺族給付といいます。

寡婦年金とは、第1号被保険者の期間が10年以上ある夫が死亡した時に、結婚10年以上の妻が、夫がもらったと考えられる老齢基礎年金の4分の3を60歳から65歳になるまで受給できる制度です。一方、寡婦年金をもらう要件がそろっていない場合にもらえるのが、死亡一時金です。支給を受けるには、国民年金第1号被保険者として保険料を3年以上、納めている必要があります。死亡一時金は、妻に限らず、最も優先順位の高い遺族に一時金として支給されます。

■ 寡婦年金と死亡一時金の両方がもらえるとき

寡婦年金の支給要件と死亡一時金の支給要件の両方を満たしている人の場合、どちらかを選択して受け取ります。どちらを選択するかは、実際の自分の置かれた立場を考えて慎重に選ぶ必要があります。たとえば、妻が60歳になっていない場合、寡婦年金の方が有利だといえます。しかし、夫が死亡した時の妻の年齢が65歳に近い場合は、死亡一時金の方が有利になります。

寡婦年金が支給される要件

第1号被保険者の夫が死亡

夫死亡時妻は65歳未満

第1号被保険者として、保険料納付済期間と
保険料免除期間の合計が **10年以上** ある

> カラ期間は使えない

婚姻関係が **10年以上** 継続していた

> 内縁関係でもよい

老齢基礎年金を受けていない
障害基礎年金を受けていない

> 夫死亡時60歳未満のときは
> 60歳まで支給停止

妻 **60歳から65歳** になるまで
夫が受けられたであろう
老齢基礎年金の4分の3の額が
寡婦年金 として支給される

> 死亡一時金ももらえるときは、
> どちらかを選択する

死亡一時金が支給される要件

第1号被保険者として、
保険料を **3年以上** 納めた

老齢基礎年金を受けていない
障害基礎年金を受けていない
遺族基礎年金を受給できる遺族がいない

遺族の優先順位に応じて
死亡一時金 が支給される

> 寡婦年金も受けられるときは、
> どちらかの選択となる

死亡一時金の優先順位

1位	配偶者
2位	子
3位	父母
4位	孫
5位	祖父母
6位	兄弟姉妹

> 死亡した者と生計を
> 同じにしていた者に限る

死亡一時金の金額

保険料納付済期間	死亡一時金の額
36か月以上180か月未満	120,000円
180か月以上240か月未満	145,000円
240か月以上300か月未満	170,000円
300か月以上360か月未満	220,000円
360か月以上420か月未満	270,000円
420か月以上	320,000円

脱退手当金と脱退一時金

掛け捨てを防止するための措置である

■ 脱退手当金はどんな場合に支給されるのか

公的年金は、保険料が返還されないのが原則です。ただ、かつては老齢厚生年金を受けるために必要な被保険者期間を満たしていない者が60歳になった後、被保険者資格を喪失している場合に一時金を支給する脱退手当金という制度がありました。

昭和61年の年金改正によって、国民年金の老齢基礎年金の受給資格期間を満たしていれば、1か月の加入でも老齢厚生年金が支給されることになったため、脱退手当金の制度は廃止されました。そのため、脱退手当金が支給されるのは以下の場合に限られます。

① 昭和16年4月1日以前に生まれた者であること

② 厚生年金保険の被保険者期間が5年以上ある者であること

③ 通算老齢年金、障害年金の受給権者でないこと

④ 60歳に達していること

⑤ 被保険者資格を喪失していること

⑥ 老齢年金の受給資格期間を満たしていないこと

⑦ 過去に脱退手当金の額以上の障害年金または障害手当金を受けたことがないこと

■ 脱退一時金は外国人のための制度である

脱退一時金は、年金受給資格期間を満たさない外国人に一時金を支給する制度です。公的年金制度は、日本国内に住所のある者について国籍を問わず適用するのが原則です。そのため、外国人にも保険給付が行われますが、老齢給付については、滞在期間の短い外国人の場合、所定の受給資格期間が満たせず、

脱退手当金の経過措置

法改正・制度改正があったときに、国民が戸惑うことのないよう、一定の調整を図ること。
脱退手当金は、旧厚生年金保険法の適用を受ける昭和16年4月1日以前生まれの者について、経過措置として支給（返還）される。

脱退一時金の上限年数

脱退一時金の上限年数は3年であったが（次ページ図）、令和3年4月から5年に延長された。

脱退一時金の額

最後に保険料を納付した月が令和3年（2022年）4月以降

国民年金 （最終納付月が令和6年度に属する場合）		厚生年金保険	
保険料納付済期間	金額	被保険者期間	支給率
6月以上 12月未満	50,940円	6月以上 12月未満	6×保険料率×1/2
12月以上 18月未満	101,880円	12月以上 18月未満	12×保険料率×1/2
18月以上 24月未満	152,820円	18月以上 24月未満	18×保険料率×1/2
24月以上 30月未満	203,760円	24月以上 30月未満	24×保険料率×1/2
30月以上 36月未満	254,700円	30月以上 36月未満	30×保険料率×1/2
36月以上 42月未満	305,640円	36月以上 42月未満	36×保険料率×1/2
42月以上 48月未満	356,580円	42月以上 48月未満	42×保険料率×1/2
48月以上 54月未満	407,520円	48月以上 54月未満	48×保険料率×1/2
54月以上 60月未満	458,460円	54月以上 60月未満	54×保険料率×1/2
60月以上	509,400円	60月以上	60×保険料率×1/2

※厚生年金保険の脱退一時金の額は、被保険者であった期間に応じて、その期間の平均標準報酬額（被保険者期間の計算の基礎となる各月の標準報酬月額と標準賞与額の総額を、当該被保険者期間の月数で割って得た額）に支給率を掛けて得た額となる

老後の年金給付に結びつかないこともありえます。

そのため、支払っていた保険料がムダにならないように、以下の①〜⑤の要件を満たす者については、上図の金額の脱退一時金が支給されます。

ただし、国際年金通算協定の締結により、保険期間が通算されるしくみが整っている外国籍の外国人については、支払っていた保険料がムダになりません。このような外国人については、脱退一時金が支給されないことがあります。

① 日本国籍をもっていないこと

② 国民年金の保険料納付済期間の月数、厚生年金保険の被保険者期間の月数が、それぞれ請求日の属する月の前月までに6か月以上あること

③ 老齢基礎年金・老齢厚生年金の受給資格期間を満たしていないこと、障害年金などの受給権がないこと

④ 国民年金または厚生年金保険の被保険者でないこと

⑤ 帰国して2年以内に請求すること

社会保障協定

2国間において、年金加入期間を通算したり、二重加入を防止したりすることを目的として締結する協定。

脱退一時金が支給されない場合

脱退一時金は、日本国内に住所があるとき、過去に障害年金等の受給権を有したことがある（受給していなくても）ときには支給されない。

厚生年金の離婚分割

合意分割と３号分割の２種類がある

■ 離婚分割とは

「離婚時の年金分割」とは、離婚すると女性の年金が少額になるケースが多いため、夫の分の年金を離婚後は妻に分割できるようにするという制度です。離婚分割制度には合意分割制度と３号分割制度があります。

① 合意分割

結婚していた期間に夫（妻）が納めていた厚生年金保険に該当する部分の年金の半分につき、将来、妻（夫）名義の年金として受け取ることができる制度です。分割の対象となるのはあくまでも老齢厚生年金に限られ、老齢基礎年金は分割の対象とはなりません。報酬比例部分の２分の１（50％）を限度（共働きの場合は双方の報酬比例部分を合算して50％が限度）として、夫（妻）の合意があった場合に、妻（夫）独自の年金として支給を受けることができるようになります。

② ３号分割

妻（夫）が第３号被保険者のときは、離婚の際、婚姻期間にかかる夫（妻）の厚生年金記録を夫（妻）の合意なしに分割してもらうことができる制度です。夫（妻）の合意が不要なのは平成20年４月以降の婚姻期間についてだけなので、それ以前の分について合意分割を利用することになります。

■ 離婚分割の手続き

合意分割を行う場合、まず、当事者間の合意が必要になりますが、この合意は、単なる契約書や覚書では足りず、公正証書

合意分割制度
平成19年４月以降に離婚した場合等で、当事者間の合意や裁判手続きにより厚生年金の標準報酬を分割することができる制度。

３号分割制度
平成20年５月以降に離婚した場合等で、平成20年４月１日以後の第３号被保険者期間について厚生年金の標準報酬を分割することができる制度。

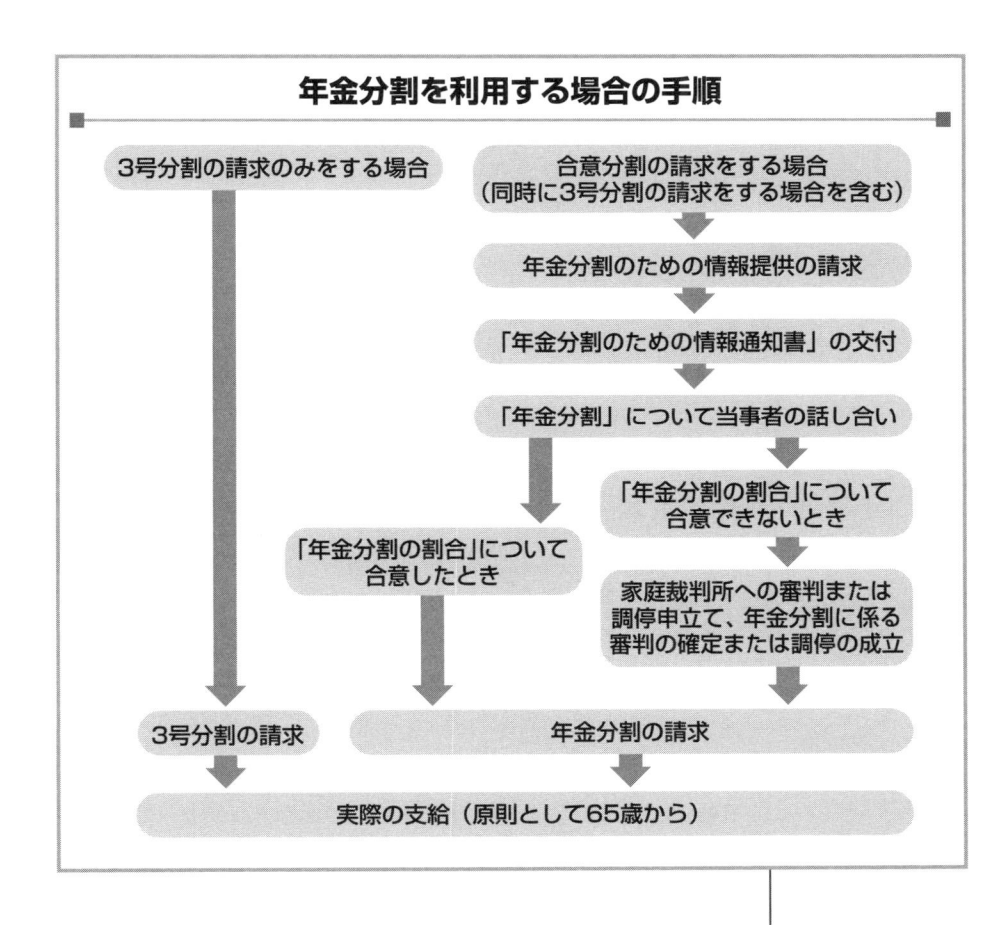

年金分割を利用する場合の手順

3号分割の請求のみをする場合

合意分割の請求をする場合
（同時に3号分割の請求をする場合を含む）

↓

年金分割のための情報提供の請求

↓

「年金分割のための情報通知書」の交付

↓

「年金分割」について当事者の話し合い

↓

「年金分割の割合」について
合意できないとき

「年金分割の割合」について
合意したとき

家庭裁判所への審判または
調停申立て、年金分割に係る
審判の確定または調停の成立

↓

3号分割の請求

年金分割の請求

↓

実際の支給（原則として65歳から）

または公証人の認証を受けた私署証書でなければなりません。年金分割の請求は「標準報酬改定請求書」に必要な添付書類を添えて行います。提出先は最寄り（管轄）の年金事務所です。ただし、改定請求をする対象が共済年金のみの場合は、それぞれの共済組合の窓口が提出先になることがあります。

　一方、3号分割を請求する場合、離婚や事実婚の解消をした後に、標準報酬改定請求書に添付書類を添えて管轄の年金事務所に請求をすることになります。

　合意分割と3号分割を同時に請求したい場合、合意分割改定請求用の標準報酬改定請求書のみの提出で請求可能です。

公正証書

公証人という特殊の資格者が当事者の申立てに基づいて作成する公文書。

私署証書

私人が作成者として署名した文書のこと。

老齢年金、障害年金、遺族年金が併給できる場合

1人1年金が原則

■ 1人1年金の原則とは

　公的年金では、2つ以上の年金を受け取れる場合、いずれかのうち1つを選択する必要があります。これを「1人1年金の原則」といいます。ただし、老齢基礎年金と老齢厚生年金、障害基礎年金と障害厚生年金、遺族基礎年金と遺族厚生年金のように、同じ事由で支払われる場合には、1つの年金とみなされるため合わせて受け取ることができます。

　問題となるケースは、老齢基礎年金と遺族基礎年金を受け取れる場合などです。このケースでは、どちらか年金額が有利な方を選択して受給することになります。なお、有利かどうかは年金額だけでなく課税扱いかどうかも検討する必要があります。老齢年金は所得として課税されるのに対して、遺族年金は非課税とされるため税金の支払額に影響します。

■ 例外もある

　1人1年金の原則にも例外があります。65歳以上の場合、下記のような組み合わせでは併給が可能です。なお、65歳未満の場合には、下記のような場合でもどちらかを選択することになりますが、受給できる権利がなくなるわけではないため65歳になると併給が開始されます。いずれの場合においても、これまでの自分自身の保険料や配偶者の保険料を年金額に反映させるための例外措置になります。

① 老齢基礎年金と遺族厚生年金

　65歳以上から受給する老齢基礎年金と遺族厚生年金は併給す

遺族基礎年金の併給

遺族基礎年金は遺族厚生年金しか併給できない。

障害基礎年金の併給

障害基礎年金はすべての厚生年金と併給できる。

1人1年金の例外

同じ事由の年金以外は併給できない ⇒ 1人1年金の原則

（例外）※例外でも65歳以上に限られる。

①のパターン	②のパターン	③のパターン	④のパターン
遺族 厚生年金	老齢 厚生年金	遺族 厚生年金	老齢厚生年金1/2 ＋ 遺族厚生年金2/3
老齢 基礎年金	障害 基礎年金	障害 基礎年金	老齢 基礎年金

老齢厚生年金の額もしくは
遺族厚生年金の額が多ければ、
そちらが優先

ることが可能です。

② 障害基礎年金と老齢厚生年金

　障害基礎年金をもらいながら働く人が厚生年金保険料を払っていても、老齢厚生年金が併給できないという問題が生じたため特例が設けられました。これにより、障害がありながら働く人でも、保険料が将来の年金額に反映されるようになりました。

③ 障害基礎年金と遺族厚生年金

　65歳以上から受給する障害基礎年金と遺族厚生年金の併給も可能です。

④ 遺族厚生年金と老齢厚生年金

　配偶者が死亡し遺族厚生年金を受給していた人が、65歳になって自身の老齢厚生年金の受給権が発生した場合などには、一定の条件で併給することが可能です。具体的には、ⓐ自身の老齢厚生年金の額、ⓑ遺族厚生年金の額、ⓒ自身の老齢厚生年金の2分の1の額と遺族厚生年金の3分の2の額を合わせた額の3つのうち最も多い額の年金を受給します（139ページ）。

確定拠出年金（DC）などの新しい年金制度

税制上も有利になる

■ 確定拠出年金とは

　確定拠出年金は、93ページのように基礎年金や厚生年金にプラスして加入する年金制度です。将来、受け取る年金額が決まっているわけではなく、拠出した掛金とその運用収益の合計額によって年金額が決まります。たとえば、掛金を定期預金のような安全資産で運用すれば掛金と利息相当分が将来受け取れる年金ということになります。一方、外国債券などリスクを取って掛金を運用すれば、将来受け取る年金は大幅に増えるか、逆に減ってしまう可能性もあります。

　確定拠出年金は事業主が拠出する企業年金と、加入者自身が拠出する個人型年金（iDeCo）の2種類があります。確定拠出年金を実施する企業にとっては、掛金だけを負担すればよく、将来に支給する年金の原資を気にする必要もないため、確定給付企業年金から確定拠出年金へ制度移行するケースも増えています。

　また、確定拠出年金は60歳になったときに、年金や一時金として受給することができます（原則）。これを老齢給付金といいます。他に、75歳前に一定の障害状態になった場合に受給できる障害給付金や、死亡一時金、脱退一時金の給付があります。

■ 対象者と拠出限度額

　確定拠出年金に加入できる対象者は、20歳以上のほぼすべての国民です。企業型の確定拠出年金には、実施企業に勤務する従業員が加入できます。個人型の確定拠出年金には、自営業者等（第1号被保険者）、厚生年金保険の被保険者（第2号被保

確定拠出年金に加入できる年齢
令和4年5月からは、企業型70歳未満、個人型65歳未満に引き上げられた。

確定給付企業年金
将来受け取る年金が確定している企業年金制度。企業が掛金を積立、運用、給付まで行う。低金利の状況、企業の競争下では、将来的に企業年金制度を維持していくことが難しいと言われている。

拠出限度額

		対象者	拠出限度額
企業型	確定給付型の年金を実施していない		55,000円※1
	確定給付型の年金を実施している		27,500円※1
個人型	国民年金第1号被保険者（自営業者等）任意加入被保険者		68,000円※2
	国民年金第2号被保険者（厚生年金保険被保険者）	確定給付型の年金等および企業型確定拠出年金に加入していない（公務員を除く）	23,000円
		● 企業型確定拠出年金のみに加入している	20,000円※3
		● 確定給付型の年金等のみに加入している（公務員含む）	★12,000円
		● 確定給付型の年金等と企業型確定拠出年金の両方に加入している	★12,000円※4
	国民年金第3号被保険者（専業主婦（夫）等）		23,000円

※1 マッチング拠出を導入している場合は、事業主掛金と加入者掛金との合計が拠出限度額（令和6年12月からは55,000円－他制度掛金相当額）の範囲内
※2 国民年金基金の掛金、国民年金の付加保険料を納付している場合はそれらを控除した額
※3 企業型確定拠出年金の事業主拠出をしている場合は、事業主掛金と加入者掛金との合計が55,000円の範囲内
※4 企業型確定拠出年金の事業主拠出をしている場合は、事業主掛金と加入者掛金との合計が27,500円（令和6年12月からは55,000円－他制度掛金相当額）の範囲内
★令和6年12月からは、拠出限度額が12,000円から20,000円に変更
●令和6年12月からは、事業主の拠出額が35,000円を超えると、加入者の拠出限度額が逓減

険者）、専業主婦等（第3号被保険者）が加入できます。また、令和4年10月からは、企業型確定拠出年金加入者が、規約に定めがなくても、個人型確定拠出年金へ加入することができるようになりました。なお、対象者に応じて、上図のように拠出限度額が決まっています。

■ 税制上のメリットがある

確定拠出年金は、税制における優遇がある点が魅力的です。拠出した掛金は、個人の場合、全額所得控除の対象となり所得税や住民税を抑えることができます。また企業においても掛金を全額損金として計上することができます。

運用益についても非課税となっているため、通常の投資よりも有利になることがあります。給付時についても、年金として受け取る場合には公的年金等控除、一時金として受け取る場合には退職所得控除がそれぞれ適用されます。

確定拠出年金の受給開始年齢
令和4年4月からは、60歳〜75歳までの間で受給者が選択できるようになった。

個人年金保険

公的年金との違いや年金支給期間をおさえておく

■ どんなしくみになっているのか

個人年金保険は、保険料をコツコツ積み立てていき、それを後から年金として受け取るという積立方式を採用しています。つまり、個人年金の財源は、自分で積み立てたお金です。

公的年金は、長生きをしても、生きている限り年金を受け取れます。それに対して、個人年金は、受給期間がおもに4種類設定されており、期間に応じて年金を受給できるしくみです。

このような違いが出るのは、公的年金と個人年金では財源が異なるからです。公的年金は、同時代を生きる若い世代の保険料を財源としています。これに対して、個人年金は、過去に自分が支払った保険料を財源としています。そのため、財源に限りがあり、公的年金と同じ設計にはできないのです。

■ 給付期間にはおもに4種類ある

個人年金の給付期間は、おもに「終身」「確定」「有期」「夫婦」の4種類に分かれます。

「終身」は、公的年金と同じで、生きている限り年金が支給されます。その意味で、給付期間が不確定です。「確定」と「有期」は、年金の給付期間をあらかじめ決めるという点で共通しています。しかし、有期は、給付期間の途中で、被保険者が死亡した場合には、そこで年金の給付が終わります。一方、確定では、給付期間の途中で被保険者が死亡しても、給付期間中は、年金の支給が継続します。「夫婦」は、夫婦の片方が死亡した場合に、残った方が引き続いて年金を受給できるというものです。

変額年金のようなものもある

個人年金は、契約時点で年金額が決められている（定額年金）のが一般的である。しかし、年金額が、あらかじめ決められておらず変動するタイプもある。

たとえば、一定期間ごとに予定利率が見直される利率変動型年金や、投資信託で保険料を運用し、その実績によって年金額が決まる変額（投資）型年金が、このタイプの商品である。このタイプの商品は、運用の実績が悪化した場合などに、支給される年金総額が、払い込んだ保険料を下回る可能性がある。保険会社は、こうしたリスクを軽減させるために保証をつけている。

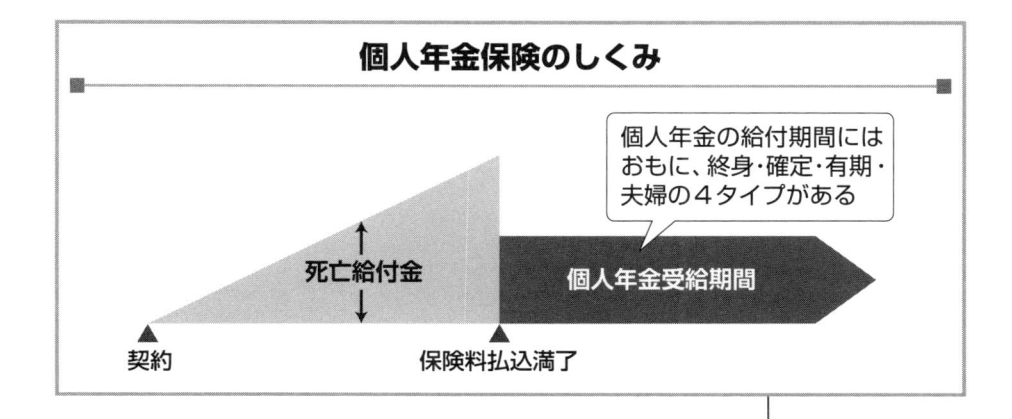

個人年金保険のしくみ

死亡給付金

個人年金受給期間

個人年金の給付期間には
おもに、終身・確定・有期・
夫婦の４タイプがある

契約　　　　　　　　保険料払込満了

■ 支給期間について

　ここでは、終身年金、確定年金、有期年金の３種類の個人年金につき、70歳から支給される個人年金を例に説明します。

　確定年金と有期年金の給付期間はどちらも「10年」とし、まず、被保険者が82歳で死亡した場合で考えてみましょう。確定年金と有期年金では、どちらも支給期間は80歳までの10年間です。一方、終身年金であれば死亡までの12年間年金を受け取れます。

　次に、被保険者が73歳で死亡した場合はどうでしょうか。この場合、確定年金では、死亡後も７年間は遺族が年金を受け取れます。一方、終身年金と有期年金では、死亡した時点で年金の支給が終わります。つまり、終身年金と有期年金では、被保険者が、早く死亡してしまった場合に、年金受給総額が減り、損をする可能性があります。

　このようなリスクに備えるために、保証期間を設定できます。

　先ほどの例で、終身年金や有期年金に５年の保証期間を設定すれば、被保険者が73歳で死亡したとしても、残りの２年間、遺族は年金を受け取れるというメリットがあります。なお、有期年金について、保証期間をもともとの支給期間と同じに設定することも可能です。この場合、実質的に確定年金と同じ商品になります。

Column

ねんきん定期便の見方

　自分の年金記録を確認する上で役立つのが、年金加入記録が記載されたねんきん定期便や、支払額が記載された年金振込通知書、年金額改定通知書などです。

　ねんきん定期便とは、自身の年金記録を定期的に確認し、年金に対する理解を促すことを目的に、国民年金および厚生年金保険に加入中の人を対象に毎年誕生月に送付されます。おもな記載内容はこれまでの年金加入期間・具体的な年金加入履歴・受給できる年金額の見込額などです。年金受給において節目となる年齢の35、45、59歳の者には封書、それ以外の年齢の場合はハガキで送付が行われます。封書での送付の場合、通知された内容に間違いがあった場合に送付する年金加入記録回答票が同封されています。一方、ハガキでの送付の場合、50歳を境として記載内容が若干異なります。

　ねんきん定期便は、国民年金・厚生年金保険の加入者に送付されます。60歳〜70歳の会社就労者で、厚生年金の保険料を納めている人にも送付されます。

　ねんきん定期便を確認する際には、住所・氏名・受給見込み額・保険料納付状況などを確認します。なお、ねんきん定期便には「最近の月別状況」という直近13か月の納付状況が記載されています。転職を繰り返した人は異なる保険制度への加入・脱退を繰り返している可能性があるため、加入履歴の内容を必ず確認しましょう。

　会社員で、厚生年金保険に加入している場合は、事業主が厚生年金を納付しているはずです。事業主の名称や報酬、賞与額の記載内容をチェックしましょう。給与明細を保管しておけば、金額の照らし合わせによる確認も可能です。空白期間がある場合は、将来の年金額に影響する可能性があるため、未納期間や手続きミスなどの原因を検証する必要がありますので注意が必要です。

PART 4

介護保険のしくみ

介護保険制度の全体像

事業者は、要介護・要支援の認定を受けた者にサービスを提供する

■ 介護保険とは

　介護保険制度は、被保険者が、介護を必要とする状態になったときに必要なサービスが提供される公的社会保険制度です。

　健康保険や国民健康保険などの医療保険の場合には、保険の適用のある治療を受けると、病院の窓口で保険証を提出すれば、誰でも保険の適用を受けることができます。医療保険とは、加入者が収入に応じて保険料を出し合って、病気になったりケガをしたときに、保険から医療費を支払う制度です。日本の場合は、国民全員が公的医療保険制度に加入するため、国民皆保険と言われています。

　一方、介護保険の場合、誰にでも介護サービスが提供される、というわけではありません。事業者は、市町村へ申請を行った申請者のうち、要介護・要支援の認定を受けた者に対してサービスを提供することになります。市町村（正確には介護認定審査会）に介護サービスを受ける必要がないと判断された場合、要介護・要支援の認定を受けることができず、介護保険を利用したサービスを受けることはできません。認定を受けると、介護が必要な要介護状態にある場合には要介護1〜5、要介護ほどではないが支援が必要な要支援状態にある場合には要支援1・2という区分にさらに分けられます。認定を受けた人が実際に受けることのできるサービスは、その区分によって異なりますが、大きく分けると介護給付と予防給付に分けられます。

　また、要介護・要支援に認定されずに自立と認定された場合は、市町村独自の事業サービスを受けることが可能です。

どんな相談窓口があるのか

介護サービスの利用について、市区町村に地域福祉課などの担当部署が置かれ、さまざまな相談に応じている。また、要介護・要支援状態の予防や、状態の悪化防止を目的に行う地域支援事業の一環として、地域包括支援センターを設置している。

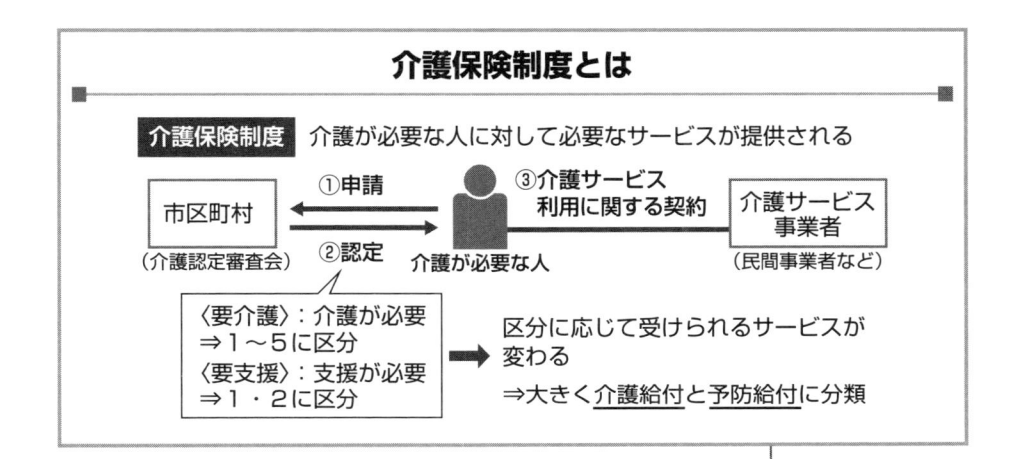

■ なぜ介護保険制度ができたのか

　日本では、高齢化が急速に進んでいます。厚生労働省の統計によると、1950年時点で5％に満たなかった65歳以上の高齢者割合が、令和5年では29.1％になっており、過去最高となっています。そして、これからさらに高齢者の割合は上昇するものと考えられています。このような社会状況において、高齢者の適切な介護を保障するため、介護保険制度ができました。

　介護保険制度は、利用者の意思決定を尊重することに目的があります。従来、介護サービスの提供においては、措置制度がとられていました。措置制度とは、利用者が介護サービスの利用を申請した場合、市区町村が必要な介護サービスの内容や施設などを判断し、その市区町村の判断通りの措置をとるという制度でした。その場合は、介護サービスの内容などについて利用者の意思がほとんど反映されない制度になっていました。

　そこで、介護保険制度では、契約制度を用いています。契約制度は、利用者が介護サービスを受ける際に、自ら事業者と契約を締結するという制度です。そのため、利用者の意思が十分に反映されます。また、介護保険制度は、介護サービス事業者として民間企業による運営を認め、競争原理も働いています。

介護保険制度が創設されるまで

介護保険制度が創設される前までは、家族で高齢者の介護を行うという家庭が多くあった。しかし、女性の社会進出や親の共働きの増加、核家族化など社会のあり方が大きく変化し、高齢者の介護を担う家族がいなくなるという状態が生じるようになり、介護保険制度の創設が必要になった。

日本の高齢化の進展

高齢社会白書によると、2070年には約2.6人に1人が65歳以上、約4人に1人が75歳以上になると推計されている。

介護保険の保険者と被保険者

第1号被保険者と第2号被保険者の特徴を知る

■ 保険者とは

介護保険の保険者とは、介護保険サービスを提供する主体のことです。介護保険の保険者は、市町村（東京都の場合は特別区）です。介護保険サービスは、公的費用により運営されているため、財政を管理する市区町村が、あわせてサービスを提供する主体にもなっているということです。実際に介護保険サービスを利用する人にとって、比較的アクセスが容易であることからも、地域に根付いた市区町村が、保険者としての役割を担っているともいえます。

市区町村は、保険者として以下のような業務を行っています。

・被保険者に関する介護保険を受給する資格などについての管理

・要介護・要支援認定の判定

・介護保険給付の支給

・市区町村介護保険事業計画の設定

また、介護保険料の金額を設定し、実際に保険料を被保険者から徴収する業務に関しても、市区町村が行います。

介護保険を利用する人にとって、市区町村が、保険者であることは、アクセスの面ではメリットが大きいといえます。しかし、市町村は地域によって規模もさまざまであるため、人員の確保や財政的事情が厳しい市区町村の場合には、必要十分な介護保険サービスの運営が難しくなるおそれがあるというデメリットがあります。そこで、特に介護保険制度を運営することが困難な市区町村については、要介護認定の判定業務などについて、都道府県に委託することが認められています。

市区町村が保険者である理由

介護保険サービスの利用者が求めるサービスの内容は地域に応じて差がある。そのため、その地域の住民に最も身近な行政主体である市区町村が、一体的に介護保険サービスの提供を担うことが望ましいと考えられた。

第1号被保険者と第2号被保険者の特色

	第1号被保険者	第2号被保険者
対象者	65歳以上の人	40〜64歳の医療保険加入者とその被扶養者
介護保険サービスを利用できる人	要介護・要支援認定を受けた人	特定疾病によって要介護・要支援状態になった人
保険料を徴収する機関	市区町村	医療保険者
保険料の納付方法	年金額が18万円以上：特別徴収18万円未満：普通徴収	介護保険料を上乗せされた状態で医療保険に納付
保険料の金額の定め方	所得段階で分けられた定額保険料（市区町村が設定）	〈各医療保険〉標準報酬月額×介護保険料率〈国民健康保険〉所得割・均等割など前年の所得に応じて算出

　介護保険制度においては、確実に保険料を徴収することが、制度を根底から支える前提になっています。そこで、保険料の徴収事務についても、市区町村の負担を軽減する制度が設けられています。まず、後述の第1号被保険者の保険料について、被保険者に対して、保険料の支払いを直接的に求めるのではなく、日本年金機構などの年金保険者が、老齢年金の額から介護保険料に相当する金額を天引きするという方法を用いることができます。また、第2号被保険者についても、その被保険者が、たとえば国民健康保険の被保険者である場合には、市区町村が国民健康保険の医療保険者として、医療保険料と一体で介護保険料の納付を求めることが可能です。

■ 被保険者とは

　介護保険の被保険者とは、介護保険料を支払い、介護サービスを利用することができる人のことです。介護保険法は、被保

他の市区町村から転入した者

他の市区町村から転入して、介護保険施設などに入所する者については、住所変更前の市区町村が保険者になる点に注意が必要である。これを介護保険の住所地特例という。

険者について、第1号被保険者と第2号被保険者に分類しています。いずれの被保険者であっても、被保険者が実際に介護保険のサービスを受けるには、要介護・要支援の認定を受けなければなりません。

① 第1号被保険者

第1号被保険者とは、保険者である市区町村に住所を持つ65歳以上の人を指します。介護保険の保険者は市区町村ですから、65歳になった人は自分の住んでいる市区町村の第1号被保険者となります。生活保護を受給している65歳以上の人の場合には、生活扶助として、介護保険料相当分が上乗せして支給され、介護保険サービスを利用することが可能です。実際に介護保険サービスを利用した場合には、利用者負担額分について介護扶助費が支給されます。

② 第2号被保険者

第2号被保険者とは、保険者である市区町村に住所を持つ40〜64歳で、医療保険に加入している人とその被扶養者になります。医療保険に加入している人やその被扶養者が40歳になると、自分の住んでいる市区町村の第2号被保険者となります。医療保険加入者であることが要件であるため、生活保護受給者は第2号被保険者になることはできません。この場合、生活保護における介護扶助として、介護保険サービスを受けることが可能になります。

また、第2号被保険者で介護保険の給付を受ける場合にも、第1号被保険者と同様、要支援・要介護の認定を受けてはじめて給付を受けることができます。しかし、第1号被保険者とは異なり、加齢に伴って生じる心身の変化が原因である一定の疾病（特定疾病）により、要介護・要支援状態になった人に限って、介護保険サービスの利用が可能になります。特定疾病には16種類の疾病があります。たとえば、末期ガン、初老期に発症する認知症、関節リウマチなどです。

被保険者が負担する保険料の金額についても、通常、第1号被保険者の場合と異なるため注意が必要です。第1号被保険者の場合、保険料の算定を行うのは市区町村ですので、被保険者が住んでいる市区町村によって金額が異なります。これに対して、第2号被保険者の保険料については、市区町村によって差はありません。第2号被保険者が負担すべき保険料の総額を第2号被保険者の総数で割ることで、全国ベースの保険料が算出されるからです。その保険料は各医療保険者が医療保険料と同時に徴収し、社会保険診療報酬支払基金に納付します。そこから市区町村へ交付されるしくみになっています。

■ 介護保険が適用されない人もいる

介護保険制度では、40歳〜64歳までの医療保険に加入している人や65歳以上の人は、特別な手続をしなくても自動的に住所地の保険者に加入することになっています。しかし、中には法令により、この条件に該当していても介護保険の適用を受けないとされている人がいます。障害者総合支援法に規定されている指定障害者支援施設に入所している障害者や「適用除外施設」に入所している人です。これらの施設に入所している場合、居宅での介護を支援することを目的としている介護保険のサービスを利用する機会はあまりありません。また、それぞれの施設では生活援助など必要なサービスを提供していることが多いため、適用除外という扱いになっています。具体的には次のような施設が適用除外施設とされています。

① 重度の知的障害や重度の肢体不自由が重複している児童を入所させる医療型障害児入所施設
② 独立行政法人国立重度知的障害者総合施設のぞみの園法の規定により設置される施設
③ 国立ハンセン病療養所
④ 生活保護法に定める救護施設　など

介護保険制度の改正

約3年ごとに制度が見直されている

高齢化率（65歳以上の人口の割合）が7％を超えた社会を高齢化社会、14％を超えた社会を高齢社会、21％を超えた社会を超高齢社会という。日本の高齢化率は約30％なので、超高齢社会に当てはまる。

■ なぜ制度の見直しをするのか

　介護保険の利用者は、基本的に必要と思われるサービスを自ら選択することができます。そのため、介護保険において利用者のニーズは重要な要素といえます。現在、深刻な超高齢社会を迎えている我が国において、介護施設に長期間滞在する利用者が増加しています。一方、介護サービスにより必要なケアを受けながらも、住み慣れた地域で可能な限り生活を続けたいと考える利用者も少なくありません。

　このように、高齢者が置かれている社会的状況や、利用者のニーズの動向に合わせて、利用者の長期療養に備えた制度を設計したり、地域全体で利用者を支えるしくみを整備する必要があります。そのため、介護保険制度は、必要に応じて定期的に見直すこと（法改正など）が不可欠です。

　また、介護サービス事業者が、実際には介護サービスを提供していないにもかかわらず、介護報酬を請求するなど、不正を働くことも少なくありません。そのため、定期的に介護保険制度を見直すことで、介護サービス事業者に対する適切な規制を可能にし、不正を防止するという役割も期待できます。

■ 3年ごとに制度の見直しをする

　介護保険制度は平成12年から導入され、介護保険法附則には、制度の開始から5年をめどに、制度の必要な見直しを実施するとの規定がありました。この規定を受けて、平成18年に地域密着型サービスの導入などを含む大幅な法改正が行われました。

介護保険制度の見直し

介護保険制度 | 利用者のニーズや介護サービス事業者の不正防止など必要に応じて、制度の見直しが必要になる

★2006年以降は、約3年ごとに制度の見直しが行われている

∵ 市町村介護保険事業計画の見直し（3年ごと）に対応しているため

⇒3年ごとに区切ると、2024年〜2027年は「第9期」にあたる

介護報酬 ⇒ 介護保険制度の定期的な見直しと同様に、定期的に改定され、介護報酬の引上げ・引下げが行われる

現在では、約3年ごとに制度の見直しが実施されています。介護保険の保険者である市町村は市町村介護保険事業計画を策定します。この市町村介護保険事業計画の見直しが3年ごとに行われるため、それにあわせて介護保険制度も見直しが行われているのです。

介護保険制度が開始された平成12年から3年ごとに区切ると、令和6年（2024年）から令和9年（2027年）は第9期に該当します。この第9期に向けた制度の見直しにあわせて、令和6年施行の介護保険法改正では、地域包括支援センターの体制整備等、介護サービス事業者に対する財務諸表等の報告の義務付け（財務諸表等の見える化）などの改正が行われました。

■ 介護報酬も定期的に改定される

介護保険制度の定期的な見直しと同様に、介護報酬も定期的に改定されます。介護報酬は介護サービスごとに決定されますが、1単位10円（原則）として決定される介護サービスの価格は、利用者の利用頻度やサービス内容と、実際に介護サービスを提供する事業者の人員の確保など、状況の変化に応じて、当初定めていた価格が実情に見合わなくなることも少なくありません。そこで、介護サービスの利用者の総数や、介護サービス

保険者

保険に関する事業を運営する主体（運営主体）のこと。介護保険の運営主体は市町村であり、市町村が介護保険の保険者と位置付けられている。

を提供する事業者の総数などを考慮し、現在の介護報酬では不均衡が生じる場合は、定期的に介護報酬の引上げや引下げが行われています。

■ どんな改正が行われたのか

今回の改正（令和6年度介護報酬改定、令和5年介護保険法改正）のポイントとしては、まず、認知症の対応力向上や質の高い公正中立なケアマネジメントなど、地域の実情に応じた柔軟かつ効率的な取組みを推進する「地域包括ケアシステムの深化・推進」が挙げられます。また、多職種連携やLIFEを活用した質の高い介護など、データの活用等を推進する「自立支援・重度化防止に向けた対応」もポイントのひとつです。

さらに、介護職員の処遇改善や生産性の向上等を通じた働きやすい職場環境づくり等を推進する「良質な介護サービスの効率的な提供に向けた働きやすい職場づくり」、すべての世代にとって安心できる制度を構築するための「制度の安定性・持続可能性の確保」もポイントとして挙げられます。

その他には、通所系サービスにおける送迎に係る取扱いの明確化や、基準費用額（居住費）の見直し等も挙げることができます（一部を除き令和6年4月より施行）。

■ 財務状況の公表を義務化

すべての介護サービス事業者を対象として、財務状況の公表が義務付けられることになりました。

また、介護サービス事業者の経営情報の調査および分析等を目的として、毎会計年度終了後に、経営情報を都道府県知事に報告することが義務付けられました。都道府県知事は、報告を受けた経営情報の調査・分析を行い、厚生労働大臣に報告を行います。厚生労働大臣は、収集したデータベースの整備を行い、国民にグルーピングした経営情報の分析結果を公表します。

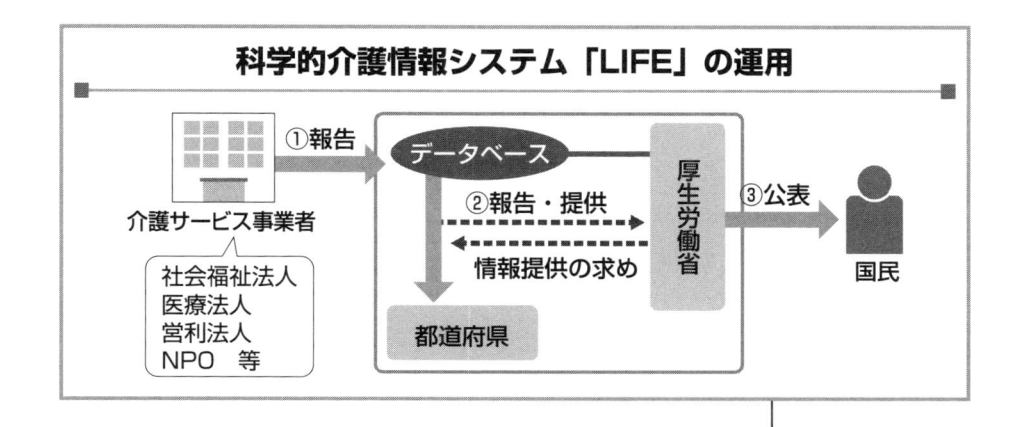

科学的介護情報システム「LIFE」の運用

介護サービス事業者
- 社会福祉法人
- 医療法人
- 営利法人
- NPO　等

①報告

データベース

②報告・提供

情報提供の求め

都道府県

厚生労働省

③公表

国民

■ 科学的介護情報システム「LIFE」の推進

　LIFEを活用した科学的介護を推進し、質の高い情報の収集と分析を行うためのLIFE導入事業所における入力負担の軽減の観点から、科学的介護推進体制加算が見直されました。具体的には、LIFEへのデータ提出頻度について、他のLIFE関連加算とあわせて、少なくとも「6月（6か月）に1回」から「3月（3か月）に1回」に見直されました。その他、入力項目の定義の明確化や他の加算と共通する項目の選択肢の統一化の他、同じ利用者に複数の加算を算定する場合にデータ提出のタイミングを統一できるようになります。また、アウトカム評価の充実のための加算等の見直しも行われました。

■ 特定施設入居者生活介護等の人員基準の緩和

　介護サービスの質の確保および職員の負担軽減のために、テクノロジーの活用等を行い、生産性の向上に先進的に取り組んでいる特定施設について、人員配置基準の特例的な柔軟化が行われました。現行では、特定施設ごとに配置すべき看護職員および介護職員の合計数について、常勤換算方法で、要介護者である利用者数が3名（要支援者の場合は10名）またはその端数を増すごとに看護職員および介護職員の合計数が1名以上であ

> **アウトカム評価**
>
> 在宅復帰など、サービスによりもたらされた利用者の状態変化等の結果のこと。

ることが求められていますが、一定の要件を満たす場合は、看護職員および介護職員の合計数が「0.9名以上」に緩和されるという特例的な基準が新設されました。一定の要件とは、①利用者の安全並びに介護サービスの質の確保および職員の負担軽減に資する方策を検討するための委員会において必要な安全対策を検討していること、②見守り機器等のテクノロジーを複数活用していること、③職員間の適切な役割分担の取組み等をしていること、④これらの取組みにより介護サービスの質の確保および職員の負担軽減が行われていることがデータにより確認されること、を満たしている場合になります。

■ 地域包括支援センターの業務体制の整備

　地域住民の複雑かつ複合化したニーズへの対応や、認知症の高齢者を抱える家族への支援の充実など、地域の拠点である地域包括支援センターの業務は増えており、地域住民からの期待も大きいことから、地域包括支援センターの業務体制の整備が求められていました。そこで、最も業務負担が大きいとされている総合相談支援業務について、業務の一部を居宅介護支援事業所（ケアマネ事業所）に委託することが可能になりました。

■ 居宅介護支援事業所も介護予防支援が可能になった

　要支援者に対する介護予防支援の業務についても、居宅介護支援事業所が市町村から指定を受けて、介護予防支援の業務を行うことができるようになりました。

■ 処遇改善加算の一本化

　介護職員等の人材確保のため、介護職員の処遇改善の措置が多くの介護事業所で活用されることを目的として、3種類ある処遇改善加算（介護職員処遇改善加算、介護職員等特定処遇改善加算、介護職員等ベースアップ等支援加算）が一本化されました。

介護職員等に関する処遇改善加算の一本化

介護職員処遇改善加算(I) 13.7%
介護職員処遇改善加算(II) 10.0%
介護職員処遇改善加算(III) 5.5%

介護職員等特定処遇改善加算(I) 6.3%
介護職員等特定処遇改善加算(II) 4.2%

介護職員等ベースアップ等支援加算 2.4%

一本化 →

新設（4段階）

介護職員等処遇改善加算(I) 24.5%
介護職員等処遇改善加算(II) 22.4%
介護職員等処遇改善加算(III) 18.2%
介護職員等処遇改善加算(IV) 14.5%

※加算率は訪問介護の場合

一本化後の新たな処遇改善加算は「介護職員等処遇改善加算」という名称となり、改定前の各加算・各区分の要件および加算率を組み合わせた4段階の加算率になります。

■ 家族支援の強化

居宅介護支援における特定事業所加算の算定要件に、「ヤングケアラー、障害者、生活困窮者、難病患者等、他制度に関する知識等に関する事例検討会、研修等に参加していること」が追加されることになりました。居宅介護サービスの提供において、要介護者・要支援者だけではなく、その家族に対する支援の強化が行われます。

> **ヤングケアラー**
> 本来大人が担うと想定されている家事や家族の世話などを日常的に行っている子どものこと。責任や負担の重さにより、学業や友人関係などに影響が出てしまうことがある。

■ 老健等の多床室の室料負担の導入

介護老人保健施設、介護医療院の多床室の入所者について、新たに室料負担（月額8000円相当額）が導入されます。対象者は、「その他型」および「療養型」の介護老人保健施設の多床室と、「II型」の介護医療院の多床室の利用者です。なお、短期入所療養介護を提供している場合は、その場合の多床室利用も対象（介護予防サービスも含む）となります（令和7年8月より施行）。

介護保険のサービスを受けるための手続き

要介護認定を受けることとケアプランの作成が必要

■ どのような流れで手続きをするのか

　介護サービスの利用を希望する人がとらなければならない、おもな手続きとして、①介護認定を受けること、②ケアプランを作成すること、という2つの手続きが挙げられます。

① 介護認定

　介護保険サービスは、要介護者あるいは要支援者を対象に行われます。そのため、介護保険サービスの利用を希望する場合には、まず、要介護者あるいは要支援者の認定（介護認定）を受けなければなりません。介護認定は、利用希望者が介護保険サービスを受ける必要性があるのか否かを判断する基準として用いられるため、介護認定を受けることができない場合は、原則として介護保険サービスの対象者から外されることになります。

② ケアプランの作成

　介護保険サービスの利用希望者が、介護認定（要介護認定あるいは要支援認定）を受けると、介護サービス提供事業者との間で、介護保険サービスに関する契約を締結します。そして、実際にサービスが提供される段階では、限られた財源の中で、効率的にサービスを提供するため、ケアプラン（居宅サービス計画、施設サービス計画、介護予防サービス計画）に基づいてサービスの提供が行われます。

　居宅介護サービスを受ける場合、利用者自身がケアプランを作成することも可能です。しかし、利用者がケアプランの作成を怠った場合や、作成していても市区町村に届け出ていない場合には、介護サービス費の支給を受けることができないおそれ

介護保険サービスを受けるために必要な手続き

【介護保険サービスを利用するためのおもな手続き】

① 介護認定 ：市区町村に対して介護認定の申請を行う
⇒要介護・要支援の認定を受けなければ、介護保険サービスの対象から外れる

② ケアプランの作成 ：実際の介護保険サービスはケアプランに基づいて
提供される

※利用者自身でケアプランを作成することも可能
⇒自分に必要な介護保険サービスの内容や届出など、必要な手続きが
複雑であるため、ケアマネジャーに作成を依頼することが多い

があります。つまり、介護サービスに必要な費用が、全額自己負担になる可能性があります。そこで、ケアプランの作成についても、専門のケアマネジャーに任せた方が安心といえます。

実際に、介護保険サービスの中で、ケアプランの作成は、居宅介護支援として、サービスの一環として位置付けられています。そのため、通常は専門のケアマネジャーが、利用希望者の心身の状況や、利用者・家族の希望などを考慮した上で、ケアプランを作成し、その他必要な手続きを行います。

■ 認定を受ける前でもサービスは受けられるのか

原則として、介護認定後でなければ、介護サービスを利用することはできません。しかし、サービスを受ける必要があるにもかかわらず、認定までの間に相応の時間を要する場合は、介護認定の申請を行った後、暫定ケアプランを作成することで、介護保険サービスの利用が認められることがあります。また、心身の状況の変化などのため、緊急にサービスを受ける必要性がある場合には、申請前であっても介護保険サービスの利用が認められることもあります。しかし、いずれの場合も、後に要介護・要支援認定を受けることができなかった場合には、サービスにかかった費用が全額自己負担になりますので、注意が必要です。

要介護認定

保険給付を受けるためには要介護認定が必要となる

■ 要介護認定の申請をする

介護保険制度でサービスを受けるためには、まず要介護認定を受けなければなりません。要介護認定においては、介護サービスの利用希望者が、①本当に介護が必要な状態か否か、②現在の心身の状態はどの程度であるのかについて、区分けが図られます。要介護認定を受けることを希望する人は、介護保険要介護・要支援認定申請書に、介護保険の被保険者証などの必要書類を添付して、市区町村の窓口で申請を行います。

なお、介護保険サービスの利用に関して、地域包括支援センターや、居宅介護支援事業者や介護保険施設に、介護保険サービスの利用に関するアドバイスを受けることができます。

申請書を提出した後、訪問調査などにより要介護状態であるか、もしくは要支援状態であるかの認定が行われ、実際に介護保険のサービスを利用することになります。

要介護認定に要する期間は、申請から原則30日以内で、市町村が最終的に要介護認定を行います。

■ 要介護と要支援がある

介護保険の給付を受けるための認定基準となる要支援・要介護とはどのような状態を指すのでしょうか。

要支援者とは、要支援状態にある人で、要介護状態にある人が要介護者です。要支援状態とは、社会的支援を必要とする状態を指します。具体的には、日常生活を送る上で必要となる基本的な動作をとるときに、見守りや手助けなどを必要とする状

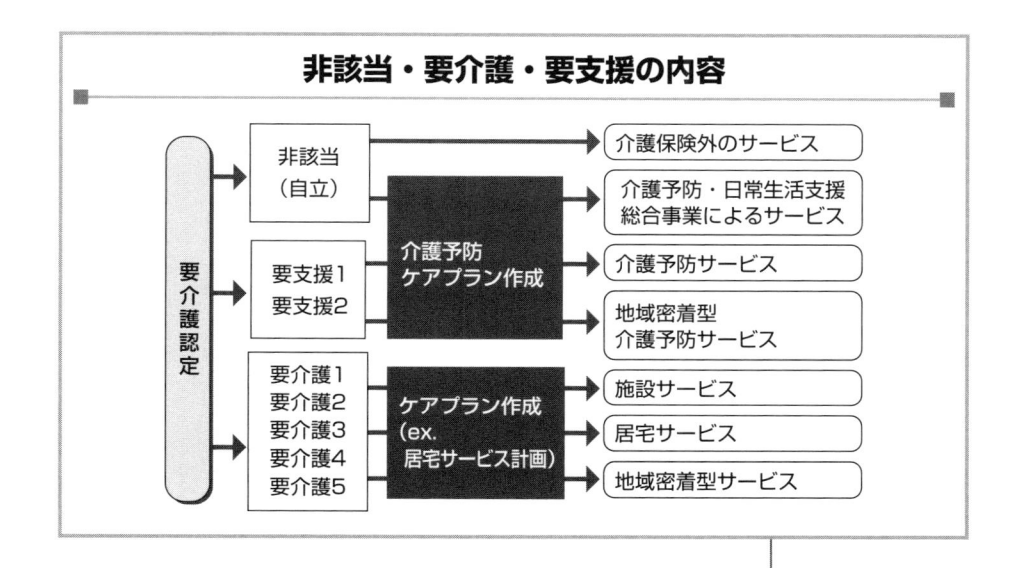

非該当・要介護・要支援の内容

- 非該当（自立） → 介護保険外のサービス
- 介護予防ケアプラン作成 → 介護予防・日常生活支援総合事業によるサービス
- 要支援1／要支援2 → 介護予防ケアプラン作成 → 介護予防サービス／地域密着型介護予防サービス
- 要介護1／要介護2／要介護3／要介護4／要介護5 → ケアプラン作成（ex. 居宅サービス計画）→ 施設サービス／居宅サービス／地域密着型サービス

態です。日常生活を送る上で必要となる基本的な動作とは、食事や排せつ、入浴などです。要支援と認定された場合、日常生活で手助けが必要となる状態を減らすため、また悪化することを防ぐために支援が必要である、と判断されたことになります。こうした手助けが、身体上あるいは精神上の障害によって生じている場合は、介護保険サービスの対象者となります。

　要支援者は、要支援状態の度合いによって、要支援1と要支援2に分類されます。

　一方、要介護状態とは、日常生活を送る上で必要となる基本的な動作をとるときに介護を必要とする状態です。心身上の障害によって、こうした手助けが必要な場合が対象とされています。要介護の場合には、介護が必要な状態の程度によって、「要介護1」から「要介護5」までの5段階に分かれています。

■ 要介護認定の判定基準

　要介護認定には、1次判定と2次判定があります。

　1次判定では、調査票などをもとに、コンピュータが判定し

要介護認定をする目的

要介護認定をする目的は、保険者が利用者について、介護が必要な程度を把握するためである。つまり、介護認定を受けることにより、利用者に必要な量や適切な種類の介護保険サービスを提供することができるようになる。

ます。調査票とは、市区町村の担当者が申請者宅を訪問し、聞き取り調査を記載した書面です。1次判定の具体的な流れは、調査票などから、介護にかかる時間の度合いを算定します。これを要介護認定等基準時間といいます。1次判定は、この要介護認定等基準時間と認知症の状態を基準に要介護度を判定します。ここでの判定はあくまでコンピュータによる仮判定です。

2次判定では、1次判定の結果や主治医からの意見書などに基づいて、介護認定審査会が2次判定を行います。介護認定審査会は、市区町村に設置されており、メンバーは、医療・福祉・保健分野の学識や専門知識を有した者が5名程度選ばれます。2次判定では、統計的・数量的なデータで判断された1次判定を変更することも可能です。変更できるといっても、調査票の特記事項や主治医の意見書に記載されている特有の介護の手間を根拠とすることが必要です。

■ 要介護認定等基準時間を算定する

要介護度・要支援度別の要介護認定等基準時間は次ページ図のようになっています。

要介護認定の1次判定で要介護状態にあると判定されなかった場合でも、1日の中で要介護認定等基準時間が25 〜 32分未満（または32 〜 50分未満）、もしくはこれに相当すると認められる状態の申請者は、1次判定で要支援1または2にあると判定されます。

こうした介護や手助けに必要となる時間は、要介護認定等基準時間と呼ばれ、1次判定で推計されます。要介護認定等基準時間はコンピュータで推計されたものですが、実際に介護サービスを受けられる時間ではありません。

この要介護認定等基準時間として計算される内容には、①直接生活介助、②間接生活介助、③ BPSD関連行為（認知症の行動・心理症状）、④機能訓練関連行為、⑤医療関連行為の5つがあります。

要支援・要介護状態

	要介護認定等基準時間
要支援1	25〜32分未満の状態　25〜32分未満に相当すると認められる状態
要支援2	32〜50分未満の状態　32〜50分未満に相当すると認められる状態
要介護1	32〜50分未満の状態　32〜50分未満に相当すると認められる状態 要支援2に比べ認知症の症状が重いために排せつや清潔保持、衣服の着脱といった行為の一部に介助が必要とされる
要介護2	50〜70分未満の状態　50〜70分未満に相当すると認められる状態 1日に1、2回は介護サービスが必要となる状態
要介護3	70〜90分未満の状態　70〜90分未満に相当すると認められる状態 1日に2回の介護サービスが必要になる程度の要介護状態
要介護4	90〜110分未満の状態　90〜110分未満に相当すると認められる状態 1日に2、3回の介護サービスが必要となる程度の要介護状態
要介護5	110分以上ある状態　110分以上に相当すると認められる状態 日常生活を送る上で必要な能力が全般的に著しく低下しており、 1日に3、4回の介護サービスを受ける必要がある状態

※要介護認定等基準時間は、1日あたりに提供される介護サービス時間の合計がモデルとなっています。基準時間は1分間タイムスタディと呼ばれる方法で算出された時間をベースとしています。1分間タイムスタディとは、実際の介護福祉施設の職員と要介護者を48時間にわたって調査し、サービスの内容と提供にかかった時間を1分刻みに記録したデータを推計したものです。

　直接生活介助とは、入浴や排せつ、食事の介護などで、身体に直接ふれて行うものです。

　間接生活介助とは、衣服の洗濯や日用品の整理を行うといった日常生活を送る上で必要とされる世話のことです。

　BPSD関連行為とは、認知症の行動・心理症状について行われるものです。徘徊に対しては探索を行い、不潔行動に対しては後始末をするといった対応をすることになります。

　機能訓練関連行為とは、身体機能の訓練やその補助のことで、たとえば嚥下訓練（飲み込む訓練）の実施や歩行訓練の補助が挙げられます。

　医療関連行為とは、呼吸管理や褥瘡処置（床ずれへの処置）の実施といった診療の補助を行うことです。

BPSD関連行為

行動症状とは、暴力や暴言、徘徊や不潔行動といった行為のことで、心理症状とは、抑うつ症状や不安、幻覚や睡眠障害といった症状のことをいう。

ケアプランの作成

■ ケアプランとは

ケアプランとは、要支援者・要介護者の心身の状況や生活環境などをもとに、利用する介護保険サービスの内容などについて作成された計画のことです。介護保険サービスの内容以外にも、利用者家族の意向や心身状況などの総合的な援助方針、生活をする上での課題なども記載されます。

ケアプランの原案の作成後、サービスを行う事業者や家族が集まって行われるサービス担当者会議を経てケアプランが決定されます。ケアプランは、たとえば月曜日の15時〜16時に訪問介護のサービスを受ける、というように1週間単位でスケジュールが組まれます。サービスの種類と提供を受ける日時については、1週間単位ですが、実際に要介護者や要支援者の行動予定を考える際に基準となる時間については、1日24時間単位で考えます。

ケアプランは介護保険サービスが利用者のニーズと合わない場合や介護の状況に変化が生じた場合など、必要に応じて見直しが行われます。

また、ケアプランは自分で作成することもできますが、介護保険サービス提供事業者との調整や介護保険制度の複雑さからすると、外部のケアマネジャーに作成を依頼する方がよいでしょう。その際にも、ケアプラン作成にかかる費用は介護保険から給付されるため無料で依頼することが可能です。

■ ケアプランに記載されていないサービスを提供できるのか

ケアプランが事前に立てた計画であることをふまえると、緊急

暫定ケアプランの作成

介護保険は申請から認定まで原則として30日の期間がかかるため、認定より前の期間でも介護保険の利用に支障が生じないように、要介護度を予想して一時的に利用するケアプランを作成する。

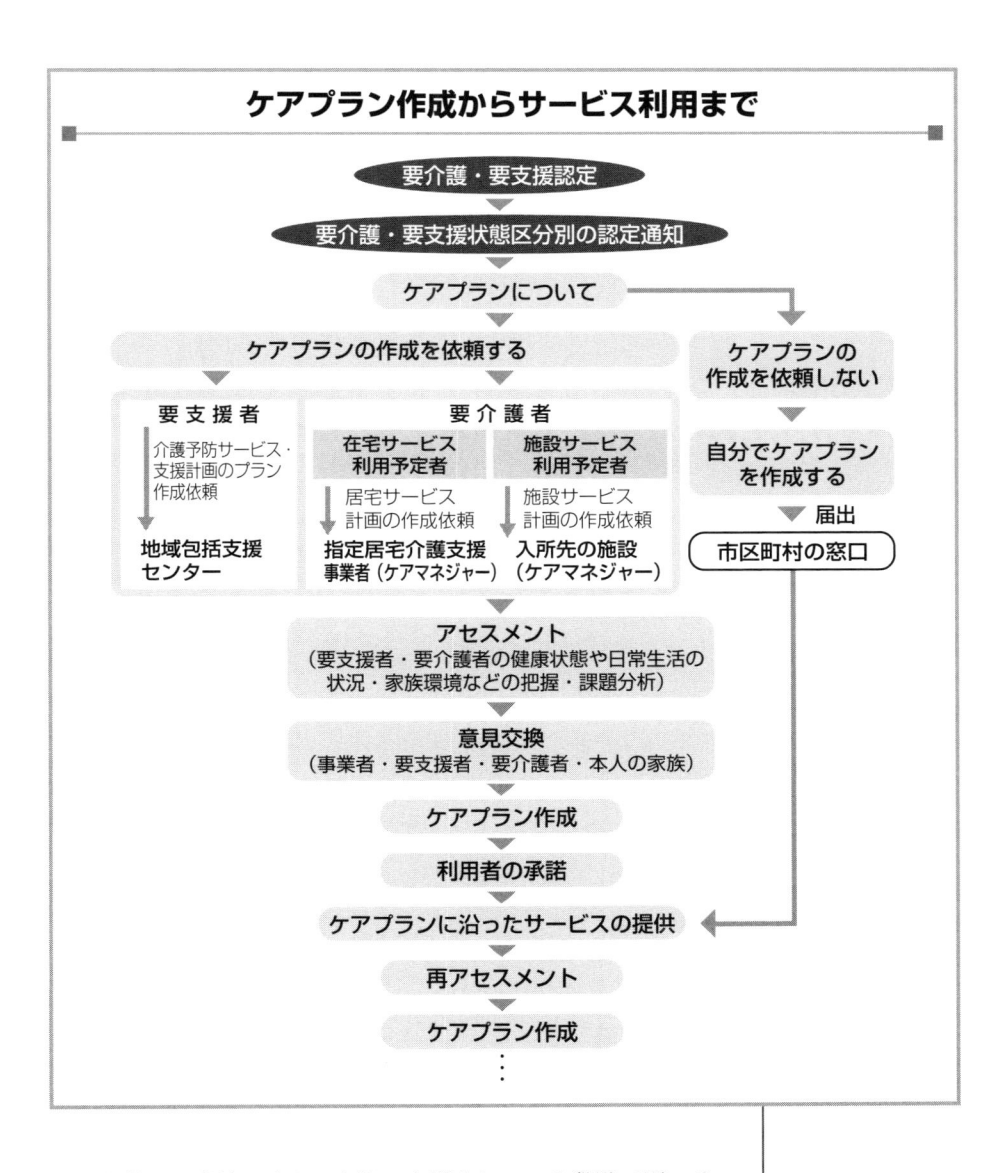

ケアプラン作成からサービス利用まで

要介護・要支援認定

要介護・要支援状態区分別の認定通知

ケアプランについて

ケアプランの作成を依頼する

要支援者	要介護者	
介護予防サービス・支援計画のプラン作成依頼	**在宅サービス利用予定者**	**施設サービス利用予定者**
	居宅サービス計画の作成依頼	施設サービス計画の作成依頼
地域包括支援センター	指定居宅介護支援事業者（ケアマネジャー）	入所先の施設（ケアマネジャー）

ケアプランの作成を依頼しない

自分でケアプランを作成する

届出

市区町村の窓口

アセスメント
（要支援者・要介護者の健康状態や日常生活の状況・家族環境などの把握・課題分析）

意見交換
（事業者・要支援者・要介護者・本人の家族）

ケアプラン作成

利用者の承諾

ケアプランに沿ったサービスの提供

再アセスメント

ケアプラン作成
⋮

　やむを得ない事情が生じ、実際に介護をしている段階で別のサービスの提供が必要になることがあるため、ケアプランで記載しなかったサービスを提供することは可能です。ただし、そのサービスを利用したことにより、区分支給限度額（184ページ）を超えた場合、超えた分は全額自己負担になるため注意が必要です。

利用者の負担する費用

安定した運用のためには利用者自身が利用料を負担することも必要

■ 利用者はどのくらいの費用を負担するのか

介護保険制度を運用するための費用は、利用者となりうる被保険者と市区町村、都道府県、国が負担しています。具体的には、費用の50％を市区町村や都道府県、国からの税金、残り50％を被保険者からの保険料でまかなうことになります。

■ 区分支給限度額とは

介護保険は無限に利用できるのではなく、認定の度合いによって給付額の上限が定められています。このように、介護保険で利用できるサービスの費用の上限を区分ごとに定めたものを区分支給限度基準額といいます。区分支給限度基準額は、利用者の要介護状態に応じて月額で金額が定められています。

そのため、多くの利用者は区分支給限度基準額の範囲で、介護保険サービスを利用するケースが多いといえます。区分支給限度基準額内で在宅サービスを利用した場合、利用者の本人負担割合はサービスの費用の１割ですが（所得の状況により、２割、３割負担となる場合もある）、区分支給限度基準額を超えて利用した場合には、その超えた金額は全額自己負担となります。在宅サービスの区分支給限度基準額については、次ページ図を参照してください。

■ 高額介護サービス費とは

在宅サービスの利用料の自己負担額が高額になった場合や、施設サービスでの自己負担額が高額になった場合には、高額介

費用の負担に関して

税金に関しては、国が25％、都道府県が12.5％、市区町村が12.5％ずつをそれぞれ負担する。施設サービスに関しては、国が20％、都道府県が17.5％、市区町村が12.5％を負担することになる。

区分支給限度基準額

在宅サービスを受ける場合に設定されているもので、施設サービスの場合には設定されていない。

在宅サービスの利用料の自己負担額・目安

要介護（支援）状態区分	支給限度額	利用者負担限度額（1割）	利用者負担限度額（2割）	利用者負担限度額（3割）
要支援1	50,320円	5,032円	10,064円	15,096円
要支援2	105,310円	10,531円	21,062円	31,593円
要介護1	167,650円	16,765円	33,530円	50,295円
要介護2	197,050円	19,705円	39,410円	59,115円
要介護3	270,480円	27,048円	54,096円	81,144円
要介護4	309,380円	30,938円	61,876円	92,814円
要介護5	362,170円	36,217円	72,434円	108,651円

※支給限度額・利用者負担限度額の数値は、令和元年10月1日以降のものです

護サービス費として、市区町村から払戻しを受けることができます。高額介護サービス費が設けられた目的は、介護保険サービスの利用控えを防ぐ目的もあります。というのも、介護を受ける必要が高い人は、サービスを受ければ受けるほど、自己負担額が大きくなっていきます。そのため、低所得者は特にサービス利用に対して謙抑的になりやすく、その結果、本当に介護保険サービスが必要な人に対して、必要十分なサービスが行き渡らなくなる可能性があるため、高額介護サービス費により、十分なサービスを受ける機会を保障しています。高額介護サービス費として市区町村から払戻しを受ける基準となる自己負担額の上限（月額）は、利用者の世帯の所得状況によって段階的に設定されています。

高額介護サービス費の請求
高額介護サービス費の払戻しを受けるためには、市区町村への申請が必要になる。

■ 低所得者に対する利用者負担の軽減について

　介護サービスの利用者負担は、原則として費用の1割ですが、利用者が低所得である場合には、1割部分の負担でも大きな負

担になります。そこで、おもに市区町村を中心に、低所得者を対象に、介護サービス利用者負担額の軽減措置を設けています。

① 利用者負担軽減制度

一定の要件を満たす低所得者が、介護保険サービスを利用した場合に、市区町村が利用者負担額などの一部を助成する制度です（以下は東京都の例）。

・住民税非課税世帯であること

・年間収入が150万円以下であること（単身世帯の場合）

・預貯金などの額が350万円以下であること（単身世帯の場合）

・日常生活に必要な資産以外に活用できる資産がないこと

・親族などに扶養されていないこと

・介護保険料を滞納していないこと

② 特定入所者介護サービス費

一定の低所得者について、介護保険施設の利用料における、食費と居住費の軽減が認められる制度です。次ページ図にあるように、それぞれの負担段階区分に応じて自己負担の上限が定められており、利用者はその分を支払うだけですみます。基準費用額と自己負担分の差額が特定入所者介護サービス費として軽減されます。

■ 保険料の支払滞納者にもサービスが提供されるのか

介護保険料の納付は国民の義務ですので、滞納があるとさまざまな方法で徴収が行われます。まず、滞納があると保険者である市区町村から督促状などによる請求が行われます。それでも支払われない場合は滞納保険料に延滞金が加算され、貯蓄や不動産といった財産を差し押さえられることもあります。

また、介護保険サービスを受けているにもかかわらず、介護保険料を1年以上支払っていない人に対しては、いったん介護保険サービスの利用料を全額本人に負担してもらい、申請によって保険給付分を返還するという形でサービス提供が行われ

利用者負担軽減制度

たとえば、東京都では、「生計困難者等に対する利用者負担軽減事業」として、介護保険サービスの利用者負担額に対する助成を行っている。具体的には、低所得者が、あらかじめ東京都に軽減事業所として届け出ていた介護サービス事業所を利用した場合に、利用者が負担する介護サービス費、食費、居住費に関して4分の1にあたる金額について助成を行う。

施設サービスの利用料の自己負担額・目安

	要介護1	要介護2	要介護3	要介護4	要介護5
介護老人福祉施設 （従来型個室）	589円	659円	732円	802円	871円
介護老人保健施設（Ⅰ） （従来型個室・基本型）	717円	763円	828円	883円	932円
Ⅰ型介護医療院（Ⅰ） （従来型個室）	721円	832円	1,070円	1,172円	1,263円

※ 厚生労働省「介護報酬の算定構造」（令和6年4月介護報酬改定）を基にして掲載
表中の金額は該当施設を1日利用した場合の利用者の自己負担額の目安
施設サービスの種類により、かかる費用は異なってくる

特定入所者介護サービス費が支給されるための自己負担の上限（日額）

段階	ユニット型個室	ユニット型個室的多床室	従来型個室（特養）	従来型個室（老健）	多床室（特養、老健）	食費
第1段階	820円	490円	320円	490円	0円	300円
第2段階	820円	490円	420円	490円	370円	390円 （600円）
第3段階①	1,310円	1,310円	820円	1,310円	370円	650円 （1,000円）
第3段階②	1,310円	1,310円	820円	1,310円	370円	1,360円 （1,300円）

※ （　）内は、短期入所生活介護または短期入所療養介護を利用した場合の額です

ます。これを償還払いといいます。被保険者が1年6か月以上保険料を滞納すると、今度は本来払い戻されるはずの保険給付分が滞納保険料に充当されます。

　利用者が保険料を納めることができる期間は2年ですので、2年経過するとその期間の保険料の納付は認められなくなります。この場合、未納期間に応じて自己負担が1割から3割に増加するなどの措置がとられます。なお、自己負担割合が3割の場合は、4割に増加します。

介護給付と予防給付

予防給付は介護を必要とする状態の予防を目的としている

■ 要介護の人が利用するのが介護給付

　要介護認定を受けた人は、居宅サービス、施設サービス、地域密着型サービスという介護給付を利用することができます。要介護者のケアプランはケアマネジャー（介護支援専門員）が作成します。介護給付にかかる費用のうち、原則として9割は介護保険でまかなわれますが、ホテルコストは原則として自己負担とされています。これは在宅サービスで食費などが発生した場合も同様です。施設サービスに含まれる施設（介護保険施設）には、介護老人福祉施設、介護老人保健施設、介護医療院があり、施設を利用する場合は施設サービス計画というケアプランが作成されます。

ホテルコスト
施設サービスなどを利用するときにかかる食費や光熱費といった費用のこと。

■ 介護給付におけるサービスとは

　介護給付におけるサービスは、大きく居宅サービス、地域密着型サービス、施設サービスに分類することができます。

① 居宅サービス

　居宅サービスには、利用者の自宅を職員が訪れて提供するサービスと、利用者が施設に通い提供を受けるサービスがあります。具体的には、おもに以下のサービスがあります。

・訪問介護
・訪問入浴介護
・訪問看護
・訪問リハビリテーション
・居宅療養管理指導

予防給付と介護給付の種類

居宅サービス	訪問介護　※介護予防訪問介護は地域支援事業へ移行
	（介護予防）訪問入浴介護
	（介護予防）訪問看護
	（介護予防）訪問リハビリテーション
	（介護予防）居宅療養管理指導
	通所介護　※介護予防通所介護は地域支援事業へ移行
	（介護予防）通所リハビリテーション
	（介護予防）短期入所生活介護
	（介護予防）短期入所療養介護
	（介護予防）特定施設入居者生活介護
	（介護予防）福祉用具貸与
地域密着型サービス	定期巡回・随時対応型訪問介護看護
	夜間対応型訪問介護
	地域密着型通所介護
	（介護予防）認知症対応型通所介護
	（介護予防）小規模多機能型居宅介護
	（介護予防）認知症対応型共同生活介護
	地域密着型特定施設入居者生活介護
	地域密着型介護老人福祉施設入所者生活介護
	複合型サービス（看護小規模多機能型居宅介護）
施設サービス（介護給付のみ）	介護老人福祉施設（特養）
	介護老人保健施設（老健）
	介護医療院　※平成30年4月に創設
ケアプラン	居宅介護支援、介護予防支援　※ケアプランの作成

・通所介護

・通所リハビリテーション

・短期入所生活介護

・短期入所療養介護

地域密着型サービスの
提供が開始された後
も、特に深夜や早朝に
おける利用者への対応
が不十分であること
や、医療や看護サービ
スへの接続がスムーズ
ではないことが課題に
なっている。

・特定施設入居者生活介護

② **地域密着型サービス**

　地域密着型サービスとは、利用者が住み慣れた地域の中で、なるべく自宅で生活を継続できるように必要なケアを行うことを目的に提供するサービスです。具体的には、おもに以下のサービスが挙げられます。

・定期巡回・随時対応型訪問介護看護

・夜間対応型訪問介護

・地域密着型通所介護

・認知症対応型通所介護

・小規模多機能型居宅介護

・認知症対応型共同生活介護（グループホーム）

・地域密着型特定施設入居者生活介護

・地域密着型介護老人福祉施設入所者生活介護

・複合型サービス（看護小規模多機能型居宅介護）

③ **施設サービス**

　施設サービスとは、利用者が施設の中でサービスの提供を受けるものですが、なるべく自宅に近い環境を作り出し、個々の利用者の生活時間を尊重してサービスが提供されます。施設サービスを提供するのは、以下の施設です。

・介護老人福祉施設（特別養護老人ホーム、特養）

・介護老人保健施設（老健）

・介護医療院

■ 要支援の人が利用するのが予防給付

　要支援の認定を受けた人が利用できるサービスを予防給付といいます。予防給付はあらかじめケアプランを作成してから提供されます。このケアプランを介護予防サービス計画（介護予防ケアプラン）といいます。

■ 予防給付におけるサービスとは

予防給付についても、介護給付と同様に、居宅サービスと地域密着型サービスに分類されます。ただし、施設サービスについては、介護給付のみが提供するサービスですので、予防給付として施設サービスの提供を受けることはできません。

① 居宅サービス

予防給付における居宅サービスに該当する介護予防サービスには、以下のサービスが挙げられます。

・介護予防訪問入浴介護
・介護予防訪問看護
・介護予防訪問リハビリテーション
・介護予防居宅療養管理指導
・介護予防通所リハビリテーション
・介護予防短期入所生活介護
・介護予防短期入所療養介護
・介護予防特定施設入居者生活介護

② 地域密着型サービス

予防給付における地域密着型サービスに該当する地域密着型予防サービスには、以下のサービスが挙げられます。

・介護予防認知症対応型通所介護
・介護予防小規模多機能型居宅介護
・介護予防認知症対応型共同生活介護（グループホーム）

■ 福祉用具の貸出し・購入補助、住宅改修

要介護・要支援の認定を受けている人の中には、車いすやスロープなどの福祉用具を必要とする場合があります。介護保険には居宅サービスの一環として、福祉用具をレンタル（214ページ）、販売（216ページ）するサービスもあります。また、在宅で生活する高齢者が支障なく生活できるように、事業者が住宅改修のサービスを提供することもあります（218ページ）。

要支援者に対する予防給付

予防給付の各サービスの内容は、要介護認定を受けた人が受けるサービスとほぼ同じであるが、各サービスを利用できる場所については、通所サービスが中心となる。
ただし、通所サービスを利用することが難しい場合は、訪問サービスが認められる。

どんな施設や住まいがあるのか

要介護者のみが利用できる介護保険施設がある

■ 介護保険施設のサービス

介護保険施設は、原則として在宅で介護を受けることができない状態になった場合に利用できる以下のサービスです。

① 介護老人福祉施設（特別養護老人ホーム）

特養と呼ばれることもあります。認知症などによって心身上の著しい障害がある人や寝たきりの高齢者の利用に適しています。この施設に入所すると、作成されたケアプランに沿って、身の回りの世話や機能訓練などを受けることができます。

② 介護老人保健施設

老健と呼ばれることもあります。リハビリテーションなどを行い、入所している要介護者が自宅で生活できる状況をめざすための施設です。医療的な管理下で看護やリハビリテーション、食事・入浴・排せつなどの日常的な介護サービスを提供することに重点を置いています。また、医療的な視野から介護サービスを提供する一方で、特別養護老人ホームと同様、要支援者はショートステイで利用する以外には介護老人保健施設に入所することはできません。

③ 介護医療院

病院や診療所などのうち、入院している介護が必要な人に対して、施設サービス計画に基づいて、必要なサービスを提供する施設です。療養上の管理、看護、医学的管理が必要な介護ケアの他、機能訓練や生活の場を提供します。介護の他に医療が必要な高齢者が、長期療養可能であるという利点があります。

高齢者の住まいにもさまざまな種類がある

高齢者人口の増加に伴い、さまざまな種類の高齢者向けの施設・住宅が数多く建てられている。ただ、「高齢者向け」といっても、どこも同じ内容ではない。そこで、たとえば親に介護施設や高齢者向け住居に入ってもらうことを検討する必要が生じた際には、まずその種類や特徴、入居条件などを知っておくことが非常に大切である。

介護療養型医療施設

介護医療院と類似の役割を担ってきた。令和5年度末に廃止され、介護老人保健施設や介護医療院などへ移行する必要がある。

施設サービスの種類とサービスの内容

	介護老人福祉施設 (特別養護老人ホーム)	介護老人保健施設	介護医療院
役割	生活施設	在宅復帰をめざす施設	長期療養と生活施設
対象者	・原則、要介護3以上 （例外的に、要介護1、2でも入所可能） ・在宅での生活が難しい方	・要介護1以上 ・入院療養までは必要ないが、在宅復帰に向けたリハビリや介護・看護が必要な方	・要介護1以上 ・症状が安定しているが、長期療養が必要な方
サービス内容	・日常生活上の介護 ・機能訓練 ・健康管理 ・相談援助 ・レクリエーション 　　　　　など	・リハビリテーション ・医療的ケア、看護 ・日常生活上の介護 ・相談援助 ・レクリエーション 　　　　　など	・療養上の管理、看護 ・日常生活上の介護 ・機能訓練 ・ターミナルケア 　　　　　など
特徴	・常時介護を受けることに重点を置いている ・医師は非常勤(嘱託医)	・医療的な管理下での介護サービスの提供に重点を置いている ・医師は常勤（昼間）	・長期療養やターミナルケアも行う ・医師は常勤(昼間・夜間) ・看護師配置も手厚い

■ 介護保険施設以外の施設が提供するサービス

　介護保険制度においては、介護老人福祉施設や介護老人保健施設などの介護保険施設のサービスを利用すると、訪問介護や通所介護などの居宅サービスを利用することはできません。日常の生活介護などは施設サービスで提供されるからです。

　しかし、有料老人ホームや軽費老人ホーム、ケアハウス、サービス付き高齢者向け住宅のような施設においては、介護保険制度上は施設ではなく、在宅の扱いになるため訪問介護や通所介護などの介護保険を利用することが可能です。そのため、訪問介護事業所や通所介護事業所を併設している施設も多く見られます。有料老人ホームなどは「すまいの機能」と「介護の機能」が別々になっているといえます。そのため、契約に関しても住まいの部分と介護の部分に関しては別々の契約になって

介護保険施設以外の施設のサービス

軽費老人ホームやケアハウスは、比較的経済的な負担も少なく入居できる施設である。他方で、一部の有料老人ホームやケアハウスの中には、介護付きを謳っている施設もあるが、このような施設は、外部の介護サービス事業所を利用するのではなく、自前で介護サービスを提供している点に特徴がある。このような形態を特定施設入居者生活介護と呼び、居宅サービスの一類型となっている。

いるのが一般的です。

　また、通常の介護保険施設に併設されている施設でのサービスを利用する場合にも在宅扱いで受けることが可能です。短期入所生活介護や通所介護・通所リハビリテーションなどが該当します。短期入所生活介護は俗にショートステイと呼ばれ、通所介護・通所リハビリテーションはデイサービスと呼ばれるサービスです。

　このうちショートステイは、在宅の要介護者が一時的に施設に入所して介護を受けたい場合に適したサービスです。

　福祉施設に属するグループホーム（認知症対応型生活介護）とは、比較的症状の軽い認知症の高齢者が集まって共同生活を送る形式の入居サービスです。グループホームの場合には、専門のスタッフが介護しながらも、食事の支度や掃除や洗濯といった利用者自身の身の回りについては、利用者自身と専門スタッフとが共同で行います。グループホームでは利用者自身に役割を持たせることで、高齢者の心身の安定を取り戻し、認知症の進行を遅らせることができるのです。

■ サービス付き高齢者向け住宅

　サービス付き高齢者向け住宅（サ高住）とは、60歳以上の人か要介護・要支援を受けている人と、その同居者が利用できる賃貸式の居宅です。サービス付き高齢者向け住宅は、原則として専用部分の床面積は25㎡以上であることなど、一定の要件があり、スロープなどバリアフリー構造が採用されている必要があります。サービス付き高齢者向け住宅の大きな特徴は、入居に際して締結する契約が賃貸借契約であるという点にあります。つまり、入居者には借地借家法上の借家人としての地位が認められることになります。そのため、サービス付き高齢者向け住宅の場合は、入院したことを理由に事業者側から一方的に契約を解除することは認められていません。

施設の種類ごとの費用の特徴と目安

種類	施設名	入居一時金(※)	月額費用
介護施設等	特別養護老人ホーム(特養)	−	6〜15万円
	介護老人保健施設(老健)	−	8〜16万円
	介護医療院	−	9〜17万円
	グループホーム	数千万以下	15〜20万円
	軽費老人ホームＡ型・Ｂ型	−	3〜17万円
	ケアハウス	数百万以下	7〜30万円
有料老人ホーム	健康型	数億円以下	12〜40万円
	住宅型	数億円以下	12〜35万円
	介護型	数億円以下	12〜35万円
高齢者向け住宅	サービス付高齢者向け住宅	数十万以下	12〜35万円
	シルバーハウジング	−	10万前後
	グループリビング	50万程度	30万前後

※入居一時金が必要な場合がある。ある場合は入居時に確認し、トラブルを避ける。

　サービス付き高齢者向け住宅は、特別養護老人ホームや有料老人ホームのように、介護サービスを受けることを前提条件とした施設とは異なり、介護サービスを利用するためには、原則として外部の事業者に依頼をしなければなりません。また、重度の介護が必要になった場合には、十分なサービスを受けるために、他の施設への住み替えが必要になる場合もあります。

　サービス付き高齢者向け住宅は、常駐するスタッフが高齢者に対する見守りサービス(安否確認サービスや生活相談サービス)を行うことが必須の要件となっています。

　安否確認サービスには、①毎日定刻に職員が居室を訪れるサービスや、②トイレや冷蔵庫の扉などにセンサーを設置し、長時間開閉がない場合に職員が居室を訪れるサービスの他、①②を併用したサービスがあります。生活相談サービスとは、健康上の悩みや生活上の心配事について相談可能なサービスです。

サービス付き高齢者向け住宅におけるサービス内容

本文記載以外に、食事や入浴・排せつなどのサービスについては、基本的に利用者自身で外部の事業者を選択して、利用者自身で個別に契約を締結する必要がある。

保険外サービスの活用と混合介護

· ·

介護サービスと介護保険外サービスの併用ができる

■ 介護保険外サービス（保険外サービス）とは

　介護保険外サービス（保険外サービス）とは、介護保険の対象から外れるサービスのことです。保険外サービスの利用料については、全額を利用者が負担しなければなりません。たとえば、訪問介護において、利用者がサービス提供事業者に対してペットの散歩を任せたり、通所介護において、介護施設内で散髪などの利用サービスなどを受けるなどの例が挙げられます。

　利用者は、介護保険の対象に含まれるサービスと、保険外サービスを併用して利用することはできます（混合介護）。ただし、今のところ、保険サービスと保険外サービスを明確に分けて提供されている場合に限ります。一口に混合介護と言ってもさまざまな組み合わせで行うことができます。たとえば、訪問介護前後の時間を利用した草むしりやペットの世話については、保険サービスの時間以外で行われていることであり、可能ということになります。一方で、訪問介護で利用者の食事を作る場合に、それと同時に家族の食事を一緒に作ることは、保険サービスと保険外サービスを明確に分けられないため、認められていません。

　このように、混合介護にはグレーな部分も多いため、厚生労働省は平成30年9月28日の通知「介護保険サービスと保険外サービスを組み合わせて提供する場合の取扱いについて」の中で、混合介護について事業者が対応すべき事項や具体的な混合介護の事例を記載しています。

　混合介護が認められることは、利用者にとって、介護保険の

混合介護のメリット

利用者が介護サービス以外のサービスを広く受けられることになれば、その分、介護に時間を割かなければならない同居家族などの負担が軽減される点も、混合介護のメリットである。

混合介護において事業者に求められること

【混合介護に共通して事業者が対応すべき事項】

- ・介護保険対象のサービスと対象外のサービスの明確な区別
- ・介護保険サービスとは別に基本的な方針と利用料を定めること
- ・混合介護に関する事項について契約締結前に文書で利用者に同意を得ること
- ・介護保険サービス適用のサービスから保険外サービスに移行のタイミングに関する説明
- ・介護保険対象のサービスと会計を明確に区別すること

※通所介護について

> 散髪や施設に併設している医療機関の利用以外に、健康診断や予防接種、買い物代行などが混合介護の対象に追加

枠組みにとらわれずに、自身が望む生活スタイルの中で、必要なサポートを受けることができるというメリットがあります。

事業者の側としても、これまで提供してきたサービス以外のサービスの提供が可能であり、付加的に提供したサービスについて、収益の増加を見込むことが可能になります。そのため、国としては混合介護を推進するために規制緩和も検討しています。

一方で、混合介護にはデメリットもあります。利用者側のデメリットとして、サービスが多様化することにより、介護サービスの自己負担額以外の費用が必要になるため、利用料の負担が増加するというデメリットが、もっとも大きな問題として挙げられます。介護保険制度は、誰もが必要になる可能性が高い介護サービスについて、公平にサービスを受けることができるためのしくみとして機能しています。しかし、混合介護が認められる範囲が広くなればなるほど、利用者の負担額は大きくなるため、経済的に余裕がある人のみが、混合介護を利用できる制度となるおそれが高く、介護保険制度の公平性に反すると考えられています。

厚生労働省による通知

厚生労働省は、混合介護のデメリットに対応するために、通達により、一定の枠組みを定めている。

① 訪問介護について
訪問介護における混合介護については、介護保険対象のサービスと、対象外のサービスを明確に区別することが求められている。

② 通所介護について
厚生労働省の通知では、散髪や施設に併設している医療機関の利用以外に、健康診断や予防接種、買い物代行など、新たに混合介護の対象として追加されるサービス内容が記載されている。

Column

介護保険制度の改正はなぜ行われるのか

　高齢者が置かれる社会的状況や、利用者のニーズの動向に合わせて、利用者の長期療養に備えた制度設計や、地域全体で利用者を支えるしくみを整える必要性があり、介護保険制度は、必要に応じて制度の改正や見直しが行われています。

　介護保険制度は平成12年から導入され、附則では、制度開始から「５年」をめどに、制度の見直しを行うとの規定がありました。この規定を受けて、平成18年に地域密着型サービスの導入などを含む大規模な改正が行われました。

　介護保険の保険者である市町村などは、市町村介護保険事業計画などを策定します。現在では、この介護保険事業計画の見直しが３年ごとに行われるため、それに合わせて、介護保険制度も改正や見直しが行われています。

　介護保険制度が開始された平成12年から、３年ごとに区切ると、令和６年から令和８年は第９期に該当します。第９期における見直しに合わせて、令和６年施行の介護保険法改正では、介護サービス事業者の財務状況の公表の義務化や、処遇改善加算の一本化、老健等の多床室の室料負担の導入（令和７年８月から）などの改正が行われました。

　介護保険制度の見直しと同様に、介護報酬も改定されます。介護報酬は、介護サービスごとに決定されますが、原則１単位10円として決定される各介護サービスの価格は、利用者の利用頻度やサービス内容と、実際にサービスを提供する事業者の人員の確保など、状況の変化に応じて、当初定めていた価格が実情に見合わなくなってしまうことも少なくありません。また、サービス利用者の総数とサービス提供事業者の総数などを考慮して、現在の介護報酬では不均衡が生じる場合には、適宜、介護報酬の引上げや引下げが行われています。

PART 5

介護給付サービスの種類

居宅介護支援・介護予防支援

利用者と事業所間の連絡調整やケアプラン作成を行う

居宅サービスを利用す
る場合は、居宅介護支
援が重要な役割を担っ
ている。居宅サービス
の利用者は、ケアプラン
を作成するとともに、市
町村に届出をしなけれ
ばならないからである。
ケアプランを作成しな
いと、介護サービス事
業者が市町村からサー
ビス利用料金を直接支
払ってもらう方式（代
理受領）を利用するこ
とができず、事業者側
にとってデメリットが
大きい。
これは利用者にとって
も重大な問題である。
代理受領を利用できな
い場合、利用者が事業
者にサービス利用料の
全額をいったん支払わ
なければならず（償還
払い）、それが利用者に
とって大きな金銭的負
担になるおそれがある。

■ 居宅介護支援とは

　居宅介護支援とは、要介護認定を受けた利用者の心身の状況
や置かれている環境、利用者や家族の希望などを考慮し、ケア
プランを作成するサービスです。ケアプランの作成に向けた
サービス担当者会議の開催やアセスメントなども行います。居
宅介護支援の担い手は、居宅介護支援事業所のケアマネジャー
です。ケアマネジャーは公平中立の立場で、利用者と介護サー
ビス事業所との間の連絡調整を行います。ケアプラン作成後は、
実施状況をチェックするため利用者宅などを訪問します。

■ 介護予防支援とは

　介護予防支援とは、要支援者を対象に、利用者と介護サービ
ス事業所間の連絡調整や介護予防ケアプラン作成を行うサービ
スです。居宅介護支援を要支援者向けにしたものというイメー
ジですが、介護予防支援の場合は、おもにケアプランを作成す
るのは地域包括支援センターです。ただし、介護予防ケアプラ
ンの作成業務の一部が居宅介護支援事業所のケアマネジャーに
委託されることもあります。

■ 利用者の自己負担はどうなるのか

　ケアプランを作成する居宅介護支援事業所の報酬は、介護保
険から全額支払われ、利用者の自己負担はありません。ケアプ
ラン作成は中立的に行うべきだからです。利用者負担を導入す
ると、利用者の希望が中心となり、適切な質・量の介護サービ

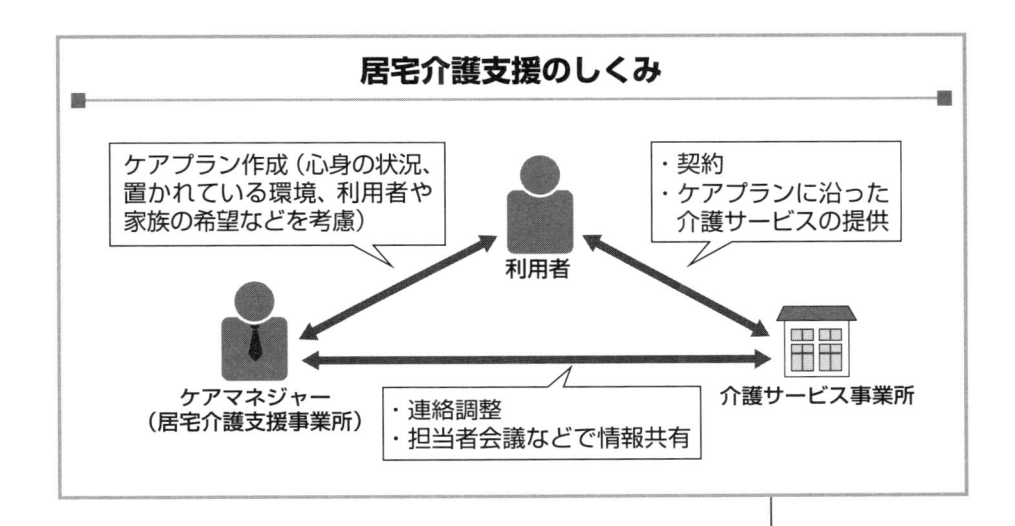

居宅介護支援のしくみ

ケアプラン作成（心身の状況、置かれている環境、利用者や家族の希望などを考慮）

利用者

・契約
・ケアプランに沿った介護サービスの提供

ケアマネジャー（居宅介護支援事業所）

・連絡調整
・担当者会議などで情報共有

介護サービス事業所

スの利用ができなくなる可能性があるということです。

■ 居宅サービス事業所との関係

　居宅サービス事業所とは、要介護者に対して居宅サービスを提供する事業所です。訪問介護事業所や通所介護事業所があてはまります。居宅介護支援事業所は、これらの居宅サービス事業所を組み合わせ、要介護者の心身の状況に合わせたケアプランを作成することがおもな業務になります。また、ケアプランに沿ったサービスが居宅サービス事業所において提供できているか、要介護者のニーズを満たしているのか、モニタリングという形で評価をする必要もあります。

　これらのケアプランを中心にした支援の司令塔的な役割を担っているのが居宅介護支援事業所となります。居宅介護支援事業の機能強化を図るために、令和3年4月からは、居宅介護支援事業所の管理者は主任ケアマネジャーの資格が必要とされています。また、地域の実情に合わせたケアプラン作成を行えるように、居宅介護支援事業所の指定は、平成30年4月からは市町村が行えるように権限の強化が行われています。

主任ケアマネジャー

主任介護支援専門員とも呼ばれる。主任ケアマネジャーになるためのおもな要件は、①ケアマネジャー（介護支援専門員）として一定の従事期間（5年以上）があり、②所定の研修を修了したことである。要件は都道府県によって若干異なる。

主任ケアマネジャー配置の経過措置

令和3年4月から、居宅介護支援事業所ごとに管理者として常勤専従の主任ケアマネジャーの配置が必要とされているが、配置が進まない状況に配慮して、ケアマネジャーでも可とする経過措置が設けられている（令和9年度まで）。

訪問介護・訪問入浴介護・居宅療養管理指導

利用者が自宅に住んでいながら利用できるサービス

■ 訪問介護（ホームヘルプサービス）とは

訪問介護は、訪問介護員（ヘルパー）が要介護者の自宅に出向いて日常生活を送る際の手助けを行うサービスです。

訪問介護の内容として、入浴や排せつ、食事、衣服の着脱の介護、清拭、洗髪、通院の介助などの身体介護があります。また、掃除、調理、洗濯、買物などの日常生活に必要な援助を行う生活援助や、通院時などの乗車・降車の介助（通院等乗降介助）、要介護者の身上相談、生活や介護についての相談を受けたり助言を行ったりすることも含まれます。

■ 訪問入浴介護とは

入浴は身体を清潔に保つ他、心身のリラックス効果なども期待できますが、在宅で介護度の重い人の介護を行う家族にとっては負担の大きい作業になります。このような場合に利用されるのが、数人の介護者、看護師などが、浴槽を持ち込んで入浴サービスを提供する訪問入浴介護です。

訪問入浴介護の目的として、利用者の身体を清潔に保つとともに、心身の機能の維持を図ることが挙げられます。また、入浴面での援助を行うことで、要介護状態にある利用者が、可能な限り自宅で生活を続け、自己の能力を活かして自律した生活を送ることを支援する一環にもなっています。

■ 介護予防訪問入浴介護とは

要支援者を対象とした訪問入浴介護です。訪問入浴介護は、

訪問介護

【自宅】

要介護者

要介護者の自宅でサービスを提供する →  訪問介護員

> 身体介護：入浴や排せつ、食事、衣服の着脱、清拭、洗髪など
> 通院等乗降介助：通院時などの乗車・降車の介助
> 生活援助：掃除、調理、洗濯、買物などの日常生活に必要な援助
> 相　談：要介護者の身上相談、生活や介護についての相談・助言

寝たきりなどの理由で、一般家庭の浴槽では入浴が困難な人を想定したサービスです。そのため、要介護度４、５の人がサービス利用者の大半を占めており、要支援者が訪問入浴介護を利用するケースはそれほど多くないようです。

　要支援者が訪問入浴介護を利用する理由の多くは、①自宅に浴槽がない、②家族や訪問介護での介助が困難、③感染症のおそれがあって通所介護の浴槽が使えない、などです。

■ 居宅療養管理指導とは

　在宅で生活する要介護者の中には、本来通院して療養すべきところ、さまざまな事情で思うように通院できない人もいます。このような状況にある人に対し、医師や歯科医師、もしくは医師や歯科医師の指示を受けた薬剤師・管理栄養士・歯科衛生士などの専門職が、療養に関する管理、指導などを行うことを居宅療養管理指導といいます。居宅療養管理指導の対象者は、在宅療養中で要介護度１〜５の人です。

　なお、要支援者を対象とした居宅療養管理指導のことを介護予防居宅療養管理指導といいます。

居宅療養管理指導に関する改正

平成30年度の介護保険制度改正に伴い、看護職員が行う居宅療養管理指導が廃止された。あわせて訪問介護ステーションでの居宅療養管理指導も終了した。

訪問看護

医療を必要とする人が在宅で介護を受けるために欠かせない

■ どんなサービスなのか

　日常生活や移動の支援などについては、訪問介護員のサービスを受けることである程度不足を補うことができますが、心身に病気やケガを持つ人の場合、訪問介護員のサービスだけでは在宅生活を維持するのが難しいことがあります。

　そこで、重要になるのが訪問看護サービスの存在です。訪問看護は、医師の指示を受けた看護師が行う要介護者を対象としたサービスで、サービス内容としては、血圧測定や体温測定などによる状態観察、食事、排せつ、入浴などの日常生活のケア、服薬管理、褥瘡処置といった医療処置などが挙げられます。

　なお、要支援者を対象とした訪問看護のことを介護予防訪問看護といいます。サービス内容は訪問看護と同じです。訪問看護・介護予防訪問看護を行うのは、病院・診療所、あるいは訪問看護ステーションです。

　訪問看護・介護予防訪問看護の利用者は、年齢や症状によっては、医療保険と介護保険の両方の適用対象になる場合があります。この場合、原則として介護保険が優先適用されますが、要介護者や要支援者が以下の疾病などにかかっている場合は医療保険が優先適用されます。

> 末期ガン（悪性腫瘍）、多発性硬化症、重症筋無力症、スモン、筋萎縮性側索硬化症、脊髄小脳変性症、進行性筋ジストロフィー、パーキンソン病関連疾患、脊髄性筋萎縮症、後天性免疫不全症候群

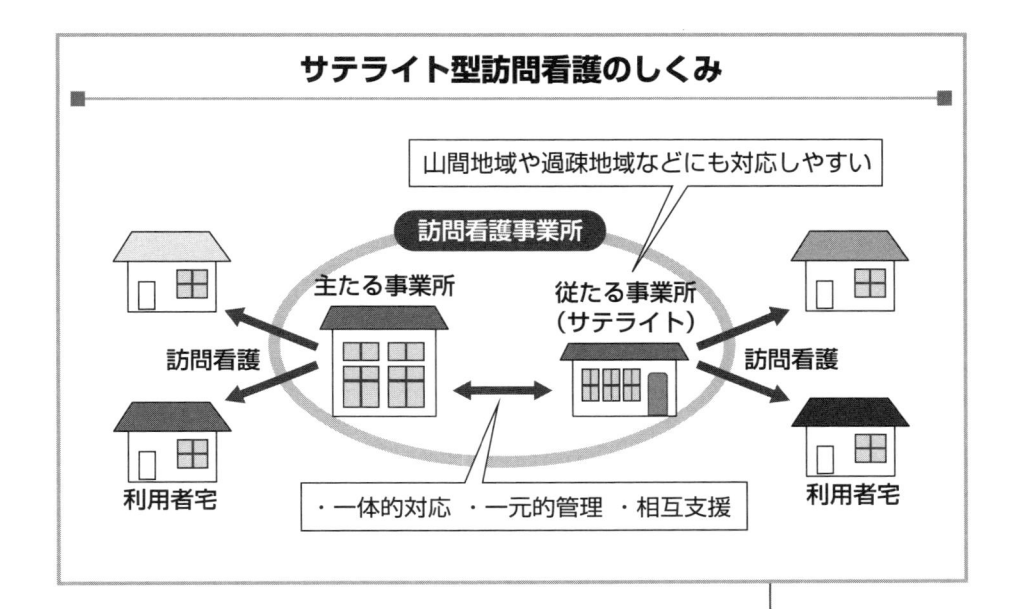

サテライト型訪問看護のしくみ

山間地域や過疎地域などにも対応しやすい

訪問看護事業所

主たる事業所　従たる事業所（サテライト）

訪問看護　　訪問看護

利用者宅　　利用者宅

・一体的対応　・一元的管理　・相互支援

■ サテライト型の訪問看護とは

　訪問看護は、医療的ニーズのある中重度の要介護者にとって必要性の高いサービスとなっています。しかし、山間地域や過疎地域においては必要十分な事業所がないのが現状です。

　そこで、サテライト型の訪問看護事業所（訪問看護ステーション）の設置を認めています。サテライト（従たる事業所）とは出張所のようなイメージで、主たる訪問看護事業所（主たる事業所）と利用申込みや苦情処理などが一体的に運営されており（一体的対応ができる体制）、看護師などの代替要員を派遣できるような相互支援体制が構築されている（職員などの一元的管理ができる体制）場合に認められます。

　サテライト型のメリットは、これまで山間地域や過疎地域など設置することが難しい地域において、人員基準や設備基準などを主たる事業所と一体的に申請することで設置が容易になることが挙げられます。これにより、要介護者にとっては住み慣れた地域で在宅での療養生活の継続が可能になります。

訪問看護の必要性

終末期を在宅で過ごしたい利用者の要望や、施設に入れない利用者が在宅で亡くなるケースが多い。それら利用者にターミナルケアを行う訪問看護の需要はますます増えている。

訪問リハビリテーション

■ 訪問リハビリテーションはどんなサービスなのか

骨折や脳血管性疾患などにより身体機能が低下した場合に、その機能の維持・回復をはかるためにはリハビリテーション（リハビリ）が有効です。しかし、リハビリのためにたびたび通院・通所することができず、自宅で家族などがリハビリをするのも難しい場合もあります。この場合には、医師の指示の下、専門の理学療法士や作業療法士などが訪問してサービスを提供する訪問リハビリテーションを利用することができます。

具体的なサービス内容は、身体機能、日常生活、家族支援に分けられます。身体機能は、間接拘縮の予防、筋力・体力の維持があります。日常生活は、歩行訓練、寝返りや起き上がりなどの基本動作訓練、食事や更衣、入浴などの日常生活動作訓練があります。家族支援は、歩行練習の介助方法の指導、福祉用具の提案があります。

また、介護予防訪問リハビリテーションは、要支援者の自宅に作業療法士や理学療法士などの専門家が訪れて、作業療法や理学療法を行うサービスです。サービス内容や介護報酬は訪問リハビリテーションと同じです。ただし、介護予防の場合は、要介護状態になることをできる限り防ぐ、現在の状態がそれ以上悪化しないようにすることを目的にしています。

■ 訪問リハビリテーションの利用にはいくつかの要件がある

訪問リハビリテーションは、通所や通院が困難な場合に利用することができます。つまり、通所リハビリテーションが利用

訪問リハビリテーションとは

通院・通所が困難

理学療法・作業療法サービス

理学療法士・作業療法士 など　　　　　　身体機能が低下した人

〈対象〉
- 要介護者：訪問リハビリテーション
- 要支援者：介護予防訪問リハビリテーション

身体機能 間接拘縮の予防、筋力・体力の維持

日常生活 基本動作訓練、日常生活動作訓練

家族支援 歩行練習の介助方法の指導、福祉用具の提案

できる場合においては、そちらを優先的に利用するということです。一般的には、退院後の一定期間、訪問リハビリテーションの提供を受け、その間に、通所リハビリテーションへ移行することを目的に利用されます。

　そのため、訪問リハビリテーションを利用するためには、次のような要件を満たす必要があります。

① 訪問リハビリテーション事業所の医師の指示の下で実施するものであること（例外的に別の医療機関の主治医の指示の下でも可）

② その医師の診療の日から3か月以内に実施されたものであること

③ 訪問リハビリテーション計画を作成していること

④ 利用者やその家族などに対して1回あたり20分以上（1週間に6回を限度）指導を行うこと

　つまり、訪問リハビリテーションは、通院が困難な者が、計画的な医学管理を行っている医師の指示に基づいて、理学療法士などがリハビリを行う場合に利用できるということです。

通所介護と通所リハビリテーション

要介護者が通所介護事業所に出向いて受けるサービス

■ 通所介護とは

　通所介護（デイサービス）とは、利用者が施設において、日常生活に必要な世話を受けたり、機能訓練を受けるサービスです。具体的なサービス内容としては、食事・入浴の提供や介護、生活上の相談やアドバイス、健康状態の確認や日常生活に必要な機能訓練などが挙げられます。通所介護は、施設の規模に応じて、大規模型Ⅰ（前年度の1か月あたりの平均利用者数が750名超900名以内）、大規模型Ⅱ（前年度の1か月あたりの平均利用者数が900名超）、通常規模型（前年度の1か月あたりの平均利用者数が750名以内）に分類されます。

■ 通所リハビリテーションとは

　通所リハビリテーション（デイケア）は、病気やケガなどで身体機能が低下した要介護の利用者にリハビリテーションを施し、機能の維持回復を図るサービスです。理学療法士や作業療法士といった専門家が配置され、医師の指示の下で、個々の利用者に応じたリハビリのメニューが組まれます。

　通所介護と同様、送迎から食事、入浴、排せつ介助といったサービスを提供している事業所の他、短時間でリハビリのみを行う事業所（リハビリに特化した事業所）もあります。

■ 介護予防通所リハビリテーションとは

　介護予防通所介護相当サービスと似たサービスとして、介護予防通所リハビリテーションがあります。介護予防通所リハビ

通所介護と通所リハビリテーション

通所介護（デイサービス）

利用者が施設で日常生活の世話や機能訓練を受けるサービス

【サービス内容】

食事・入浴の提供や介護、生活上の相談やアドバイス、健康状態の確認、日常生活に必要な機能訓練など

通所リハビリテーション（デイケア）

病気やケガなどにより身体機能が低下した利用者に、リハビリテーションを施し、機能回復・維持を図ることを目的とした施設

【サービス内容】

・送迎から食事、入浴、排せつ介助などのサービス

・短時間でリハビリテーションのみを行う事業所もある

リテーションとは、要支援者を対象とした通所リハビリテーションのことです。すべての人に共通するリハビリテーション（身体機能向上や日常生活の動作に必要な訓練）に加えて、それぞれの希望や状態に合わせた選択的サービスを提供します。

選択的サービスには、運動器機能向上、栄養改善、口腔機能改善があります。予防通所介護を敬遠する男性でも利用しやすいようです。介護報酬は、月単位の月額制です。選択的サービスを提供する場合には、別途、介護報酬（月単位の定額制）が加算されます。

■ 通所介護事業者としての指定を受けるには

要介護者の通所介護は、定員19名以上は都道府県へ、定員19名未満は地域密着型として市町村へ申請を行います。要支援者の通所型サービス（介護予防通所介護相当サービス）は、総合事業として市町村へ申請を行います。それぞれで指定基準が多少異なることに注意が必要です。また、省令で定められた人員基準・設置基準・運営基準を満たす必要があります。

短期入所生活介護と短期入所療養介護

介護者のリフレッシュのための利用も可能

■ どんなサービスなのか

　短期入所生活介護と短期入所療養介護は、ショートステイとも呼ばれるサービスで、要介護者を一時的に施設に受け入れるものです。短期入所生活介護では、食事や入浴、排せつ、就寝といった日常生活の支援や機能訓練を、短期入所療養介護では、看護、医学的管理の下における介護や機能訓練、必要な医療や日常生活の支援を行います。なお、要支援者を対象とした短期入所生活介護のことを介護予防短期入所生活介護、要支援者を対象とした短期入所療養介護のことを介護予防短期入所療養介護といいます。サービスの内容は、要介護者を対象とした短期入所生活介護、短期入所療養介護と同様です。

■ ショートステイはどこでサービスを提供するのか

　短期入所生活介護の場合、施設の種類には、併設型、単独型、空床利用型（空床型）があります。部屋の種類は、ユニット型の施設にはユニット型個室とユニット型個室的多床室があり、従来型（ユニット型でない施設）には従来型個室と多床室があります。ユニット型は、全部屋個室で共有スペースのある入居者10名前後のユニットを単位とした配置の施設のことで、家庭的な雰囲気の中で生活を行います。一方、従来型は、4人部屋や2人部屋のような多床室などがある施設のことで、病院のようなイメージを持つ人もいます。

　短期入所療養介護の場合、施設の種類は、大きく分けて、介護老人保健施設、療養病床を有する病院、診療所、介護医療院

短期入所生活介護と短期入所療養介護のしくみ

目的：介護者のリフレッシュを行う（レスパイトケア）

短期入所生活介護

日常生活の支援、機能訓練

短期間、施設に入所する

施設種類：
併設型、空床型、単独型

部屋種類：
従来型個室、多床室、ユニット型個室、ユニット型個室的多床室

短期入所療養介護

医療的ケア、機能訓練、日常生活の支援

短期間、施設に入所する

施設種類：
介護老人保健施設、療養病床を有する病院、診療所、介護医療院

部屋種類：
従来型個室、多床室、ユニット型個室、ユニット型個室的多床室

があります。部屋の種類は、短期入所生活介護と同じ区別（従来型個室、多床室、ユニット型個室、ユニット型個室的多床室）がされています。

■ ショートステイが制限される場合もある

ショートステイを利用する理由の一つとして、介護者のリフレッシュが挙げられます。また、特別養護老人ホーム（特養）の人気が高く、なかなか入所できないため、併設型のショートステイで、長期にわたり特養の空きを待つという「待機待ち」をしている要介護者も見られます。また、在宅に戻っても要介護者の介護ができないなど、やむを得ない理由でショートステイを長期にわたり利用するケースもあります。

このように、長期にわたりショートステイを利用することを「ロングショート」と呼ぶこともあります。ロングショートの利用は、本来のショートステイの目的と反するため、月の半分以上のショートステイは認めないなど制限を設けている市町村もあります。

ユニット型と従来型

現在はユニット型の設備が主流となっている。ただし、従来型の設備は居住費が安いため、従来型を利用したい要介護者も多い。

特定施設入居者生活介護

有料老人ホームなどで受けるサービス

■ 特定施設入居者生活介護とは

　介護保険では、原則として施設に入所する場合は施設サービスとなります。ただし、一定の場合は、施設に入所していても在宅サービスとして介護保険の適用を受けることができます。

　施設でサービスを受けながら在宅サービスとして介護保険の適用を受けることができるのは、次のような場合です。

① 特別養護老人ホームや介護老人保健施設でショートステイという形式でサービスの提供を受ける場合（210ページ）

② 地域密着型サービスのうち、施設でサービスの提供を受ける場合

③ 有料老人ホームなどのうち、特定施設として認められている施設の入居者が、その特定施設でサービスの提供を受ける場合（特定施設入居者生活介護）

　③の特定施設の対象になるのは、有料老人ホーム、軽費老人ホーム（Ａ型・Ｂ型・ケアハウス）、養護老人ホームです。サービス付き高齢者向け住宅（サ高住）については、有料老人ホームに該当するものに限って特定施設となります。これらの特定施設が特定施設入居者生活介護の指定を受けている場合、その特定施設に入居している要介護者が、日常生活上の世話（入浴・排せつ・食事の介護など）、機能訓練、療養上の世話というサービスの提供を受けることができます。

　特定施設入居者生活介護では、１日単位の介護サービス費を支払うため、常時介護を要する場合は、包括的に介護サービスの提供を受ける点でメリットが大きいといえます。一方、常時

**施設サービスの
対象者**

施設サービスは、要介護者しか受けることができない。

軽費老人ホーム

家庭の事情などから自宅での生活が難しいが、身の回りのことは自分でできる高齢者が、無料または低額で入居できる施設。それ自体は介護を目的とする施設ではないので介護サービスを提供するには特定施設入居者生活介護の指定を要する。

**軽費老人ホームの
ケアハウスへの
一元化**

平成20年にケアハウスへの一元化が決定しており、Ａ型とＢ型はそれ以前から運営されていた施設のみ存続が認められている。

養護老人ホーム

生活環境の理由や経済的な理由で、自宅での生活が難しい高齢者を養護する施設。それ自体は介護を目的とする施設ではないので介護サービスを提供するには特定施設入居者生活介護の指定を要する。

特定施設入居者生活介護

*	施設でサービスを受けながら在宅サービスとして介護保険の適用を受けることができる場合		
①	特別養護老人ホームや介護老人保健施設でショートステイという形式でサービスの提供を受ける場合		
②	地域密着型サービスのうち、施設でサービスの提供を受ける場合		
③	特定施設として認められている施設の入居者が、その特定施設でサービスの提供を受ける場合（特定施設入居者生活介護）		
	特定施設の例		有料老人ホーム
		軽費老人ホーム（ケアハウス）	身の回りのことは自分でできる健康状態にある高齢者のうち、自宅での生活が難しい人が対象
		軽費老人ホーム（A型）	炊事についてはサービスの提供を受ける程度の健康状態にある人が対象
		軽費老人ホーム（B型）	自炊できる程度の健康状態にある人が対象
		養護老人ホーム	生活環境の理由や経済的な理由で、自宅での生活が難しい人が対象

介護を要しない場合は、外部の訪問介護などを必要な場合に必要な分だけ利用した方が割安になる可能性があります。

なお、特定施設入居者生活介護には、介護サービスなどを外部委託するタイプ（外部サービス利用型）と、外部サービスを利用しないタイプ（一般型）があります。

■ 特定施設入居者生活介護のおもな利用者

特定施設入居者生活介護を利用できる人は、有料老人ホーム、軽費老人ホーム、養護老人ホームなどの施設に入居している要介護1以上を受けた者です。ただし、入居している施設が「特定施設入居者生活介護」の指定を受けていることが、介護保険の適用の条件になっています。

介護予防特定施設入居者生活介護

特定施設入居者生活介護は要介護者が対象であり、要支援者を対象とする特定施設入居者生活介護のことを介護予防特定施設入居者生活介護という。

福祉用具

・・・・・・・・・・・・・・・・・・・・・・・・・・・・・・・・・・・・・・

福祉用具のレンタルや購入について介護保険が利用で
きる

■ 福祉用具のレンタル制度がある

　要介護の人は、日常生活をしやすくしたり、機能訓練を行っ
て日常生活の自立をめざす上での補助として、福祉用具を借り
ることができます。このサービスを福祉用具貸与といいます。
借りることのできる福祉用具は、車椅子、車椅子付属品、特殊
寝台、特殊寝台付属品、床ずれ防止用具、体位変換器、手すり、
スロープ、歩行器、歩行補助つえ、認知症老人徘徊感知機器、
移動用リフト、自動排せつ処理装置です。

　要支援者を対象とした福祉用具のレンタルのことを介護予防
福祉用具貸与といいます。レンタルの対象は基本的には、要介
護者の場合と同様ですが、要支援者については、一部の福祉用
具のレンタルが制限されています。現実問題として、要介護度
の低い要支援の人が、介護ベッドや車椅子、認知症老人徘徊感
知機器、移動用リフトなどをレンタルする必要がある場合はほ
とんどないからです。ただし、給付の必要があると認められた
場合には、それらの福祉用具についてもレンタル可能です。

　福祉用具の貸出しには、要介護・要支援者を手助けする人の
負担を軽くする狙いもあります。

　福祉用具貸与事業を行うためには、利用者の心身の状態や生
活環境に応じた福祉用具の選択、使い方、アフターフォローが
必要となります。介護技術以外にも、福祉用具の知識を持った
専門職を配置しなければなりません。そのため、福祉用具専門
相談員という資格があります。この資格は、福祉用具専門相談
員指定講習を修了することで取得することができます。

福祉用具と特定福祉用具

福祉用具

①車椅子
自走用標準型車椅子・普通型電動車椅子・介助用標準型車椅子など

②車椅子付属品
クッション・電動補助装置など

③特殊寝台
介護用のベッドのことで、サイドレールが取りつけられているか取りつけ可能なもの

④特殊寝台付属品
手すり・テーブル・スライディングボード・スライディングマットなど

⑤床ずれ防止用具
送風装置・空気圧調整装置を備えた空気マットなど

⑥体位変換器
空気パッドなどを体の下に差し入れて体位変換をしやすくできる機能を持っているもの。体位を保持する目的しかないものは不可

⑦手すり
工事をせずに取りつけられるもの

⑧スロープ
段差解消目的のもので工事をせずに取りつけられるもの

⑨歩行器
二輪・三輪・四輪→体の前と左右を囲む取っ手などがついているもの。
四脚 → 腕で持ち続けて移動できるもの

⑩歩行補助杖
松葉杖・カナディアンクラッチ・ロフストランドクラッチ・多点杖など

⑪認知症老人徘徊感知機器
認知症用の徘徊センサーなどのことで、認知症の人が屋外に出ようとした時などに家族などに知らせる機器

⑫移動用リフト
段差解消機・風呂用のリフトなどのことで、つり具の部分は含まない。つり具は特定福祉用具となる

⑬自動排せつ処理装置
排便などを自動的に吸収し、排便などの経路となる部分を分割することができるもの（交換可能部品を除く）

特定福祉用具

■ 腰掛便座
和式便器→上に置いて腰掛式にできるもの
洋式便器→上に置いて高さを調節するもの
便座から立ち上がるときに補助できる機能を持つもので電動式・スプリング式のもの
便座やバケツなど、移動できる便器など

■ 自動排せつ処理装置の交換可能部分
排便などの経路となるもので簡単に交換できるもの

■ 入浴補助用具
シャワー椅子・入浴用の椅子・浴槽用の手すり・浴槽内で使う椅子・浴槽の縁にかけて使う入浴台・浴室内のスノコ・浴槽内のスノコなど

■ 簡易浴槽
取水や排水のための工事を必要としない簡易的な浴槽のことで、空気式や折りたたみ式など、簡単に移動できるもの

■ 移動用リフトのつり具の部分
風呂用のリフトのつり具も含まれる・移動用リフト自体は福祉用具として貸与の対象となる

■ 排せつ予測支援機器
膀胱内の状態を感知して尿量を推定し、排尿のタイミングを通知するもの

■ 福祉用具の購入補助

　用具の性質上、貸与するより購入した方がよいものもあります。トイレ、入浴用具など、誰かの使用後に別の誰かが使用するのは難しいような用具や、たとえば体格の差などの個人差によって、万人が使うことができないような用具です。対象となる福祉用具は、①腰掛け便座、②自動排せつ処理装置の交換可能部品、③入浴補助用具、④簡易浴槽、⑤移動リフトの吊り具の部分、⑥排せつ予測支援機器の6種類です。これらの福祉用具を特定福祉用具といいます。特定福祉用具販売の利用者の負担額は、購入金額の1割、2割または3割です。そして、特定福祉用具の購入については、要介護者が先に福祉用具を自分で購入し、後からその金額を支給する方法を原則としています。これは、購入時に利用者が全額支払い、保険申請すると9割、8割または7割が利用者に返金されるしくみです。

　特定福祉用具の購入費の支給上限は、年間10万円までです。要支援者を対象とした福祉用具の販売のことを特定介護予防福祉用具販売といいます。対象となる福祉用具、購入の上限額、購入額が後ほど償還されるしくみは、福祉用具販売と同じです。

■ 福祉用具貸与価格には上限額が設定されている

　福祉用具の貸与（レンタル）や購入は、他の介護サービスと違い全国一律の価格の設定はありません。これは、市場の価格競争を通じて適切な価格となることを想定していたからです。しかし、介護保険財政のひっ迫や事業所の利益確保など価格が不当なケースも見られました。そこで、平成30年10月からは、福祉用具貸与価格の上限額が設定されることになりました。

　この上限額を超えて福祉用具貸与を行った場合は、福祉用具貸与費を請求できません。上限額は、福祉用具の商品ごとに算出し、金額は全国平均貸与価格にその福祉用具のすべての貸与価格のバラつきを加味することで算出されます。この上限額は、

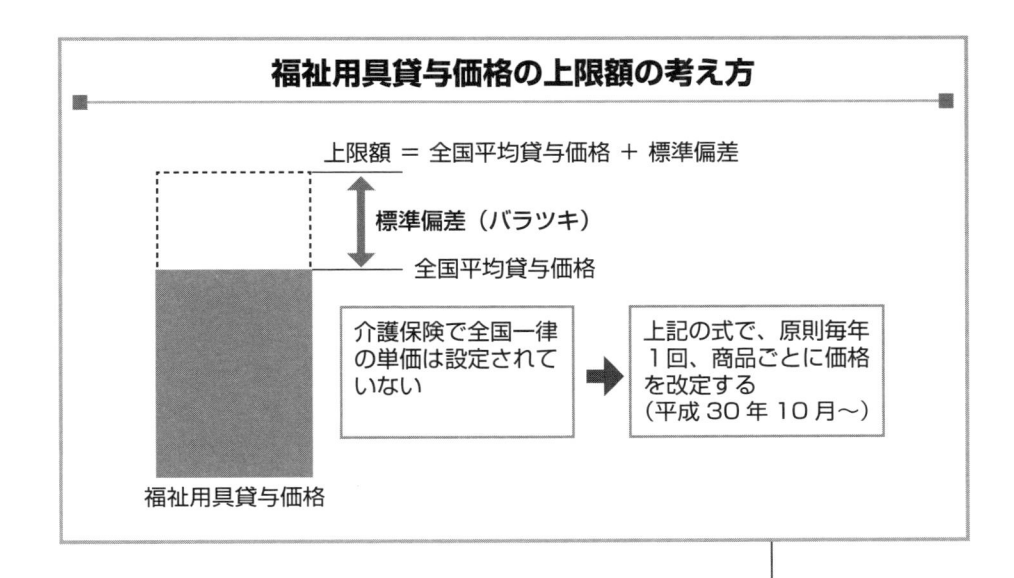

福祉用具貸与価格の上限額の考え方

上限額 ＝ 全国平均貸与価格 ＋ 標準偏差

標準偏差（バラツキ）

全国平均貸与価格

| 介護保険で全国一律の単価は設定されていない | → | 上記の式で、原則毎年1回、商品ごとに価格を改定する（平成30年10月〜） |

福祉用具貸与価格

おおむね３年に１回の頻度で見直しが行われます。

　また、貸与しようとする福祉用具の特長や貸与価格だけでなく、全国平均貸与価格を利用者へ説明したり、機能や価格帯の異なる複数の商品を利用者に提示することも義務付けられました。さらに、福祉用具サービス計画書をケアマネジャーへ交付するなど透明性が求められるようになってきました。

■ 福祉用具貸与事業者としての指定を受けるにあたって

　福祉用具貸与事業者となるためには、前述の福祉用具専門相談員を配置する必要があります。この相談員が本人の心身機能や家族の思いなどを整理し、必要な福祉用具の手配、使用方法の説明、そしてモニタリングまでを行います。

　貸与された福祉用具を回収した場合は、福祉用具の種類や材質に合わせて、適切な消毒効果を持つ消毒設備機材で消毒をする必要があります。また、それらの福祉用具を清潔な状態に保ち、消毒・補修済みの用具とそうでないものを区別できる倉庫などに保管しておく必要があります。

> **福祉用具専門相談員**
> 人員基準においては、介護福祉士、義肢装具士、保健師、看護師、准看護師、理学療法士、作業療法士、社会福祉士、福祉用具専門相談員指定講習修了者の資格を有する者がなることができる。

住宅改修

· ·

住宅改修については20万円を上限として介護保険が
適用される

■ 住宅改修をどのような場合に利用するのか

　家の中の段差などを改修するために行われるサービスが住宅
改修です。家の中の段差でつまずくことによるケガの防止や、
夜間にトイレに行くルートにある小さな段差の問題の解消を目
的としています。具体的な改修例として、お風呂などに手すり
を取りつける工事や、段差を解消する工事があります。

　介護保険の改修実績のある業者が選ばれることが多いのは、
介護保険の住宅改修では、高齢者の病状等に合わせたきめ細や
かな工事が必要だからです。たとえば、手すり1つでも、高齢
者の状態に合わせて、高さ、長さ、角度を細かく調整するなど
の細やかな配慮が必要です。地域によっては、業者が市区町村
から費用を受け取るのに登録が必要な場合があります。

■ 介護保険の対象になるのは20万円

　住宅改修については、介護保険の給付の対象となる上限金額
は20万円とされています。そのうち利用者が負担する金額は、
利用者の所得などに応じて1割〜3割です。原則償還払い方式
を採用しているため、いったん全額を支払っておいて、市区町
村へ申請することで7割〜9割の補助を受けることができます。
住宅改修の支給を受ける回数は、原則1回となっています。

■ 住宅改修を行う場合の手続き

　住宅改修は、次ページ図の流れに従って利用者が工務店など
の事業者と契約して行います。なお、住宅改修については、指

上限金額

転居して住所が変わる
場合、再度20万円ま
での工事について介護
保険の利用が可能であ
る。また、要介護度が
3段階以上重くなった
場合にも、再度20万
円まで利用ができる。

住宅改修の手続きの流れとケアマネジャーの関わり

```
ケアマネジャーが利用者から
住宅改修についての相談を受ける
  →
ケアマネジャー・利用者・施工業者で
工事内容について打ち合わせをする
  →
ケアマネジャーが、住宅改修が
必要な理由書を作成する
  →
申請する市区町村に書類を提出する
（ケアマネジャーによる代行申請も可）
  →
市区町村の審査と結果の通知
  →
住宅改修工事の着工・完成
  →
市区町村への住宅改修費用の請求
```

定事業とされていないため、事業者になるために都道府県や市区町村の指定を受ける必要はありません。

① **介護支援専門員（ケアマネジャー）に相談する**

　地域包括支援センターや普段利用している居宅介護支援事業所などで住宅改修についての相談をします。

② **市区町村に対し、改修前の申請を行う**

　申請書の他、住宅改修が必要な理由を記載した理由書や工事費の見積書などを提出します。

③ **改修工事の実施**

④ **正式な支給申請**

　工事終了後に領収書や工事の完成後の状態を確認できる写真などの資料を提出します。

⑤ **市区町村による確認・住宅改修費の支給**

　②の書類と④の書類を確認し、必要と認められた工事に関して住宅改修費が支給されます。

住宅改修に関する手続きが法定化された理由

手すりを設置したり、段差をスロープに変えるといった住宅改修は、利用者が工務店などの事業者と契約して行う。以前は工事後にして保険給付の申請をしていたが、「介護保険が適用されるからと業者に言われるまま工事をしたが、実際には保険対象外の工事が多く含まれていて、高額の自己負担が生じた」などのトラブルが発生したため、現在は上図のような流れで住宅改修を行うよう法制度が改正されている。

地域密着型サービス

その地域（市町村）に住む高齢者が利用できる

■ 地域密着型サービスについて

　地域密着型サービスは、もともとその地域（市町村）に住む要介護者に向けて提供されます。認知症や一人暮らしの高齢者が住み慣れた土地で生活を続けることができるように、さまざまなサービスを身近な市町村が主体となって提供するものです。

　地域密着型サービスは、①小規模多機能型居宅介護、②夜間対応型訪問介護、③地域密着型介護老人福祉施設入所者生活介護、④地域密着型特定施設入居者生活介護、⑤地域密着型通所介護、⑥認知症対応型共同生活介護（グループホーム）、⑦認知症対応型通所介護、⑧定期巡回・随時対応型訪問介護看護、⑨看護小規模多機能型居宅介護の9つに分かれています。

　特に、夜間対応型訪問介護や定期巡回・随時対応型訪問介護などは、サービスの安定的提供が可能な経営的基盤を持った事業者でなければ、事業運営の継続は困難です。そのため、サービスを提供する事業者の数は十分とはいえません。

■ 地域密着型サービスには運営推進会議を設置する

　夜間対応型訪問介護を除く地域密着型サービスの事業所は、運営推進会議を設置して開催する必要があります。地域密着型サービスは、居宅サービスや施設サービスに比べ、より地域に開かれたサービスであることが求められます。そのため、事業運営の透明性、サービスの質の確保、利用者の「抱え込み」の防止、地域との連携の確保の達成をめざすために運営推進会議を設置することが義務付けられています。

地域密着型サービスの種類と特徴

要支援者も受けることができるサービス

小規模多機能型居宅介護

■対象者
その市町村に住む要支援者・要介護者

■特徴
24時間提供
さまざまな形態でサービスを提供
・通いが中心
・自宅への訪問、施設への短期間宿泊も可能

■サービス内容
入浴・排せつ・食事の介護
日常生活上の支援
機能訓練

認知症対応型共同生活介護

■対象者
その市町村に住む認知症の人（要支援2以上）

■特徴
家庭的なケアを提供する住宅つきのサービス
小規模な住宅で運営されている

■サービス内容
入浴・排せつ・食事の介護
日常生活上の支援

認知症対応型通所介護

■対象者
その市町村に住む認知症の要介護者

■特徴
認知症の人専用
日帰りでデイサービスセンターなどの施設でサービスを提供する

■サービス内容
入浴・排せつ・食事の介護
日常生活上の支援

要介護者だけが受けることができるサービス

夜間対応型訪問介護

■対象者
その市町村に住む要介護者

■特徴
夜間に定期的に要介護者宅を訪れる巡回サービスを提供する
要介護者の呼び出しに応じたヘルパーが随時要介護者宅に訪れてサービスを提供する

■サービス内容
入浴・排せつ・食事の介護
日常生活上の支援

地域密着型介護老人福祉施設入所者生活介護

■対象者
定員29名以下の特別養護老人ホームに入所している要介護者

■特徴
施設に入所して365日24時間安心して日常生活上の介護を受けることが可能

■サービス内容
入浴・排せつ・食事の介護
日常生活上の支援
機能訓練
健康管理
療養上の世話

地域密着型特定施設入居者生活介護

■対象者
定員29名以下の特定施設に入居している要介護者

■特徴
定員29名以下の小規模な施設で市町村の指定を受けた特定施設がサービスを行う
（特定施設の指定を受けられる施設は、①有料老人ホーム、②ケアハウス、③養護老人ホーム、④サービス付き高齢者向け住宅）

■サービス内容
入浴・排せつ・食事の介護
日常生活上の支援
機能訓練

定期巡回・随時対応型訪問介護看護

■対象者
その市町村に住む要介護者

■特徴
訪問介護と訪問看護を密接に連携させながら、24時間体制で短時間の定期巡回型訪問と随時の対応を一体的に行うサービス

■サービス内容
入浴・排せつ・食事の介護
療養上の世話

看護小規模多機能型居宅介護

■対象者
その市町村に住む要介護者

■特徴
小規模多機能型居宅介護と訪問看護を一体的に提供する複合型サービスの一類型

■サービス内容
入浴・排せつ・食事の介護
日常生活上の支援
医療的なケア（サービス拠点での「通い」「泊まり」における看護サービスを含む）

地域密着型通所介護

■対象者
その市町村に住む要介護者

■特徴
定員18名以下のデイサービスセンターなどの施設でサービスを提供する

■サービス内容
入浴・排せつ・食事の介護
日常生活上の世話
機能訓練

■ 小規模多機能型居宅介護とは

　自宅で生活している要介護者を対象に、デイサービス、訪問介護、ショートステイ（短期間宿泊）といったサービスを一体的に提供するのが小規模多機能型居宅介護です。利用者のニーズに対応して、通いのデイサービスに、訪問介護や短期宿泊を組み合わせている点が、このサービスの特徴です。利用定員は、事業所あたり29人以下の登録制です。１日に利用できる定員は、通所の場合、登録定員25人以下で最大15人、登録定員26人以上で最大18人、宿泊で最大９人です。

■ 夜間対応型訪問介護とは

　自宅で生活している要介護者を対象に、夜間の巡回訪問サービスや随時訪問サービスを提供するのが、夜間対応型訪問介護です。夜間を対象として、次の２つのサービスを提供します。
・オムツの交換、体位変換を定期的に巡回して行う。
・オペレーションセンターが要介護者からの連絡を受けた際に、適切な処置及びサービス提供を行う。

利用料の区分
オペレーションセンターの有無によって区分されている。

　利用料については、月額の基本料と、提供されたサービスに応じた金額を支払う必要があります。高齢化がさらに進めば、独居、高齢者夫婦世帯が大幅に増加し、夜間サービスの重要性が高まると予想されます。夜間対応型訪問介護は、在宅でのサービスを希望する利用者を、24時間体制でケアするしくみであることに特徴があります。

■ 地域密着型介護老人福祉施設入所者生活介護

　定員が29人以下の小規模な特別養護老人ホームです。既存の特別養護老人ホームの近くに作られ、セットで運営されているケースもあります。医療行為は行われず、日常生活の世話を中心としたさまざまなサービスが提供されます。特徴は、少人数制であるため、家庭的な雰囲気があり、地域や家庭とのつなが

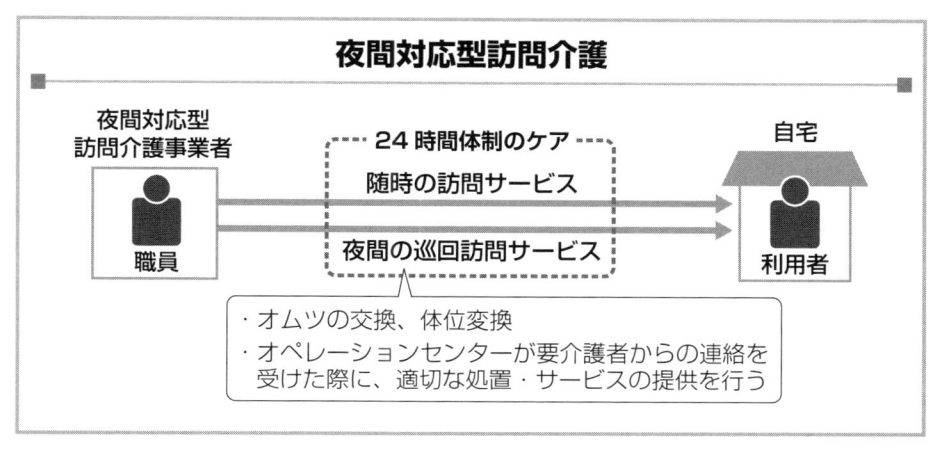

夜間対応型訪問介護

夜間対応型
訪問介護事業者

[職員]

‑‑‑ 24 時間体制のケア ‑‑‑
随時の訪問サービス

夜間の巡回訪問サービス

自宅

[利用者]

・オムツの交換、体位変換
・オペレーションセンターが要介護者からの連絡を
　受けた際に、適切な処置・サービスの提供を行う

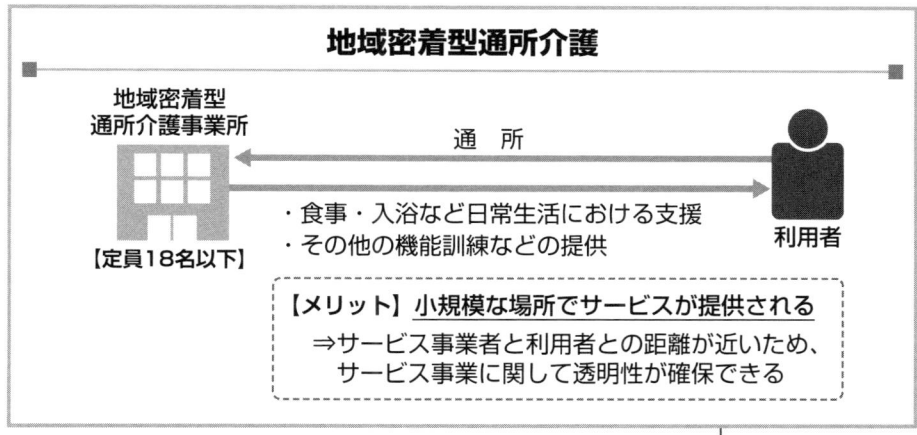

地域密着型通所介護

地域密着型
通所介護事業所

【定員18名以下】

通　所

・食事・入浴など日常生活における支援
・その他の機能訓練などの提供

利用者

【メリット】小規模な場所でサービスが提供される
⇒サービス事業者と利用者との距離が近いため、
　サービス事業に関して透明性が確保できる

りを重視していることです。このサービスは、①当該市町村の住民であること、②要介護3以上の認定を受けていること、③在宅での介護が困難であること、などを満たした高齢者が入居することができます。ただし、要介護1、2でも入居できる場合があります。

■ 地域密着型特定施設入居者生活介護

　定員29名以下の少人数制の有料老人ホームやケアハウスなどで提供される介護サービスです。特定施設入居者生活介護との

違いは、少人数制で家庭的な雰囲気を持つこと、介護サービスの外部委託がないことなどです。

■ 地域密着型通所介護

地域密着型通所介護は、定員18名以下の通所施設などで提供されるサービスです。施設において、食事・入浴をはじめとする日常生活における支援を受けます。

また、その他にも機能訓練などを受けて、利用者が自宅で自立した生活を営むことができるように支えることが目的です。それによって、要介護者の精神的なサポートも図っています。

■ 認知症対応型通所介護とは

自宅で生活している認知症の症状がある要介護者にデイサービスセンターなどに通ってもらい、入浴、排せつ、食事などの介護や機能訓練を実施するのが認知症対応型通所介護です。通常のデイサービスと異なり、専門的な認知症ケアを行える点が特徴です。そのため、利用にあたっては医師による「認知症」の診断が必要になります。認知症対応型通所施設での介護は、利用者が家庭的な雰囲気の中でゆったりした気分で過ごせるため、症状の進行を遅らせ、自立した生活を送ることが可能となります。利用料は、どこで実施されているかによって、単独型、併設型、共用型の3種類の料金区分があります。

■ 認知症対応型共同生活介護とは

認知症の高齢者が5〜9人で共同生活するグループホームで行われる介護サービスを認知症対応型共同生活介護といいます。認知症の高齢者が家庭的な環境で生活でき、食事や洗濯などの身の回りのことを自ら行うことで、認知症の進行を遅らせ、自立した生活の継続をめざします。

地域密着型通所介護の成り立ち

平成28年4月から定員18名以下の通所介護事業所は、居宅サービスから地域密着型サービスに移行した。地域の実情に合わせて運営しやすくなった。一方で、通所介護は参入がしやすく事業所数が増えすぎた面もあり、市町村ごとに利用需給の調整を行いやすいようにした。

共用型

グループホームの居間や食堂を共有して利用する形態である。

グループホーム

現在、全国に約13,500か所ある。比較的、要介護度が低い人が入居する傾向にある。

定期巡回・随時対応型訪問介護看護

	サービス内容	一体型事業所	連携型事業所
【定期巡回・随時対応型訪問介護看護】 ⇒訪問介護と訪問看護のサービスを一体的に24時間体制で提供する	① 訪問介護員が定期巡回して日常生活の介護を行う	○	○
	② オペレーターが通報を受け、利用者の状況に応じたサービスなどを手配する	○	○
	③ ②を受けて、訪問介護員が居宅を訪問して日常生活の介護を行う随時訪問サービス	○	○
	④ 看護師などが療養上の世話や診察の補助で訪問を行うサービス	○	※ 連携先に委託

■ 定期巡回・随時対応型訪問介護看護

　定期巡回・随時対応型訪問介護看護とは、訪問介護と訪問看護のサービスを一体的に24時間体制で提供する制度です。利用者は介護サービスとともに看護サービスを一体的に受けることができます。具体的なサービスの内容は、①訪問介護員が定期巡回して日常生活の介護を行うサービス、②オペレーターが通報を受け、利用者の状況に応じたサービスなどの手配、③その通報を受けて、訪問介護員が居宅を訪問して日常生活の介護を行う随時訪問サービス、④看護師などが療養上の世話や診察の補助で訪問を行うサービスがあります。

■ 看護小規模多機能型居宅介護

　看護小規模多機能型居宅介護は、前述した「小規模多機能型居宅介護」と「訪問看護」を組み合わせてサービスを提供します。サービス内容は、事業所への通所を基本にしつつ、利用者の状況やニーズに応じて、短期間の宿泊や利用者宅への訪問（介護、看護）も可能です。

看護小規模多機能型居宅介護の対象

小規模多機能型居宅介護で提供できない訪問看護を提供できるため、医療を必要とする重度の在宅利用者を対象とする。住み慣れた家で安心して生活することをめざす。

地域包括ケアシステム

住み慣れた地域で医療や介護などを一体的に提供するしくみ

■ 地域包括ケアシステムとは

なぜ地域包括ケア
システムを構築す
る必要があるのか

地域包括ケアシステム
を構築する理由として、
高齢化社会への対応が
挙げられる。特に、認
知症を患った高齢者の
人数が増加することが
見込まれ、認知症を
患った高齢者が、地域
生活を継続していくた
めには、介護や医療な
ど多角的なサポート体
制の確立が重要である。

　高齢化社会の進展が進む我が国では、今後、ますます介護が必要になる高齢者の人数の増加が予測されています。介護施設や介護職員の物理的・数的限界への対応も必要になりますが、高齢者自身が、住み慣れた地域の中で、可能な限り生活を継続していくことができるしくみの構築が必要です。そこで、地域包括ケアシステムの構築が推進されています。地域包括ケアシステムとは、介護サービスにとどまらず、関連したサービスを利用者に一体的に提供する制度です。つまり、高齢者が住み慣れた地域を離れることなく、地域生活を送る中で必要なサービスすべてを受けることができる、総合的なサービス提供体制の構築をめざしています。現在のところ、ますます高齢者の人口比率が高まる令和7年の本格的導入をめざしています。

　地域包括ケアシステムは、具体的には、①介護、②医療、③介護予防、④生活支援、⑤住まいという5つの要素から構成されます。これらの要素のうち、⑤住まいが土台になり、高齢者が住み慣れた地域から離れず、最期まで生活し続けたいという選択を、最大限尊重する制度設計となっています。その上で、③介護予防、④生活支援サービスを充実させ、特に高齢者が重度の要介護状態に陥ることを防止し、自立した生活をより長く継続できるよう支えるしくみを充実させることをめざしています。そして、①介護や②医療は、実際に要介護状態に陥ってしまった高齢者に対して、必要な介護保険サービスやリハビリテーションを行うとともに、医療・看護サービスをより充実させ、地域生

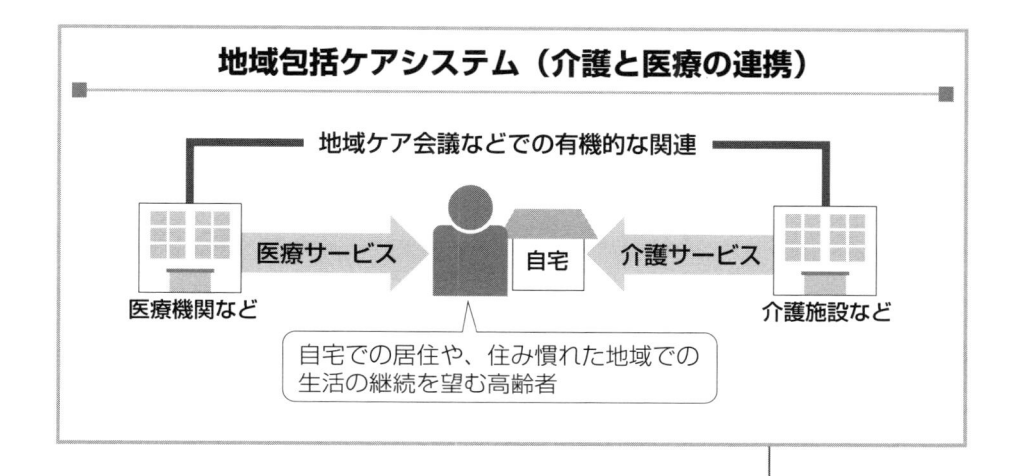

地域包括ケアシステム（介護と医療の連携）

地域ケア会議などでの有機的な関連

医療サービス → 自宅 ← 介護サービス

医療機関など　　　　　　　　　　　　　　　　　介護施設など

自宅での居住や、住み慣れた地域での
生活の継続を望む高齢者

活の継続をサポートする体制を充実させることをめざしています。

■ どんなことに取り組むのか

　高齢者が日常生活を送る上で必要なサポートは、基本的に介護サービスとして提供します。その高齢者が病気など重篤な状態に陥り、医療サービスが必要になった場合には、速やかに必要な医療サービスを受けることができる点に、地域包括ケアシステムの利点があります。

■ どのように運営されていくのか

　地域包括ケアシステムでは、介護・医療機関の連携が重要であり、その前提として、①高齢者の生活上のニーズや課題の把握、②地域の関係者による対応策の検討、③サービスの提供・見直しというサイクルをうまく回す必要があります。その重要な役割を担う機関として、地域ケア会議が設置されています。地域ケア会議は、地域包括支援センターなどが主催する、市区町村の職員、介護施設のケアマネジャー、医師などが参加する会議で、地域におけるネットワークの構築や、高齢者のケアに必要な情報の共有が図られることになります。

地域包括ケアシステムの制度設計

現在推進されている地域包括ケアシステムの制度設計として、高齢者に必要な介護施設や医療機関は、基本的に高齢者が30分以内にアクセスできる距離に設置しなければならない。その上で、介護サービスが必要な場合には、介護サービス事業所から介護サービスの提供を受け、病気になった場合にはかかりつけの病院を受診することになる。

介護予防・日常生活支援総合事業（総合事業）

さまざまな生活のニーズに応えるために総合的なサービスを提供するしくみ

■ どんな制度なのか

介護予防・日常生活支援総合事業（総合事業）は「地域包括ケアシステム」の考え方と密接に関係しています。地域包括ケアシステムとは、住み慣れた地域で、医療・介護・予防・住まい・生活支援が一体的に提供されることです。日常生活圏域ごとに、その圏域の特性に応じて、病院、リハビリ施設、介護サービス事業所などが専門的なサービスを提供します。そして、多様な主体が生活支援や介護予防サービスを一体的に提供することで、住み慣れた地域で自分らしい生活を人生の最後まで続けることを可能にしています。そういった地域のニーズに合わせた生活支援サービスを総合事業が担います。

総合事業は、一般介護予防事業と介護予防・生活支援サービス事業に大きく分けられます。一般介護予防事業は、次ページ図に掲げた事業を行います。一方、介護予防・生活支援サービス事業は、訪問型サービス、通所型サービス、その他の生活支援サービスに分けられます。

・訪問型・通所型サービス

従来型の訪問型サービスと通所型サービスは、かつての介護予防訪問介護、介護予防通所介護と同様の基準に従って提供されるサービスです。訪問型サービスでは、身体介護を中心とするサービスが提供され、実際のサービスは訪問介護員が提供します。通所型サービスでは、生活機能向上を目的とした機能訓練に関するサービスが提供され、実際にサービスを提供するのは通所介護事業者に従事する人です。

日常生活圏域

おおむね中学校が設置される校区を日常生活圏域の単位としている。

総合事業の目的

老人クラブや自治会、ボランティア、NPOなどの多様な主体による総合事業の実施が可能になることを期待している。なお、従前の介護予防訪問介護と介護予防通所介護のサービスは、現行では総合事業へと再編されている（次ページ図）。

地域支援事業

総合事業は地域支援事業の一つである。地域支援事業は、総合事業、包括的支援事業、任意事業の3種類で構成される。

介護予防・日常生活支援総合事業の内容

介護予防・日常生活支援総合事業

一般介護予防事業
・介護予防把握事業
・介護予防普及啓発事業
・地域介護予防活動支援事業
・一般介護予防事業評価事業
・地域リハビリテーション活動支援事業

介護予防・生活支援サービス事業
・訪問型サービス（現行相当）
・訪問型サービス（基準緩和型等）
・通所型サービス（現行相当）
・通所型サービス（基準緩和型等）
・その他の生活支援サービス（配食、見守りなど）

現行相当へ移行

（従前の）
・介護予防訪問介護
・介護予防通所介護

さらに、多様なサービスとして緩和した基準によるサービスを市町村独自で定めることができます。これらのサービスは住民やボランティア主体による支援が想定されています。具体的には、ヘルパーによる掃除や洗濯、買い物などの代行サービス、専門的な知識がなくても提供できる、簡易な運動機能維持を目的に提供されるサービスが挙げられます。

・生活支援サービス

訪問型・通所型のサービスとは別に、利用者の生活上必要なサービスとして、①栄養状態の改善を目的とする配食、②おもに住民ボランティアによる見守り活動（定期的な安否確認・緊急時の対応）などのサービスを提供します。

■ どんな人が利用できるのか

総合事業を利用する場合、必ずしも要介護度の認定は必要ありません。一般介護予防事業は、65歳以上の高齢者であれば、日常生活に支障がなくても利用できます。一方、介護予防・生活支援サービスは、要支援1・2該当者、基本チェックリストの該当者が利用できます。

基本チェックリスト
心身の機能の衰えに関する25項目の質問を実施し、介護予防・生活支援サービスの対象者かどうかを判定するための簡易的なツールのこと。

Column

民間の介護保険も活用されている

　介護費用保険は、被保険者が加齢によって一人で生活できなくなり、介護が必要になったときに、その費用を補てんするための保険です。公的介護保険のサービスの対象は、65歳以上の要支援・要介護状態の人、及び40歳以上で脳卒中などにより要支援・要介護状態になった人に限られています。また、公的介護保険では、金銭を受給することはできません。ヘルパーが来られない時間帯に別に住んでいる家族が行くという場合、交通費などがかかります。介護保険の対象となる介護サービスでは不十分だったり、満足できないという場合には、全額自己負担で介護保険の使えない介護サービスを受けなければなりません。寝たきりや認知症など、症状が重くなればオムツなどの介護用品の使用量も増えますし、場合によっては引っ越しや住宅改修などの必要性も出てきます。介護費用保険に加入すると、このような介護保険だけではまかなえない費用を補てんすることができるわけです。

　介護費用保険は販売する保険会社によって内容が違います。具体的には、①年金型（要介護状態になったと認定された場合に、月々いくらという形で保険金が支払われる）、②一時金型（要介護状態になったと認定された場合や、要介護状態から回復した場合など、所定の状態になると一時金を受け取ることができる）、③実費補てん型（介護サービスの利用にかかった費用や住宅改修費用、介護用品の購入にかかった費用など、実際にかかった費用を限度額の範囲で受け取ることができる）のような保険金支給の種類があり、単独で扱う商品もあれば、これらを組み合わせている商品もあります。

　なお、介護費用保険の場合、「要介護状態」の認定が保険会社によって異なります。保険の給付が始まるのは、通常180日程度要介護状態が続いた後のことになります。公的介護保険の要介護認定とは別に独自の基準を定めている商品もありますので、注意してください。

PART 6

制度間連携や
労災保険など
関連制度との優先関係

介護保険と医療保険の関係

医療保険は国が国民の医療を受ける権利を保障するしくみ

■ 医療保険とは

医療保険とは、社会保険制度の一環として、国が国民に対して、医療を受ける機会を保障する制度です。医療を利用する者（被保険者）は、あらかじめ保険料を負担します。実際に医療サービスが必要になった時点で、わずかな負担で（原則として自己負担額は3割）サービスが受けられます。

医療保険制度は、おもに以下の3つから成り立っています。

① 健康保険

健康保険は、会社などに雇用されている人を対象とする医療保険です。労働者は、給与の支払いにあたって、医療保険の保険料を強制的に天引きされます。そうすることで会社が労働者に代わってその保険料を支払っています。

② 国民健康保険

国民健康保険は、自営業者など、健康保険の対象に含まれない人が利用することができる医療保険です。国民健康保険の保険者は、都道府県、市区町村、国民健康保険組合（国保組合）です。

③ 後期高齢者医療制度

後期高齢者医療制度は、原則として75歳以上の高齢者が利用する医療保険です。高齢者の場合、所得が低く医療費が高い傾向にあり、社会保険財政がひっ迫する要因にもなっています。高齢者医療を社会全体で支えるための医療制度です。

■ 介護保険と医療保険はどこが違う

介護保険は、日常生活における動作のサポートなどが含まれ

**後期高齢者医療
制度の自己負担額**

後期高齢者医療制度の
被保険者は、保険料の
自己負担額として1割
（一定以上所得者は2
割、現役並み所得者は
3割）を負担する。

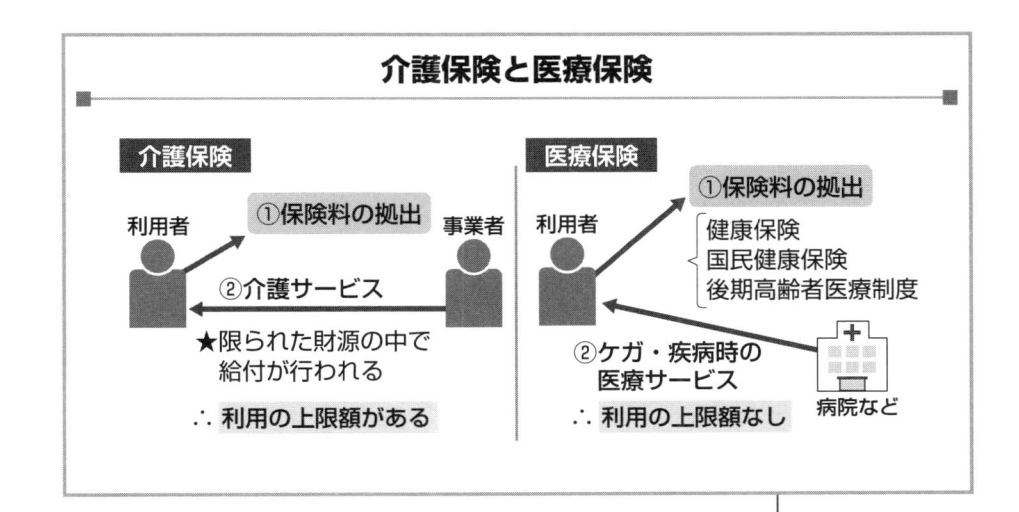

るため、一般に利用者が提供を受けるサービスの量も多く、期間も長期化しがちです。これに対して、医療保険は、人が負傷した場合、あるいは、疾病にかかった場合に利用する制度ですので、ケガや病気の治療に必要な給付を受けることができます。

特に、介護保険利用者の高齢化が進む我が国では、介護保険の利用期間の長期化が問題になっています。そこで、限られた財源の中で、広く必要なサービスを行き渡らせるためにも、利用者が1か月で利用することができる介護サービスの利用額には上限額が設定されています。一方、医療保険においては、利用額の上限はありません。

また、医療保険では病気やケガをした保険に加入している人は、誰でも医療サービスを受けることができます。一方、介護保険では、市区町村に要介護認定されなければ介護サービスを利用することはできません。要介護認定を受けずに利用する場合には全額自己負担で利用する必要があります。これは、介護サービスが日常生活と密接に関係しているため、本当に介護サービスが必要かどうかの審査が行われているということです。

高額医療・高額介護合算療養費制度

医療費と介護サービス費の合計が上限を超えた場合、返金される

■ 自己負担軽減の目的で設けられた

高額医療・高額介護合算療養費の受給

医療保険・介護保険の自己負担額のいずれかが0円である場合は受給できない。
また、高額療養費が受給できなくても、高額医療・高額介護合算療養費の要件を満たす場合には、高額介護合算療養費を受給することができる。

　1か月の間に医療費が高額となり、一定の額を超えて自己負担額を支払ったとき、「高額療養費」として一定の額を超えた分が支給されます。また、同様に介護サービス費が高額となり、一定の額を超えた場合は、「高額介護サービス費」が支給されます。介護サービス費の高額負担者は、医療費の高額負担者であることも多く、それぞれの制度の自己負担上限額を負担する場合、その合計額は大きな負担となります。

　そこで、その自己負担を軽減する目的で、高額医療・高額介護合算療養費制度が設けられました。この制度は、年額で限度額が設けられ、医療費と介護サービス費の自己負担額の合計が著しく高額となる場合、申請して認められるとその超過額が後から支給されます。

　対象となるのは、被用者保険、国民健康保険、後期高齢者医療制度の医療保険各制度の世帯で、介護保険の受給者がいる場合です。毎年8月1日からの1年間で、その世帯が自己負担する医療費と介護サービス費の自己負担額の合計が、設定された自己負担限度額を超えたときに、超えた金額が支給されます。

　この自己負担限度額は、60万円（70歳以上は56万円）が基本ベースとなっていますが、加入している医療保険の各制度や世帯所得によって細かく設定されています。

　自己負担限度額は、世帯の年齢構成や所得区分によって次ページ図のように異なります。

高額医療・高額介護合算療養費の自己負担限度額

所得区分	基準額 （70歳未満の場合）	基準額 （70歳以上の場合）
年収　約1,160万円超	212万円	212万円
年収　約770万円〜約1,160万円	141万円	141万円
年収　約370万円〜約770万円	67万円	67万円
年収　約370万円未満	60万円	56万円
低所得者① 被保険者が市町村民税の非課税者等	34万円	31万円
低所得者② 被保険者とその扶養家族すべての方の所得がない、かつ、公的年金額が80万円以下		19万円※

※介護サービス利用者が複数いる場合は 31 万円

■ 合算を利用するときの手続き

　医療保険が後期高齢者医療制度または国民健康保険の場合は、医療保険も介護保険も所管が市区町村なので、役所の後期高齢者医療または国民健康保険の窓口で支給申請を行います。ただし、年の途中（1年とは8月1日から翌年の7月31日まで）で、医療保険が変更になっている場合（たとえば他の市区町村から移転してきた場合など）は、以前加入していた医療保険窓口に「自己負担額証明書交付申請書」を提出し、「自己負担額証明書」を受け、現在の市区町村に提出します。

　一方、被用者保険の場合、医療保険と介護保険の所管が異なるため、まず介護保険（市区町村）の窓口で介護保険の自己負担額証明書の交付を受け、これを添付して協会けんぽや健康保険組合など、各被用者保険の窓口で、高額医療・高額介護合算療養費制度の支給申請をする必要があります。

> **被用者保険**
>
> 会社で加入する健康保険制度（保険者が協会けんぽ、健康保険組合）のこと。

労災保険制度の全体概要

業務中や通勤中のケガ、病気に対して必要な給付を行う

労災保険の対象

一般的に業務が傷病等
の有力な原因であると
認められれば、労災保
険の適用対象に含まれ
ることになる。労災保
険が適用される労働者
労災保険の適用対象に
なる労働者とは、正社
員であるかどうかにか
かわらず、アルバイト、
日雇労働者や不法就労
外国人であっても、事
業主から賃金を支払わ
れているすべての人が
対象である。
しかし、代表取締役な
どの会社の代表者は労
働者でないため、原則
として労災保険は適用
されない。
労働者にあたるかどう
かは、①使用従属関係
があるかどうか、②会
社から賃金（給与や報
酬など）の支払いを受
けているかどうか、に
よって判断される。

■ 医療保険や年金保険との違い

　労災保険制度は、業務中・通勤中のケガや病気に対して必要な給付を行います。業務外のケガや病気に対しては、医療保険から必要な給付を行うため、どちらが適用されるかどうかが問題になる場合があります。たとえば、過労による脳心疾患や職場のいじめによる精神疾患などについては、統一した基準によって私生活の状況なども加味して労災認定されます。

　また、労災保険制度には障害が残った場合や死亡した場合に障害年金や遺族年金の給付があります。これは、国民年金や厚生年金制度の給付と重複することがあるため、併給調整のルールが設けられています（238ページ）。

■ 労災保険の給付は業務災害と通勤災害に分かれている

　労働者災害補償保険の給付は、業務災害と通勤災害の2つに分かれています。業務災害と通勤災害は、給付の内容は基本的に変わりません。しかし、給付を受けるための手続きで使用する各提出書類の種類が異なります。

　業務災害の保険給付には、療養補償給付、休業補償給付、障害補償給付、遺族補償給付、葬祭料、傷病補償年金、介護補償給付、二次健康診断等給付の8つがあります。

　一方、通勤災害の保険給付には療養給付、休業給付、障害給付、遺族給付、葬祭給付、傷病年金、介護給付があります。これらの保険給付の名称を見ると、業務災害には「補償」という2文字が入っていますが、通勤災害には入っていません。

労災保険の給付内容

目的	労働基準法の災害補償では十分な補償が行われない場合に国（政府）が管掌する労災保険に加入してもらい、使用者の共同負担によって補償がより確実に行われるようにする	
対象	業務災害と通勤災害	
業務災害（通勤災害）給付の種類	療養補償給付（療養給付）	病院に入院・通院等した場合の費用
	休業補償給付（休業給付）	療養のために仕事をする事ができず給料をもらえない場合の補償
	障害補償給付（障害給付）	傷病の治癒後に障害が残った場合に障害の程度に応じて補償
	遺族補償給付（遺族給付）	労災で死亡した場合に遺族に対して支払われるもの
	葬祭料（葬祭給付）	葬儀を行う人に対して支払われるもの
	傷病補償年金（傷病年金）	治療が長引き1年6か月経っても治らなかった場合に年金の形式で支給
	介護補償給付（介護給付）	介護を要する被災労働者に対して支払われるもの
	二次健康診断等給付	二次健康診断や特定保健指導を受ける労働者に支払われるもの

これは、業務災害については、労働基準法によって事業主に補償義務があるのに対して、通勤災害の場合は、事業主に補償義務がないためです。たとえば、休業補償給付と休業給付は療養のため休業をした日から3日間は支給されません。この3日間を待期期間といいます。ただ、業務災害給付である休業補償給付の場合は、上記のように労働基準法によって事業主に補償義務があるため、待期期間の3日間については休業補償をしなければなりません。一方で、休業給付については、通勤災害給付のため、事業主は休業補償を行う必要はありません。

なお、業務災害と通勤災害の保険給付の支給事由と支給内容はほとんど同じです。

労災保険における労働者の過失の考慮

労災保険においては、労働者の通常の過失を考慮することはない。ただし、労働者が故意で傷病等を負った場合や、過失の程度が重大である（重過失）場合は、保険の給付が認められないケースがある。これに対し、労働者が負った傷病等について、事業主に故意や過失が認められない場合（事業主が無過失の場合）にも保険給付が認められる。

障害給付と労災や健康保険の給付との関係

障害年金は全額支給、その他の給付は減額されるのが原則

■ 労災保険の給付を減額する

通勤途中や、業務中の事故が原因で障害を負ってしまった場合、障害年金に加えて、労災保険からも給付があります。障害年金と労災保険は別の制度ですので、両方の受給要件を満たせば、両方の給付を受けることができます。しかし、この場合、障害年金と労災保険給付との調整が行われます。たとえば、労災保険の障害補償年金と、障害基礎年金、障害厚生年金の両方の受給権利がある場合は、年金は通常どおり支給され、労災保険が12 ～ 27％の範囲内で減額されて支給されます。

なお、20歳前の傷病による障害基礎年金については、労災保険給付が受け取れる場合には全額支給停止になるため、このような併給の対象にはなりません。

■ 傷病手当金を減額する

傷病手当金は、健康保険から支給されます。疾病により働くことができず、その間の給与も支払われないような場合に受給できます。傷病手当金も労災保険と同様、受給要件を満たせば、障害年金との併給が可能です。ただ、この場合も、調整が行われます。障害年金額が傷病手当金額よりも高い場合は、傷病手当金は支給されません。

一方で、障害年金の支給額が傷病手当金額よりも低い場合は、障害年金の額を360日で割って求めた1日当たりの金額と傷病手当金の差額が支給されます。

労災と社会保険の調整

労災と社会保険の併給調整は、同一の事由によって社会保険から給付が行われる場合の調整である。異なる事由の場合、たとえば、労災の遺族補償年金を受給している遺族が自身の老齢基礎年金を受給するようになった場合には調整は行われない。

労災保険調整率

		併給される社会保険の給付		
		国民年金および厚生年金保険	厚生年金保険のみ	国民年金のみ
支給される労災保険の保険給付	傷病(補償)年金 休業(補償)給付	障害厚生年金 および 障害基礎年金 0・73	障害厚生年金 0・88	障害基礎年金 0・88
	障害(補償)年金	障害厚生年金 および 障害基礎年金 0・73	障害厚生年金 0・83	障害基礎年金 0・88
	遺族(補償)年金	遺族厚生年金 および 遺族基礎 (または寡婦)年金 0・80	遺族厚生年金 0・84	遺族基礎年金 または 寡婦年金 0・88

障害年金と労災保険給付の受給調整

障害年金の種類	障害(補償)年金の減額率
障害基礎年金+障害厚生年金	27%
障害厚生年金のみ	17%
障害基礎年金のみ	12%

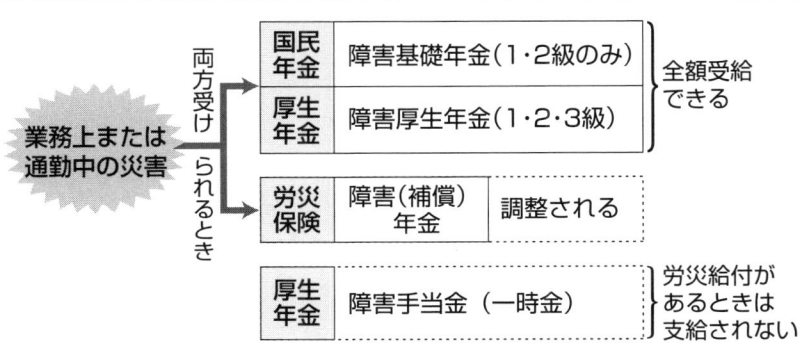

介護保険と各種制度の優先関係

原則として介護保険の適用が優先される

介護保険と老人
福祉の関係

本文記載の医療サービ
スの他、かつて老人福
祉法に基づき提供され
ていた在宅や施設にお
ける介護サービスも、
現在では原則として介
護保険を通して提供さ
れている。

■ 法律の優先関係を知っておく必要がある

医療サービスと介護サービスは、分離することが難しく、重なり合う部分が多くあります。法制度においても、かつては医療保険の中で、高齢者に対する介護が提供されていました。

しかし、一般に高齢者の介護は長期間にわたることが多く、医療費における高齢者介護費用の割合が増加することや、医療サービスではなく介護サービス中心で長期間入院する高齢者が多くいることから、介護による入院の長期化（社会的入院といいます）が問題視されていました。

そこで現在では、医療保険とは独立した介護保険制度が確立されています。これにより、社会的入院の問題の解消の他に、高齢者にとっても、画一的なサービスの提供を受けるのではなく、必要な介護サービスを選択しながら自宅での生活を続けるなど、生活の変化が小さい環境の中で、快適な介護サービスの提供を受けられるしくみが整えられています。

そのようなことから、医療保険と介護保険とでは、原則として介護保険が優先して適用されることになります。

■ 優先関係の例外

介護保険と医療保険のいずれかが適用されるのかが問題になった場合に、例外的に、医療保険が優先的に適用されるケースもあります。その典型的なケースとして、末期ガンの患者などが挙げられます。病状回復の見込みがない、末期ガンの患者においては、病状の進行に合わせて必要なケアが変わっていく

介護保険と各種制度の優先関係

医療サービス
【医療保険】　　介護サービス
【介護保険】　　障害福祉サービス
【障害者福祉】

【原則】介護保険が優先
⇒末期ガン患者や特定の疾患の
　患者は例外的に医療保険が優先

【原則】介護保険が優先
⇒介護保険にないサービスなどについ
　て、障害福祉サービスが優先

一方で、ケアの内容も繊細さが要求されます。また、介護保険では、利用額の上限があるため、一定程度以上のサービスを利用した場合には、利用者本人が上限額以上の費用を負担しなければなりません。しかし、医療保険では、上限額の設定は行われていないため、利用者が重い経済的負担を強いられることなく、必要な医療サービスを受けることができます。

その他にも、国が指定した特定の疾患（筋ジストロフィーなど）など、症状の固定が見られず、入院期間が長期に渡っても、社会的入院の問題が生じないような場合には、介護サービスよりも医療保険が優先的に適用されるケースがあります。

■ 障害者総合支援法との関係

介護サービスの提供という観点から見ると、介護保険の他に、障害者総合支援法に基づく障害福祉サービスがあります。特に、高齢社会の進展に伴い、65歳以上の障害者の人口が増加しています。そのため、65歳より前に障害福祉サービスの提供を受けていた障害者が、介護サービスの保険者としての資格をあわせ持つ、ということが起こっています。そこで、介護サービスと障害福祉サービスのうち、特に自立支援給付は、内容的に重複が見られるため、どちらを優先的に適用するべきなのかが問題になります。

障害者総合支援法は、この場合に備えて規定を設けています。具体的には、この場合には、原則として介護サービスが優先的に適用されます。なお、介護保険制度においては、原則として介護サービスの利用者は1割から3割の自己負担額を支払わなければなりません。これに対して、障害福祉サービスにおいては、一律に自己負担額の割合が決定されておらず、利用者の経済力に応じて、負担可能な金額を支払うことでサービスを利用することができます。そのため、障害福祉サービスを継続的に利用していた人が、65歳を迎え、介護サービスの被保険者としての資格を取得し、介護サービスの適用に移ることで、以前よりも高額な金額の自己負担額の支払いが必要になる場合があります。そこで、障害福祉サービスを長期的に利用していた人が、介護サービス移行に伴い増える負担を軽減するために、高額障害福祉サービス等給付費が支給されています。

　ただし、例外的に障害福祉サービスの提供が優先される場合もあります。それは、介護サービスに、障害福祉サービスと同様のサービスがない場合が挙げられます。たとえば、介護サービスには、障害福祉サービスと異なり、行動援護や就労移行支援などに該当するサービスがありません。そこで、介護保険制度が用意していないサービスが必要な障害者は、障害福祉サービスを利用することができます。また、介護保険における居宅介護サービス費は、支給に限度が設けられていますので、介護保険制度では十分なサービスが受けられない障害者については、不足する部分について、障害福祉サービスを上乗せして利用することができます。このように、利用者に必要なサービスが、障害福祉サービスの中にしかないような場合には、例外的に介護サービスよりも障害福祉サービスが優先的に適用されます。

　なお、障害福祉サービスを利用していた障害者が、たとえば65歳になれば、今後は介護サービスの利用が求められますが、そのときに、サービス事業者が介護保険法に基づく指定を受けてい

行動援護

知的障害者や精神障害者に対して、行動する際に生じ得る危険を回避するために必要な援護や外出時における移動中の介護などを行う。

就労移行支援

一般就労を希望する障害者に対して、就労に必要な知識や能力向上のための訓練、求職活動に関する支援、就職後の定着に必要な相談などを行う。

ない場合には、それまで慣れていた事業者とは別の事業者からサービスを受けなければならないなどの不都合が生じていました。現在では、障害者と高齢者に対して、同一の施設でサービスを提供することをめざして、共生型サービスが設けられています。これによって、たとえば障害福祉サービス事業者が介護保険法に基づく指定を容易に得ることが可能なしくみが整えられています。

■ 労災保険との関係

労働者は、勤務中や通勤中に遭った傷害や疾病に対して、労働者災害補償保険法（労災保険法）に基づく補償を受けることができます。これが労災保険です。労働者が、労災事故によって重度の障害が残り、要介護状態に陥ることもあります。その場合には、労災保険において、介護（補償）給付の支給が認められています。

具体的には、障害（補償）年金あるいは傷病（補償）年金の受給資格を持つ労働者が、たとえば、胸腹部臓器の機能に著しい障害が残るような事故に遭い、常時あるいは随時介護が必要になった場合には、介護（補償）給付として一定の金額が支給されます。

原則として、介護保険よりも、労災保険における介護（補償）給付が優先的に適用されます。つまり、介護（補償）給付が支給されている場合は、原則として介護保険給付は受けられません。

ただし、介護（補償）給付には上限額が設定されています。たとえば、親族、知人・友人の介護を受けていない労働者について、常時介護が必要な場合には177,950円が支給され、随時介護が必要な場合には88,980円が支給されます（令和6年4月以降の金額）。

そのため、介護（補償）給付を受給している労働者が、介護（補償）給付の上限額を超えて、介護サービスの提供を受けようとしている場合で、その金額が介護保険の給付の範囲に含まれる場合には、例外的に介護保険の給付を受けることが可能になります。

共生型サービス

共生型サービスについて、本文では障害者総合支援法との関係について言及している。もっとも、介護保険法と児童福祉法との関係においても、共生型サービスが導入されている点に注意が必要である。

共生型サービス

介護保険サービスと障害福祉サービスの一体的な提供が可能になる

■ どんなサービスなのか、なぜ設けられたのか

　共生型サービスとは、障害福祉サービスを利用してきた利用者が、老齢によって介護保険制度の対象者になった場合に、引き続き同じ事業者からサービスを受けることができるしくみのことです。事業所側から見ると、これまで介護保険か障害福祉どちらかの居宅サービスの指定を受けていた場合、もう一方の指定も受けやすくなったことを意味しています。

　前提として、障害者総合支援法などに基づくサービスと、介護保険法に基づくサービスとの間に重複が見られる場合には、介護保険法が優先的に適用されます。つまり、障害福祉サービスと介護保険サービスは、明確な区別が設けられています。従来は、障害福祉サービスを利用していた障害者が65歳に達し、介護保険法の適用対象になった後は、これまで利用していた障害福祉サービス事業者とは別の介護保険サービス事業者による介護サービスを受けなければなりませんでした。

　これに対して、共生型サービスでは、サービスを提供する事業者は、障害福祉サービス事業者として指定を受けているとともに、介護保険サービス事業者としての指定も受けていることが前提になります。そのため、障害者総合支援法に基づく障害福祉サービスを利用してきた者が、介護保険サービスの適用対象者になった後も、引き続き同じ事業者から、サービスの提供を受けることが可能になりました。

　このように、共生型サービスは利用者のメリットが大きいといえますが、サービスを提供する事業者側にとってもメリット

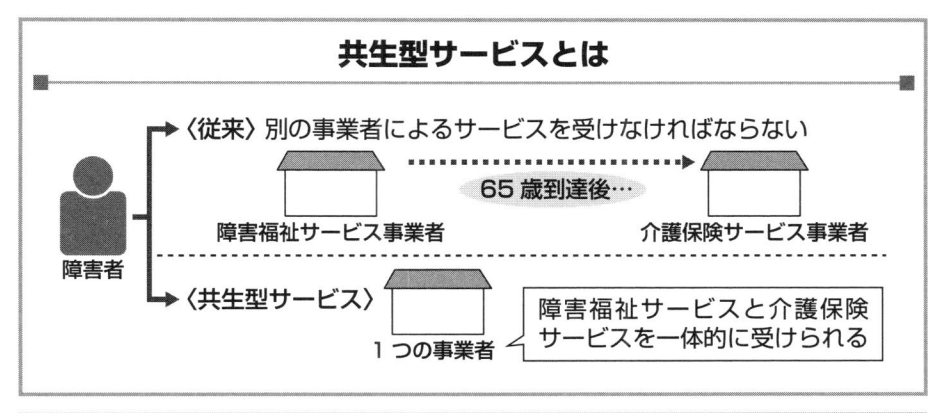

共生型サービスとは

〈従来〉別の事業者によるサービスを受けなければならない

65歳到達後…

障害者

障害福祉サービス事業者 ── 介護保険サービス事業者

〈共生型サービス〉

1つの事業者

障害福祉サービスと介護保険サービスを一体的に受けられる

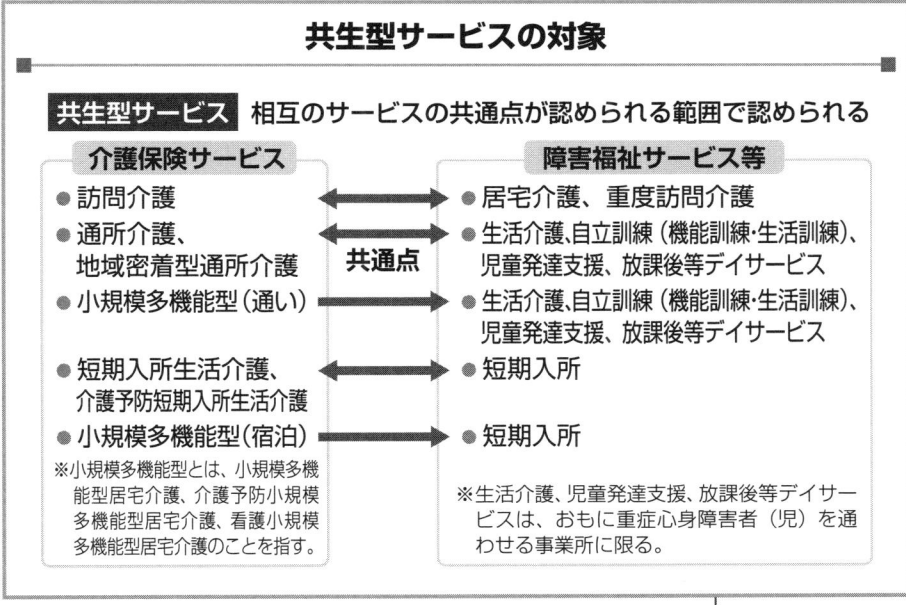

共生型サービスの対象

共生型サービス 相互のサービスの共通点が認められる範囲で認められる

介護保険サービス

- 訪問介護
- 通所介護、地域密着型通所介護
- 小規模多機能型(通い)

- 短期入所生活介護、介護予防短期入所生活介護
- 小規模多機能型(宿泊)

※小規模多機能型とは、小規模多機能型居宅介護、介護予防小規模多機能型居宅介護、看護小規模多機能型居宅介護のことを指す。

共通点

障害福祉サービス等

- 居宅介護、重度訪問介護
- 生活介護、自立訓練(機能訓練・生活訓練)、児童発達支援、放課後等デイサービス
- 生活介護、自立訓練(機能訓練・生活訓練)、児童発達支援、放課後等デイサービス
- 短期入所

- 短期入所

※生活介護、児童発達支援、放課後等デイサービスは、おもに重症心身障害者(児)を通わせる事業所に限る。

があります。これまでのように両方のサービスが明確に区別されていた場合には、より多くの職員が必要になります。

　しかし、障害福祉サービスと介護保険サービスを一体的に提供する共生型サービスでは、両方のサービスを、同じ職員が提供することが可能になるため、効率的な人員の配置が可能になります。高齢化社会への道を進む我が国では、障害者の高齢化

も問題になるため、共生型サービスによって一体的なサービスの提供が可能になれば、より多くの利用者に対して、効率的に必要なサービスを提供することが可能になります。

■ 対象者

共生型サービスを利用する対象者は、介護保険サービスの対象者になる前に、障害福祉サービスを利用していた人です。注意が必要なのは、すべての介護保険サービスが共生型サービスの対象になるわけではないという点です。具体的には、共生型サービスの対象に含まれるサービスは、介護保険サービスのうち、訪問介護、通所介護、短期入所生活介護といった一部のサービスに限定されます。

■ すべてのサービスが受けられるわけではない

共生型サービスは、障害福祉サービス等と介護保険サービスの、相互に共通性が認められるサービスについて、利用者に一体的にサービスを提供することができます。共生型サービスは、おもに、①ホームヘルプサービス、②デイサービス、③ショートステイ、④その他のサービスに分類できます。

共生型サービス以前の「基準該当」においても、障害者などが小規模多機能型居宅介護のサービスを受けた場合には、障害福祉サービスの給付対象として扱われていたことから、④のその他サービスも含まれています。以下では、個別具体の共生型サービスの内容について見ていきましょう。

① ホームヘルプサービス

ホームヘルプサービスは、障害福祉サービスにおける居宅介護・重度訪問介護（障害児は対象に含まれない）、そして介護サービスについては訪問介護に該当するサービスです。訪問介護員などが、利用者の居宅において入浴・排せつ・食事などの介護の他、調理・洗濯・掃除などの家事サービスを提供します。

共生型サービスの対象が限定される理由

共生型サービスの対象（次ページ図）として示したサービス内容は、おおむね①から③のサービスが該当し、④のようなサービスは取り上げていない。というのも、④のサービスには、たとえば小規模多機能型居宅介護が含まれるが、これは介護保険サービスにのみ存在するサービスで、障害福祉サービスにおいては、該当するサービスはない。

共生型サービスの内容

共生型サービス

❶ ホームヘルプサービス（訪問介護）

訪問介護員などが、利用者の居宅において入浴・排泄・食事などの介護の他、調理・洗濯・掃除などの家事サービスを提供

❷ デイサービス（通所介護など）

入浴・排泄・食事などの介護の他、生活上の相談や助言などの提供、創作・生産活動、日常生活上の機能訓練などを提供

❸ ショートステイ（短期入所生活介護など）

一時的に利用者が施設を利用することができるサービス

❹ その他のサービス（小規模多機能型居宅介護など）

施設への通いサービスを基本に、必要に応じて、利用者の居宅への訪問サービスや、施設への宿泊サービスを提供

② デイサービス

デイサービスは、障害福祉サービスにおける生活介護等、そして介護保険サービスについては通所介護等に該当するサービスです。

入浴・排せつ・食事の介護などの他、生活上の相談や助言などを行います。また、創作活動や単純労働などの生産活動の機会の提供や、日常生活上の機能訓練なども提供されます。

③ ショートステイ

ショートステイは、障害福祉サービスにおける短期入所、そして介護保険サービスについては短期入所生活介護等に該当するサービスです。注意が必要なのは、共生型サービスとして設定されているのは、併設型・空床利用型のショートステイのみであるという点です。

④ その他のサービス

その他のサービスには、小規模多機能型居宅介護が挙げられます。小規模多機能型居宅介護とは、施設への通所サービスを基本に、必要に応じて、利用者の居宅への訪問サービスや、施設への宿泊などを一体的に提供するサービスのことです。

ショートステイ
一時的に利用者が、施設を利用することができるサービス。

【監修者紹介】
森島 大吾（もりしま だいご）

1986年生まれ。三重県出身。社会保険労務士、中小企業診断士。三重大学大学院卒業。観光業で人事労務に従事後、介護施設で人事労務から経営企画、経理まで幅広い業務に従事する。2020年1月に「いちい経営事務所」を開設。人事労務から経理まで多岐にわたる業務に従事していた経験と中小企業診断士の知識を活かして、給与計算代行や労働保険・社会保険の手続き代行だけでなく、経営戦略に寄与する人事戦略・労務戦略の立案も行い、ヒト・モノ・カネの最大化に向けたサポートをしている。2024年9月に社会保険労務士法人ノーツを設立。
監修書に、『入門図解 テレワーク・副業兼業の法律と導入手続き実践マニュアル』『入門図解 高年齢者雇用安定法の知識』『入門図解 危機に備えるための 解雇・退職・休業・助成金の法律と手続き』『失業等給付・職業訓練・生活保護・給付金のしくみと手続き』『図解で早わかり最新 医療保険・年金・介護保険のしくみ』『株式会社の変更登記と手続き実務マニュアル』『最新 親の入院・介護・財産管理・遺言の法律入門』『社会保険・労働保険の基本と手続きがわかる事典』『労働安全衛生法の基本と実務がわかる事典』『休業・休職の法律知識と実務手続き』『身内が亡くなったときの届出と法律手続き』『高年齢者雇用安定法をめぐる法律問題』（小社刊）がある。

改訂新版　図解で早わかり
最新　医療保険・年金・介護保険のしくみ

2024年10月20日　第1刷発行

監修者　　森島大吾
発行者　　前田俊秀
発行所　　株式会社三修社
　　　　　〒150-0001　東京都渋谷区神宮前2-2-22
　　　　　TEL　03-3405-4511　FAX　03-3405-4522
　　　　　振替　00190-9-72758
　　　　　https://www.sanshusha.co.jp
印刷所　　萩原印刷株式会社
製本所　　牧製本印刷株式会社
©2024 D. Morishima Printed in Japan
ISBN978-4-384-04950-3 C2032